Living for Change: An Autobiography

Grace Lee Boggs

为改变而生活

格蕾斯·利·博格斯自传

[美] 格蕾斯·利·博格斯 著

向 穆 译

CFP 中国电影出版社

北京 ·2013

目　录

中文版序

骆晓戈

《为改变而生活:格蕾斯·利·博格斯自传》(Living for Change: An Autobiography, by Grace Lee Boggs)(以下简称《为改变而生活》)真实记录了她的一生。格蕾斯是一位1915年出生的美籍华裔,她有两个名字——格蕾斯和陈玉平,由于中文版保留原著的著作人署名和书名,书中的他称和自称都用了格蕾斯,为尊重原著与版权起见,我们沿用原作者格蕾斯这个名字。她的自传是一个世纪以来美国社会文化急剧变化的记录,生动地展现了杰出华裔女性对历史变革的参与和推动。

在20世纪的美国,公民权利运动与美国各项社会运动密切相关,对美国社会影响深刻。从奥巴马连任美国总统,我们更能够看到民权运动对美国曾经有过的种族歧视的摧枯拉朽的革命意义。然而这一切是怎样发生、发展的呢?当时生活在社会底层的非洲裔美国人,是如何从毫无权利和资源的底层社会走向政治舞台的?在履行公民的社会责任、义务,争取合法权利的同时,怎样与自身的各种局限进行斗争的?格蕾斯写道:“如果你不成为解决问题的一部分,那么你就是问题的一部分。”只有能够与自己的弱点进行斗争的人,才能领导并建立新的、更具有人性的社会。格蕾斯本人的人生境界清晰地表现在她一生对社会性别、阶级、种族等各种社会界限和壁垒的突破：一位中产家庭背景的华裔女博士进入工人社区从事社会运动；与一位黑人工人结合，携手领导民权运动、社区重建运动；与非洲拉美活动家一起从事跨国界的反帝反殖民主义运动，等等。

今天，无数的炎黄子孙到大洋彼岸深造，很多美国青年到中国来求学工作，那么读读中文版的格蕾斯自传《为改变而生活》开卷有益。《为改变而生活》一书是美国高校课堂上关于美国历史的常用教材，本书独特的魅力在于，以格蕾斯传奇的一生为线索，记录的却是一部活生生的美国现代史。这部传记从独特的视角描绘出这位华裔女性社会活动家的人生故事，这使得我们中国读者更有一种置身于美国当代历史变革之中的体验。

2004 年，美国密歇根大学的妇女研究系王政教授来湖南讲学，向我介绍了著名亚裔女权运动领袖人物格蕾斯。

2006 年 11 月，我到美国探亲，与王政通电话，听说格蕾斯 90 高龄仍然在高校讲座、做社区工作，我非常惊讶，因为我出行之前，并没有想到拜访她。我以为高龄的老人已经不便打扰。我在密歇根大学访问期间，王政安排了我们对格蕾斯的拜访，并安排研究生李旭陪同我们。

当我们到达格蕾斯的住地后，放下行囊，我们没有先进格蕾斯的家，仅仅和格蕾斯见面，互相问候之后便换乘 S. K.（Scott S. Kurashige 教授姓名的缩写）教授的车。密歇根大学的 S. K. 教授研究美国文化和历史，是一位美籍日裔，王政教授委托他在底特律接待我们。

进入城区，S. K. 教授驾车行驶在林荫道，隔着湖，他告诉我们，湖的对岸便是加拿大了。

S. K. 教授也坚持认为，要读懂格蕾斯，应当首先了解底特律。

我对于教授这种重实证研究的态度非常认同。记得王政教授在电话里还强调,如果不懂得美国当代史,不了解底特律,就很难了解格蕾斯。

为了读懂格蕾斯,我们的阅读就顺着这一条条街道开始:一个个门牌号码,一处处的店铺,一丛丛脱去绿叶的农作物……少女妈妈学校是利用一片废弃的空地建立的一个动物饲养场。阳光下,被圈起来的草地上有马、绵羊,还有正在吃草的奶羊。S. K. 教授告诉我们,通过上实践课,让少女妈妈在观察动物和喂养动物的过程中找回母爱和亲情,培养社会责任感,学会与自己的孩子建立母子情。学会爱,是这一所学校的主题。在这个城市中的动物园旁边有两座很不起眼的旧房子,S. K. 教授告诉我们,这些是教学楼和宿舍楼,少女妈妈正在上课,我们不便打扰。我们在底特律市这样走马观花,算是对格蕾斯的写作、社区行动和学术研究有了直观的感性的认识。S. K. 教授告诉我们,可惜我们是冬天到这里的,要是夏天来,这里的向日葵开得很好。

返回格蕾斯的家,S. K. 教授告辞了。我们在格蕾斯的客厅开始了对她的访谈。

我首先告诉格蕾斯,我们看到了她和她的团队在底特律的贫困社区所做的种种努力、行动和研究,我们深深地为这种精神所感动。格蕾斯指着她面前的一张讲座的宣传单,上面的主题是:“These are the times to grow our souls.”(让我们的灵魂成长)。

格蕾斯很高兴地告诉我们,昨天她接待了底特律大学的一位华裔女教授,和她交谈了很久。明天她要到密歇根大学去,晚上她在那里有个讲座,主题是:底特律城区的复兴。三十年了,他们夫妇一直在密歇根大学一位教授的课堂上开讲座。这位 90 高龄的老人仍然有如此旺盛的精力和昂扬的斗志,我很感动。

格蕾斯1937年大学毕业，在拿到哲学博士学位后，她拎着手提箱到芝加哥工人住宅区参加社会工作，她的选择得到家人的支持。后来她又来到底特律。

格蕾斯接着说，现在她常常到大学和大学生们讲她的这段经历，希望大学生不要总是认为读大学是为了赚钱。读大学应当学会思考，让自己的心灵成长。在后来我们与格蕾斯一块吃饭的时候，她还叮嘱我们对女生的教育中一定要注重让她们学会爱。

我在格蕾斯的家中拍下了杰米·博格斯与格蕾斯夫妇的合影。格蕾斯的丈夫杰米·博格斯是当年南方黑人移民大潮中的一员。杰米·博格斯作为工人运动的领袖，在当地的民权运动中十分有影响的。当时底特律的工人运动在世界上都非常有名，杰米·博格斯还与英国哲学家罗素有书信往来。在他们夫妇的合影旁边，是毛泽东的油画以及在20世纪的中国几乎家喻户晓的一张照片：毛泽东在飞机上办公的工作照。据S. K. 教授的介绍，底特律的汽车工会是那个时代美国工人运动的火车头。

从2006年访问格蕾斯，到《为改变而生活》中文版付梓，走过了六个年头。其间湖南商学院女性研究中心项目(向穆)组集体承担此书的翻译工作，我负责项目统筹。

此书的出版首先得到了原著作者格蕾斯的热情支持，得到美国明尼苏达州大学出版社的中文版权授权和中国电影出版社的大力支持；得到美国密歇根大学妇女研究学者王政教授的支持。正是在王政教授、Scott S. Kurashige教授和翻译李旭的帮助下，我们得以访谈格蕾斯并商量出版中文版的相关事宜。感谢美国福特基金会中国文化教育项目的资助，感谢我的年轻的项目合作朋友：湖南商学院国际教育学院的刘彬副教授以及毕业于华东师范大学的妇女史学博士林存秀，她们为原稿担任翻译与校对。感谢我的家人，是我丈夫协同我一道访问格蕾斯并拍摄照片，女儿胡岸子也在其间协助原著翻译工作。感谢项目助理阳兰华、陈征男，编务汪婕。

在《为改变而生活》中文版即将出版之际，我们尤其欣慰的是格蕾斯/陈玉平终于在有生之年看到她的自传中文版在中国出版。同时我们又有几分忐忑不安，尽管我们努力以极大的热情和忘我劳作投入翻译工作，但是我们的学识有限，缺点和不足之处很多，还恳请读者、专家学者批评指正。

2013 年 2 月 23 日

定稿于长沙大学　学府华庭

前　言

奥西·戴维斯

生活的道路是充满荆棘的。和多数愿意终生做学生的人一样,我总是需要帮助。我时常感到自己的逻辑是那样地站不住脚;做的结论往往也会误入歧途;我所看到真实总是会有假象。当需要理清思维、解决困惑的时候,我就会去杰米和格蕾斯那里。他们总是能思如泉涌,并且愉快地与我分享。而就我而言,总是能学到新东西。这本书也不例外。拜读之后让我收获不少。

对于那些饥渴的心灵,它不仅是一场盛宴、一剂灵丹妙药,而且是一位雄辩的演讲者在讲述她的故事,让人感觉到似乎一次曙光之旅开始了。你可以听到格蕾斯的声音,同时也可以听到杰米的声音,若不是偶尔的炮弹声,它永远不会间断。时间永远不会停止,我们这两位良师益友也从未停止过他们的工作和追求。这本书记录了他们不断追求、成长的过程。他们对真理的追求,就像是鲜花向往阳光、猎人追捕猎物一样地执著,不论他们发现什么,他们都会乐于与人分享。

这本书讲述了事业、集会、冲突、运动,以及发起运动的男人和女人们:工人、学生和人民委员会;C. L. R. 詹姆斯、克拉格神父、富兰克林神父、科尔曼·杨、马尔科姆和马丁;艺术家、音乐家、诗人、演员、罢工者、革命的追求者;他们双方的家庭成员;和格蕾斯一样热情洋溢的杰米：他的精力、他的紧迫感、他的献身精神、他的诚实和耐心，当然有时他也是极度缺乏耐心的。

格蕾斯，格蕾斯，格蕾斯，她的精神和她的生活方式如同钢铁一般的坚强，但又是那样地容易相处，那样地平易近人。她将我们带到了她过去隐秘的私人生活，宛如一位旁观者在讲述家庭、书籍、学习和斗争的故事，她尽量地保持一种“自然的语气”，而决不矫揉造作。她最终回到了中国，找到了在“斗争”中最终的公民身份，她确切的定位。她的归属就是与所有的“人民”站在一起。成长、变化、发展，快得就像每天的头条新闻一样，但一直保持着稳定——我要再次说——这无疑是有利于实现目标和提供指导的，就像丽雅特·塔布曼的故事和北极星一样。驶向过去，探索未来。此书就是这位飞行者的日志。

从这本书的字里行间，我总是可以听到她的声音——当她谈起他们时，尤其是杰米和他的去世，眼前总是浮现她的面容。仿佛作者在发现读者为之啜泣时，总是会转换话题，稍作停顿，直到他或她停止啜泣，然后又重新讲述——讲述她的故事，教会你生活，直到最后一页。

序　言

玉平

我觉得自己生为一位美籍华人女性是非常幸运的，我有两个名字：格蕾斯和玉平。如果我不是女性，也不是美籍华人的话，就不会这么早地认识到社会需要彻底的改变。如果我不是女性，也不是美籍华人的话，很有可能最终成为一名大学哲学教师，一位观察者，而不会积极参与到 20 世纪后半期的能升华人性的运动中去。

我从未想过会写自传。直到 1994 年春，劳伦斯·希尔书社的雪利·克罗伊斯向我提出了这样的建议。当时我的回答是我宁愿继续参与到那些创建运动的活动中去。

那时，杰米去世不到一年，而我还在努力地思考靠我自己可做的事情，或者说，是否还有“我自己”。当你失去的一个与你共同生活、工作了几十年的人，这种事情会常常发生。尤其是当你是位女人，你需要时间去重塑自己、发现自己。而我，这种需要尤为迫切，因为在与杰米结婚后的四十年里，黑人运动是这个国家最重要的运动。所以，我的身份认同很大部分来自于杰米，以至于在 FBI 的很多备案中将我描述为非籍华人。

杰米去世后的三年里，通过积极参与底特律重建运动，我又重新找到了自己。当我逐渐相信自己有能力作出决定的同时，也更加对发现自己的历史感兴趣。

写这本书让我从自身学到了许多很有意思的东西。例如，我发现自己不屈从的性格是受到母亲的影响。而在她生命的最后十五年里，我和她变得非常疏远。我还发现，自己反对受害者心态的原因之一就是它曾让母亲的生活变得如此糟糕，最终导致我们之间的疏远。

我认为自己嫁给杰米的主要原因是我需要完整。当我们在1952年相遇时，我是一个来自美籍华人中产阶级家庭的城市女孩。尽管参加激进运动已有十几年的时间，甚至在“二战”期间还在一个军工厂工作过，那时的我基本上还只能算是个名牌女子学院的产品，一位纽约知识分子。我对革命斗争的理解主要来自于书本。杰米在阿拉巴马的一个小镇出生、长大，那里的街道上只有两三个商店。虽然在底特律生活、工作了十五年，但他仍然是人们常常开玩笑说的那种“你可以把他带离农村，但你不可能将农村从他身上带走”的人。我喜欢用手做的事情就是让文字在键盘上跳跃。他也喜欢写作，而且常常可以在短短几分钟之内给编辑写一篇文章或一封信，但在多数时间里，他总是用他的那双手去做一些体力活，在车篷盖下修车或在房屋周围修修补补。我是美籍华人，是美国的少数民族。这个民族在这个国家里的人数少得几乎可以忽视它的存在。他是非裔美籍人，他非常清楚正是他祖先们的血汗才使这个国家的经济得以迅速发展，并且他已经开始为他们能够拥有参与决定这个国家经济、政治的未来而进行着斗争。

婚后十年里，杰米第一本书，《美国革命：一位美国黑人工人的笔记》（以下称为《美国革命》）出版了。让我们惊讶的是，这本书给我们带来了英国哲学家伯特兰·罗素的祝贺信，杰米毫不犹豫地给这位在那个时期可以说是西方最有名的哲学家上了一堂课。杰米对他非常尊重，但同时非常直接而坚定地指出，罗素忽视了美国当前进行的革命斗争。在他给《美国革命》所写的序中提到，“我是一个工厂工人，但我知道的不仅是工厂里的工作。我知道，一个生活在由逻辑能力强的人构成的社会中的人，他听到的正确的事情与其在由真实的各色人群构成的社会中见到的客观存在是不同的”。

我相信，讲述两位拥有如此不同背景的人，杰米和我，能够走在一起，并一起享受如此丰富多彩的生活的故事对其他美国人是有指导作用的，尤其是这个国家的民族构成正迅速发生着变化。在过去的几十年里，进入这个国家的移民中多数人不再是欧洲人，而是来自第三世界的有色人种，尤其是亚洲人和拉丁美洲人。在一些城市里，西班牙人和亚洲人已经成为主体。人们都认为，在21世纪中叶，欧洲人和非裔美籍人将成为美国人口主体中众多少数民族的一部分。在这种新局势下，不可避免地会带来新的压力和紧张形势。如果新移民被看成是一种威胁，那么这些压力和紧张形势就会爆发，就如同1992年在洛杉矶中南部爆发的那场暴乱一样。另一方面，如果老一代的移民——除了美国本土人，我们通过机遇或由于亲属关系的原因已经移民到这个国家——能够认识到，就是靠这些人的支持我们的生活才会得到改善，就是靠这些人我们才能完整，我们要一起开始一场斗争，让美国成为人们希望的那样——一个所有人可以不分民族、骄傲地成为自己的国家。

这本书不仅仅是我的自传。它也不可避免地成为杰米的传记。在介绍他是谁以及他做了什么时，我有意专注于体现他的力量。这并不是因为他是位圣人，而是因为我已经在其他人的身上找到了这种力量。和杰米一样，这些人也许看上去非常普通，但是当他们从艰难的生活中摆脱出来并获得知识之后，就会像杰米一样，认识到他们的斗争不仅拯救了自己而且进一步推动了人类的发展。他们是无价的资源。我希望通过对这些品质的强调让更多人了解他们，并对其他人产生影响，因为他们对这个国家未来的发展意义重大。

我也用了一整章的篇幅来讲述 C. L. R. 詹姆斯，我从 1942 年到 1962 年间一直和詹姆斯在一起工作。自他在 1989 年去世（享年 88 岁）以后，讲述、描写这位被认为是 20 世纪最智慧的人的文章和书有如潮涌般地大量出版。这些出版物的多数作者了解的只是正在走下坡路的詹姆斯，那时他正忙于环球旅行，而且在 60 年代初，他遭遇了一次几乎让他丧命的车祸。他仍然非常聪明，但这绝不是老年的他。那时，他自然而然获得的力量在不断地膨胀。因为他的生活和“约翰逊—福里斯特派”成员的生活完全缠结在一起，所以很自然，随着时间的流逝，詹姆斯的传记作家和批评家们越来越不注重一手材料，尤其是不再关注他初来美国的经历了。而那个时候正是他最多产的几年。1962 年我们分道扬镳，但我非常珍惜与他在一起工作的那些日子，因为正是在这段时间里，我逐渐认识到，革命是人类进化过程中的一个重大飞跃。

和詹姆斯工作时，我有机会结识一些第三世界独立斗争的卓越领导者。其中，克瓦米·恩克鲁玛成为“二战”后第一个获得独立的非洲国家加纳的第一任总统。1945 年纽约，我们初次见面。那时的他刚刚结束在林肯大学的学习，准备回到当时被称为“黄金海岸”的地方，参加独立战争。我们最后一次见面是在 1968 年。1966 年政变之后，他被放逐他国。在我们为刚结束最后一周的讨论而相互祝酒时，恩克鲁玛对杰米说，“我希望你别介意我要说的，如果格蕾斯嫁给了我，我们一起就能改变整个非洲”。这句话在我来看正是那个鲁莽时期的一个典型例子。

杰米总是提醒我们，我们只是无名小卒：“任何人只有与其他人或者更多大人物相联时才算是个人物。不要把你自己就是个人物这种想法放在你那糟糕的心灵里。”在这些篇章中，除了我的家庭、杰米和 C. L. R. 詹姆斯，你会遇到更多的影响了我一生的人：像莱曼·潘恩和弗莱缔·潘恩、平·范瑞和卡罗尔·范瑞、吉姆·杰克逊、奥西·戴维斯和鲁比·迪、罗斯玛丽和文森特·哈丁、凯瑟琳·高·艾伯利、曾仲鲁（路易斯· 曾），在过去的几十年里，我和他们交换、拓展我的思想；另外，像克莱蒙逖·巴菲尔德、多萝西·加纳、约翰·格鲁查拉、杰拉尔德·海尔斯顿、谢·豪威尔、罗玛·梅菲尔德、多尼尔·威尔金斯和恩肯其·左拉这些我们在每日底特律公民化斗争中的同志。我希望能写出他们所有人的名字。

写我自己并非易事。尽管在许多方面，我更像个美国人而不是中国人。但在中国家庭长大的我已经习惯将自己和其他人联系在一起，而不是独立的个体。例如，在 6 岁的时候，同胞姐妹们和我都在医院里切除我们的扁桃体。我是最后一个醒来的人。在美国护士和医生都围着我的床边观察时，我醒来的第一句话说的是“其他人怎么样了”，当时他们简直不敢相信自己的耳朵。后来，作为唯一一个参加政治会议的美籍华人，我尽量地不去关注自己，而且当被点名表扬时，亦掩饰不住那份尴尬。20 世纪 60 年代骚乱时期，人们常常拿我的“无名氏情结”开玩笑。这种自我谦避的习惯在本书初稿中就体现出来了，但那份草稿却被严厉地批评为缺乏“主体性”。我非常感激斯坦利·阿罗诺维茨比较含蓄地表达了他的观点。作为明尼苏达州大学出版社编审人，他在评论中写道：“当杰米去世后，格蕾斯第一次要独自面对所有的问题，我们深信，直到那时,她才去考虑她自己。”这句话才真正触到了我的内心。

这本书的写作和出版得到了许多朋友的帮助。每一位在明尼苏达州大学出版社工作或有联系的人都非常合作。尤其要感谢我的编辑米凯·克里特,尽管初稿存在一些问题,但他从一开始就不断地鼓励我,并提出了许多建议。编审人俄勒冈大学克里斯托弗·菲尔普斯教授非常仔细地阅读了初稿,他对稿件做了详细的修改和建议。明尼苏达州大学奥格斯特·尼姆兹教授提出的建议也非常有帮助。出版编辑路易莎·卡斯勒,对稿件的成稿做了最后的修改。编辑助理珍妮弗·摩尔自始至终非常耐心地修改稿件的细节问题。我的朋友、同事米歇尔·布朗、艾逖·陈、里克·费尔德曼、谢·豪威尔、吉姆·杰克逊、爱丽丝·珍妮斯、格温·柯克、泽维尔·尼古拉斯、弗莱缔·潘恩、彼得·普特南、弗朗西斯·瑞德等,都参与了出版之前的几次改稿工作。

在日内瓦的路易斯·曾也提出了宝贵的意见,这里摘录了一段他在 1996 年 5 月 22 日来信中的话:

> 在我看来,格蕾斯·博格斯已经成为了一个意志力坚强、热情洋溢的人。格蕾斯告别了过去的她,并闯入了一个新领域。她是位女性,却闯入了男人的领域;她是一个华人,却闯入了黑人社区;她是位知识分子,却闯入了工人的领域。称她为“革命家”再合适不过了,革命是她一直参与,且从未中断过的事业。给她冠以“唯意志主义论者”、“超然”的头衔一点都不为过,因为她对任何现存的物质或其他的东西没有任何的耐心,并总是坚持要超越现实的局限性。也许这就是为什么她从毛泽东的身上找到了家族精神。没有耐心是他们的共同之处。

星期天，每次和弟弟埃迪一起吃晚饭时，我们总是在一起回忆过去，不过意见很少一致过，但如果你是八十几岁的人，能够一起讨论过去六七十年里所发生的事的人可以说是少得可怜，所以每个人都是值得珍视的。

好友、同志爱丽丝·珍妮斯和卡尔·爱德华，他们急切盼望本书的出版。这一直对我是种鼓励。同时，他们将办公室里的传真机、复印机等设备提供给我。这里，我还要特别感激布伦达·伯易德、瑞纳伊·米格龙·格里芬、克拉·瑞德弗德以及特洛伊·塔图姆等人，感谢他们耐心地为我传真来信以及清理复印机。

马丁·格莱博曼帮助我核对本书中提及的所有日期和人物，当我打电话问问题或借书时，他总是非常热情地为我提供帮助。从他身上，我们看到了持不同政见的同志之间应该怎样相互帮助。如果没有底特律韦恩州州立大学劳工和城市事物档案馆里那些图书馆管理员们的帮助，这个工作将会是无法想象的。

最后，我要感激我的父母，因为他们的基因，我能够在经历了大半个 20 世纪之后，依然还能积极参与到梦想 21 世纪的活动中去。

经常有人问我是什么让我在这些年里一直这样执著地工作。我想，这是因为斗争永远不会结束。不论赢还是输，每一场斗争都会带来新的矛盾，更多具有挑战性的问题。正如在一首爱丽丝·沃克的诗中写到的那样（我最喜欢的一首）：

我一定是非常爱这些问题
它们本身
正如瑞克说的
就像一间上了锁的房子

装满宝物

我手里那把

黑暗中摸索的钥匙

还不能打开那扇门。[①]

第一章

东方人就是东方人吗?

玉平

1915年6月27日,在罗德岛普罗维登斯市中心父亲开设的中国餐馆的楼上,我降临到这个世上。每当我哭的时候,那些在父亲餐馆打工的人们总是说“把她丢在山上,让她自生自灭吧”。后来他们告诉我这只不过是些玩笑而已。但是,即使那时我只是个孩子,也觉得这一点都不好笑,并且早些时的那些经历让我隐约感觉到这个世界有些事情是不正确的,甚至怀疑是否回到中国是个很好的主意。

在那个年代,人们总是认为他们国家里的华人只不过是些“旅居者”,在挣到足够的钱后就会回家去。而实际上,对于还是小孩子的我来说,“返乡”只不过是一个词而已。因为小时候我的头很大,哥哥们过去总是说我的头会让船倾斜,所以不能和他们一起“返乡”。

我的双亲,和大多数那个时代的中国移民一样,来自汕头(那个时候的汕头不过是中国南海广东省的一个小村庄,离广州大概有三百多公里)。那时的汕头人就像现在移民到美国的墨西哥人和中美地区的人们,到这个国家是因为在家乡已经不可能再继续生活下去了。随着1839—1942年鸦片战争中国抵抗英国的失利，国内原有的经济和社会结构彻底地崩溃了。为支付英国的巨额赔偿，中国政府加大了对农民的税收。由于支付不起沉重的赋税以及当地地主高得离奇的利息，成千上万的农民失去家园，最终沦为乞丐而到处流浪，其中许多人加入了土匪或一些神秘革命组织 。同时，1842年签署的停战协议让英国和美国大量价格便宜的纺织品涌入中国，击垮了中国本土的纺织行业，成千上万的纺织工和其他手工艺人失去工作。为了生存，人们起来反抗。从1841到1849年间大大小小发生了一百多次起义。1851年至1864年间的太平天国运动，参与者超过了百万，运动持续了近十五年。永无止境、连续失败的这些起义不过是让中国老百姓的生活更加凄惨，于是许多人在鸦片中找到了慰藉。1838年至1858年间，鸦片的进口量翻了一倍，尽管这在当时是非法的。

对于许多的中国人，尤其是那些尚有创业精神的人来说，离开中国就成了唯一的选择。在19世纪50年代，成千上万的中国人来到了美国，也就是当时被称为“金山”的国家。1849年，加利福尼亚的中国人口是五十四人。到了1851年，人数达到两万五千人。19世纪末，美国的华人到了十万。不像在美国的欧洲人，华人并不把自己看成是移民，因为他们并不打算就此定居下来。他们全然没有意识到在中国的这场战事将会持续到另一个世纪，并影响他们以后几代人的生活。

我的父亲也是其中一个有着雄心壮志的人。1870年，他出生在广州的一个小村庄，当时是没有学校的。由于天资聪慧，当地的长辈就送他到县里的学堂读了几年书。与其他同龄人一样，十几岁的父亲就开始到新加坡工作了。尽管这是一段很长的旅途，但是在中国的南海上可以坐船往返于其间。在20世纪初，攒够了去美国的钱之后，父亲就开始了他首次横渡大西洋的旅行。对于华人来说，进入这个国家并非易事。1882 年，美国国会通过了法案，延期允许中国劳工进入美国，其中所指的“具有华人血统的人”不包括官员、老师、学生、游客以及商人，并正式禁止华人入籍美国。1882 年法案将排华运动和种族歧视推向了极致。1852 年，加利福尼亚总督约翰·彼格勒将中国移民描述为“一群贪得无厌、无视道德观念、无法与当地融合以及对社会安宁带来威胁的廉价的合同劳工”。1854 年，加利福尼亚最高法院推翻了一位白人妇女杀死中国矿工的案件，所根据的法案就是加利福尼亚刑事法第十四条，在这项法案中规定“任何黑人或其混血以及印第安人不得引用任何有利或不利于白人的证据”。为了支持这个规定，大法官休·莫雷宣称“让华人在法庭中举证就等同于允许他们拥有所有的公民权。接着在我们的选民册、陪审团、法官席甚至是立法大厅中就会发现这些华人”。1879 年，加利福尼亚州宪法规定禁止公司以及市政部门雇佣中国人，并允许各个城市将华人从他们的周边赶走。①

父亲从没有告诉我们他是怎么游走于这些排华法案规定之中的，但我们却深谙其中的道理，因为那个时候合法与非法留在这个国家的界限是非常模糊的。他有时会宣称自己是一位商人（在法案中从事这类职业的人是不包括在内的）。更有可能使用所谓“文件上的儿子”的策略。这是当时华人常用的一种方法：由一个合法定居在这个国家的华人将一份文件出售给打算移民的另一位华人，并在这份文件中称其购买者是他的儿子。像许多其他华人一样，他也可能说自己其实是在美国出生的，只是出生证明在 1906 年旧金山的那场地震中毁掉了。尽管如此，我父亲从没有谈及他最敬爱的母亲离开过中国。（他的母亲是 1937 年在她的村子里去世的，享年104岁，因为他的母亲生了三个儿子，人们提起她的年龄时往往会多说三岁。在我的客厅中挂着她101岁时的照片，看上去非常庄严。）尽管父亲总是对别人说自己是美国公民，但我却从不记得他曾经有过美国国籍。不论他选择什么方式，看着这些年来，父亲一直与美国官员玩着猫捉老鼠的游戏，我总在猜想父亲其实是尽最大限度地利用了足以令美国人困惑的、前后顺序习惯不同的中国名字及他那有限的英文，就这样到最后签证官也就懒得再去弄清楚他前后矛盾的说辞了。

到达加利福尼亚时，口袋里只剩下50美分的父亲先是做搬运工后来当上了监工。在中国城，父亲参加了由一位名叫格雷斯的美国传教士组织的英文学习班。在学会了足以应付在酒店、餐馆工作的英文之后，他又来到一个农场担任厨师。最后，父亲终于开始了自己的小本经营并雇佣了几位工人。他过去常常说，“挣钱的唯一方式就是让别人为你工作”。之后，他挣到足够的钱回到中国，并娶了第二位妻子，随后带着她一起回到了美国。

这在当时算得上是一个伟大的成就。那时在美国的华人大多数是单身汉，因为娶一位白人妻子简直就是异想天开的事情，这在1857年的加利福尼亚也是违法的。如果他们在来美国之前就已经娶妻生子，那么最好的办法就是让他们的儿子来美国。只有官员和商人才有这样的财力和权利携家带口来到这个国度。

1911年，父亲和他第二个妻子伊兰（音译），来到华盛顿州的西雅图市。她当时20岁，比我父亲小20岁。他丢下怀孕的结发妻子，也许是因为伊兰更年轻、漂亮，同时她也怀上了他的骨肉——他希望是个儿子，因为他的发妻只是给他生女儿。他们在PM汽船公司的西伯利亚号上旅行已经将近一个月了。就在他们到达之前，在一位美国医生的帮助下，伊兰生下了我的姐姐凯瑟琳。凯瑟琳也有一个中国名字,海珠。

父亲签证时使用的名字是陈东龚(音译)。父亲姓陈,出生时的名是东龚,成年后根据中国习俗,他给自己一个新名——利,取意“利润的利或利益的利”。大多数美国人叫他陈利先生,或利先生(因为这样叫起来更短,更像美国名字),最后父亲的名字就变成了利陈,而利就成了我们的姓。

我母亲伊兰出生在伍氏家族,她母亲是个寡妇,靠教村里女孩做女工而过着拮据的生活。母亲从来不知道她的父亲,他很可能是中国某个地方移民到南部的客家人。他们也有可能是缅甸人或暹罗人,抑或是中国北部土著居民的后代。她和她的弟弟常常挨饿。她常常告诉我们,他们常偷吃用来祭祖的食物。后来由于家里实在是非常窘困,她的叔叔就把她卖给一个“大房子”里的人做奴隶,但她最后还是逃了出来。她嫁给我的父亲也是这个叔叔一手安排的。尽管她很恨自己的这个叔叔,但嫁给我父亲是结束这无望的中国农村生活的最好途径。

来美国,伊兰是没有理由想回去的。她的母亲和兄弟都死了,只剩那个令人厌恶的叔叔还活着。她从未谈起在中国的朋友,甚至即使是有这些朋友,她也不会和他们联系,因为她既不会读也不会写。在她的村子里没有给女孩读书的学校。1984 年,当我坐着公共汽车第一次也是最后一次经过那些小村落时,我可以想象母亲就生活在我们所看到的那些阴暗的茅草房里,我也可以理解为何母亲义无反顾地离开中国。

母亲常常心怀感激地谈论起那位在船上给她接生的美国医生。从那次经历后,她总结出美国人对待女性的礼貌程度在中国是无从知晓的。因此,她爱上了这个国家,并希望有一天等到孩子们都长大时,她就可以去学校学习英语并成为真正的美国公民。

同时，她也开始注重自己的衣着、举止，就好像本身就是一个土生土长的美国人。当我还在蹒跚学步时，母亲总是唱中国民歌给我们听。但这些很快被一些像“我知道上帝爱我”的圣诞赞歌所代替。有一次，她决定给自己更名为埃丝特（在旧约中的一个人物的名字）。我母亲是一个有吸引力、充满活力的人，同时也很有魅力。1978年，母亲在夏威夷去世。在这之后，我将从母亲21岁穿着中国服饰来到美国到88岁去世的照片收集成册。其中，母亲在63岁时骑在马背上的照片和七十多岁穿浴衣的照片可以说美得让人窒息。如果在中国餐馆吃饭，她常常会成为人们注意的焦点，那些雇主和侍者们常常围着她转。

我父亲从来没有把母亲看成是个独立的个体，永远不理解为什么她那么不开心，也不理解为什么学习使用英语以及以她自己的名义成为美国人对母亲来说那么重要。我不记得父亲曾经直接称呼母亲的姓氏，除非他是在责备她。他通常会以“孩子他妈”第三人称谈起她。也许是因为相信孔子对家庭角色的定义，父亲认为，让她成为母亲的角色并让孩子们尊重她这一母亲角色就是他必须做的事情。当我们长大了，父亲总是说“你们的母亲是个好女人。她抚育你们、爱你们，照顾生病时的你们，但她再怎么样也只是个女人。当你们需要建议和指导时，就来找我吧。她只知道这墙内之事，而我遇到的人和事比较多”。在旧中国，妻子被称为内人。

也是因为如此，我母亲非常不开心。与美国妇女的生活，尤其是与电影中所刻画的那种生活相比，母亲把自己看成是受害者，把自己无爱的婚姻和家庭生活看成是她在中国受迫害经历的一种延续。父亲将房契归于母亲名下，防止如果生意失败房子也不至于充公。所以在20世纪30年代，母亲将他锁在门外，拒绝他回家。

早在中国革命期间妇女“诉苦”运动之前，我母亲常会到市中心父亲的餐馆当着顾客和那些雇员们的面指责父亲。而父亲则会躲在厨房里不出来。然而，三十年来直至60年代父亲去世的这段时间，他总是给母亲写长信，问为什么他们不能一起回来，并用复写纸将复印稿送给每个孩子。这些信总是以“孩子的母亲”开头的。

母亲和我的关系从来就不是很亲近。当我还很小时，她总是抱怨说生我时她受了许多苦，因为我的头太大，这就是暗示说她受苦都是我的错。我不知道为什么是这样的，也许是因为我们现在所谓的婚内强奸吧。但是我永远不能理解为什么在所有的孩子中只有我成为她受迫害的象征，这也许是因为在母亲生我时我给她带来太多的痛苦。也可能是因为早些时候母亲不会英文，而我承担了接待到我们家客人的角色，她把这看成是一种反叛。也许是因为在家务事上我帮不上忙，我和母亲一样痛恨做家务事，但是家务事并不全是母亲一个人做的；每个星期会雇佣工人来家里一两次，做一些清洁房间，清洗、烫熨衣服的工作。（通常会是一位欧洲移民妇女。我回忆不起任何一个非白人，但我兄弟埃迪依然记得有一位黑人妇女，他说母亲和她的关系最好。）无论原因是什么，母亲对自己的生活越失望，就越是嫉妒我的生活。我越是要过自己的生活，母亲对她生活中所遇到的事就越感到愤怒。当我在学校埋头苦读并表现不错时，这似乎让母亲想起当年她所失去的那些机会。因为我是一个女权主义者，在30年代末，她曾要求我公开与她一起反对父亲，我拒绝了她。因此她永远也不会原谅我。

相反，父亲从来不认为自己是受害者。生活对他来说是一种探险，在其中，可以从成功、失败中学习、成长。他将挫折和失败看成为追求生活所必须付出的代价，他总是能不断前进，总是在寻求新的途径，扩大他的生意和他的思想。充分利用他早年读书所学的知识，父亲每天读一份中文版的报纸，并且一直坚持和在国内的家人保持联系，从来不间断地从经历中学习，不断地扩充他自己的汉语和英文词汇。我现在依然看见在房后的卧室里，90 岁的父亲坐在桌边，用汉英、英汉词典查单词，丰富自己的词汇量。

每一个问题，无论大小，对父亲的聪明才智都是一个挑战。像在 1938 年，我在布林莫尔大学担任助教时，住在校外，仅靠每年 400 美元过日子。所以每个星期二早晨，他都会从饭店里准备好够我熬过一星期的食物，在 34 街的大邮局以特寄的方式，送上从纽约发出的火车，为的是赶在那天晚饭之前，能将食物送达布林莫尔大学。父亲总是能从解决困难中找到乐趣。他总是想方设法帮助其他中国人，将他们的儿子或妻子从中国带过来。在 20 年代末，纽约的一家小报报道说，在副总统查尔斯·柯蒂斯以及一位名叫马特·格莱瑟的人（如果我记得不错的话）的协助下，他非法从中国走私人口。

当我父亲于 1911 年第二次来到美国时，中国人在西海岸基本没有到农场或工厂工作的机会。在 19 世纪 50 年代，中国移民成为了矿工，和其他人一样申请索赔；一部分人从事了农业工作，作为佃户或劳工教他们的雇主学会开垦、种植、收割果树和庄稼的技术（这些技术是中国人几个世纪以来积累起来的）。后来，大量的工人在铁路工作，做一些白人不愿做的危险事情，在雪崩和滑坡中工作，有些因此而死去。这就是“中国人的机会”的最初来历。尽管由于在 1890 年通过的联邦法律为“白皮肤的人们”保留了公民权，中国人是没有权利成为美国公民，但还是有低贱的工作给他们去做的。

然而生活越来越艰难，白人工人们将他们的绝望发泄在中国人身上。1860 年，大约有四万中国人的索赔要求被白人（政府）驳回。在1873年经济大萧条之后，西部白人工人发动的反对中国人的运动愈演愈烈，殴打、攻击中国劳工和商人，破坏他们的房屋和生意。从那时起，没有一个中国人会感到人身安全和财产安全。

面对来自白色人种的敌意，中国劳工离开西部去往东部，沿途不断发展一些不需受雇于人的生意。因为洗衣行业和餐饮业可以全家参与又不需要多少英语知识，并且仅仅需要几百美元购置设备，所以越来越多的中国人开始从事这些行当。在19世纪80年代中叶，“杂碎”（指牛羊的内脏。编注）在美国相当受欢迎。在美国报纸上，描画中国洗衣商人的卡通中经常出现这样的标题，“没有票，就不能洗衣”（“no tickee, no laundry”的“tickee”是故意模仿那时中国人的错误发音，所以英文表达含有明显的歧视意义）。

父亲看到这一新现象，于是决定带着他妻子转入餐饮行业，这全仰仗他过去当过监工，在旅馆、餐馆当过工人以及他刚到这个国家时当厨子所积累的经验。到1913年，他就在马萨诸塞州劳伦斯市开了一家餐馆，哥哥菲利普就是出生在那里的。十三个月后，他就卖掉了那个餐馆，并在波士顿开了一家新餐馆，另一个哥哥罗伯特出生了。在罗德岛普罗维登斯市市中心的威斯特敏斯特街旁，十六个月后，我在父亲开的利陈餐馆的楼上降临到这个世上。接着，父亲向南部的纽约转移。在我出生的1915年，我们搬进了萨默塞特街的一处房子，随后在那里又有了我的两个弟弟，他们分别是在1918年和1920年出生的。

在这期间，父亲总是去布法罗州和纽约州，在那里他新开了两家餐馆，接着又去了纽约市，他总是想寻求更大的商机。在那个兴旺发达、充满自信的20年代，一个人只要有梦想就能实现一切。一个推着小车沿街叫卖的人可能在一年之内拥有一个出售干货的小商店，两年内就能拥有一家百货商店。父亲把一个给周边居民提供服务的餐馆开到了普罗维登斯市市中心。现在他的目标是在百老汇开一家利陈餐馆。1924 年，他实现了这一梦想，我们很快就搬进纽约市，那年我 8 岁。

在一本 1949 年洛杉矶出版的书中，父亲被描述为“华人餐饮之王”[②]。在百老汇 1604 号二楼和三楼，利陈餐馆已经发展成为一个能够容纳近千人的大型餐馆。餐馆为老主顾们提供了两个入口，一个设在百老汇（入口处设有一个很大的门罩）、一个设在 49 街（门罩要稍微小些），在第七大道还有一个送货出入口 。当开业时，这家餐馆成为时代广场北岸的一大亮点，市长杰米·沃克公开为此向我父亲表示祝贺。在那个时期的电影里，偶尔也会有这百老汇门罩的出现。在克尔·波特的纪录片中，有一个镜头就有它的原貌。盖·雷蒙德是位舞蹈演员、单口喜剧演员，是 70 年来伟大的影视演员，在他的讣告中这样写道：“他在纽约市利陈餐馆的舞台上开始了自己作为戏剧舞蹈演员的职业生涯。”[③]

这次成功让父亲深受鼓舞，1928 年，他又在百老汇 44 号开了另一家同等规模的餐馆。在这两家餐馆中，顾客们不仅能够在乐队的伴奏下跳舞，而且还能欣赏到现场表演。因为只要付相当少的费用就可以享受到食物及娱乐节目——不到一美元，就可以从水果盘、炒面、牛肉片、自家做的饼或咖啡中选择六道菜——利陈餐馆此时在纽约已家喻户晓。有一次，我在第七大道开车转一个 U 形弯时被警察拦住，他看了看我的驾照，发现我是利陈的女儿，就让我走了。也许现在看来这是不可思议的，但那个时候，对于纽约人来说，利陈餐馆已经成为中国文化的象征。“二战”之前，大多数美国普通老百姓对外界全无知晓，几乎没有人去过欧洲，更不要说是中国了。反映中国和世界的电影和书籍对于生活在现在的人们来说已经习以为常了，但在那个年代里却很少有这些东西。

所以，人们总是来餐馆询问一些有关中国文化的问题。直到“二战”后，美国人才开始了解中国烹饪。战争期间，许多美国兵去过太平洋地区。有关中国的书和文章也越来越多。人们开始光顾中国餐馆，首先是粤菜馆，然后是川菜馆和湘菜馆。

直到搬到纽约，我才开始感觉到了种族歧视并且深感有必要抵制这种现象。看到时代广场自家餐馆的灯光时让我们兴奋不已，我们非常期待住进杰克逊高地那三层楼的新房子。新房子的周边都是些独立成户的房子或是两家人连在一起的房子，交通非常方便，离地铁（E1）和第五大道巴士站只有50码。但是父亲不得已将房契签在他那个爱尔兰“合同父亲”的名下，这是因为当时严酷的法律规定不得将房屋出售给非白色人种，每想到此就让人觉得非常痛苦。

在普罗维登斯市，我活动的范围非常有限，从来没有坐过公共交通工具。因为那个时候，我家在萨默塞特街，拐角处就是友谊街小学，父亲市中心的那家餐馆也离得很近。因此，即使是当时蹒跚学步的我们只需步行就可以往返其间。星期天，我们总要去三一教堂（只有一个街区之远）。在教堂里的那对英国夫妇对我们非常友善，知道我们在这里没有爷爷奶奶，就让我们叫他们皮克斯爷爷、皮克斯奶奶。

刚到纽约时，由于杰克逊高地的新房子还没有收拾好，我们只好在餐馆旁边的布里斯托酒店住上几个月。所以，我和兄弟姐妹们每天就乘坐地铁去我们新家附近的那个小学。虽然只有18分钟的车程，可是对我们来说却是一段痛苦的经历，因为车上的人们总是会盯着我们看，似乎他们从来没有看见过像我们这样的人，这让我们觉得自己似乎做错了什么似的。为了回敬他们，我们就盯着他们的脚看。

在家周边只有我们是中国人，路上遇到的或是接触的人——邻居、同学、老师——都是白人，当中绝大多数都是欧洲移民或者是他们的子女。在那段日子里，老师、同学们总是问我同样的问题——“你的国籍是什么”，这让我非常气愤。不过，通常我会像给他们上公民课一样，很有耐心地解释我的美国国籍——我是在美国出生的，而我父母是中国人。但不论多少次我耐心地解释，总是会遇上同样的问题，似乎对于他们来说，我不可能同时是中国人和美国人。而在解释之后，通常那个提问的人会接着说“你的英文非常好”。话听起来似乎是在给予我一个友善的赞扬，但在这友善背后，却暗示着中文和英文同时讲得好犹如同时是中国人和美国人那样，让人觉得是两个不相容的事物一样。

我们既然已在纽约定居下来，父亲就决定在培养我们的角色中发挥更重要的作用。不像母亲，父亲对他的中国背景非常骄傲。他对我们的言行举止，对我们与母亲、兄弟姐妹之间的相处以及怎样收拾我们的房间制定了严格、详细的规定。父亲有一大套言行举止的准则。据他说是来自于孔子。其中一个就是“近朱者赤，近墨者黑”，而另一个来自他家乡的谚语，“一只病鸡会传染其他的鸡”。看得出来，父亲非常喜欢自己的商人身份，但同时他又具有儒商的气质，他很尊重知识分子和农民，却很瞧不起那些商贩。所以，他总是强调接受教育和努力工作的重要性，总是提醒我们谨防美国的商业化行为，尤其是像纽约这样的城市。

父亲非常希望我们能够在成长过程中接触汉语知识，于是请了一位中文家教每星期给我们教一次中文读写。迄今为止，我记得最清楚的汉字就是那个时候学的。但总的来说，那时的教学基本可以用失败来形容。在一个房间里同时给七个年龄从6岁到14岁不等的孩子教汉语。这也许在中国行得通，但我们都是出生在美国的中国孩子，我们的言行举止与其说像中国孩子不如说是地道的美国孩子。那时，我们认为将老师锁在浴室只是个玩笑而已，根本没有心思学习汉语。当我们还很小的时候，在家里说汉语是因为母亲不会什么英语。但不久母亲学会了英文，自然也就不用说了。由于基本没有机会遇上其他中国人，也没有机会使用汉语，我们很快就忘记了老师教的那些汉语。

不像其他中国家庭，我们从来没有去过中国城。在星期天的纽约，中国城里到处都是在洗衣店、餐馆工作的中国人，六天与“洋鬼子”打交道后，他们都特别渴望和同乡们一起吃上一顿。相比之下，父亲并不需要去那里与老乡联系，因为他每天都是和在餐馆里工作的中国侍者和厨师（其中大多数是我们的亲戚）一起度过的。

父亲要我们远离中国城也是出于安全方面的考虑。20 世纪 20 年代，一些华侨秘密会社之间总是发生争斗，当然，那时的我是不能理解的。我知道的是他们所代表的是一种极大的危险。因此，在凌晨餐馆打烊之后，父亲总是定期地在保镖的陪同下回家。我对中国城不是很了解，并不知道这些秘密会社有点类似于在中国的那些抵抗清朝统治的组织，但是在美国，这些团体却进行着毒品、赌博、卖淫的买卖。父亲过去给我们解释说，中国人在租赁生意和其他生意上有他们自己的法则。比如说，如果一个中国人在原来餐馆的地盘上新开一家餐馆，那么他就得给房东支付租金，并且还得支付一定的费用给原来餐馆的中国老板。这些规则都是一些在中国城的大家族和街区组织强迫执行的。如若不然，他们就会闯进来，用暴力实施这些法则。

在上大学之前，我所接触的社会环境还是非常有限的，接触到的人只有家人、街区周围的邻居、在父亲餐馆工作的工人、学校里的同学们以及在教堂里遇上的那些人。每个星期天，我们都会去离家一英里外的星期天学校和社区教堂，这样做是因为母亲相信与其他社交圈相比，在基督教教堂里，妇女能够得到更多公正的对待。但是我却从来不记得在教堂遇到的人拜访过我家，也不记得我们和在教堂里认识的年轻人成为朋友。在星期天学校里，通常有人会给我们一张白色的方块纸，要我们背下圣经上的段落，然后纸片会贴在一根丝带上，并别在我们的衣服上。我记得很清楚，我的丝带有三四英寸长。我喜欢去教堂，是因为很喜欢唱圣歌和圣诞赞歌，并且很骄傲地将我第一次挣来的两美元投进那个用来募捐的盘子里。

除了去学校，我并不经常出门。由于是中国人，我通常行事都是十分谨慎，不愿参加同龄人的社交活动，对异性和服饰也不感兴趣，反倒对读书更感兴趣。在家里，家人并不喜欢美国式的接触和亲吻方式，周边的人这样做时让我感到非常不自在。在更衣室换衣服让我觉得非常尴尬。所以即使当时我就读的艾姆赫斯特的新镇中学离家有一英里远，在上体育课之前，我宁愿跑回家换上白色的海军服和深蓝色斜纹布料的大衬衫，然后再回学校去上课。在大学宿舍，那些闲言碎语和黄色玩笑会让我感到不舒服，常常会在这些话题开始之前就离开房间，因此朋友们总是拿这事来嘲笑我。

我们在杰克逊高地373973号街的房子是那个街区最大的。楼下七间大房子已经被租出去了。我们住在二、三楼的那十一间房子里。在三楼，姐姐、我和我同父异母的哥哥乔治各自有一个房间。除了两张中国式的桌子和两把镶嵌有象牙的黑檀木椅子之外，家具同当时所有中产阶级下层的家庭一样。在房子旁边，有一个有围栏的空地，空地很大，很像一个缩小的网球场。冬天，我们给它灌上水，然后在上面玩冰上曲棍球。小时的我像个男孩子，兄弟们总是向他们的朋友吹嘘说，我扔球时不像女孩子，在玩棒球时，我也经常把球击出围栏外。

我们的邻居们通常都是些中产阶级下层的人：工人、小商人、秘书。他们都是白人（我们戏称他们是“洋鬼子”，而那些黑人，我们叫他们“黑鬼”）。我不记得那时是否遭遇过歧视，但是乔治说，他记得当时一个白人妇女把她的孩子拽进屋子，不让他们和我们玩。街区里只有一个在长岛日报工作的记者是真正的白人新教徒（WASP），是位大学毕业生。人们常叫他“凯普勒先生”。有好几年，楼下的房屋租给了一对法裔加拿大夫妇，他们是在服装街区做批发生意的。后来又用来做医生的办公室。住在我家后面的是德裔美国木匠和他一家子。街对面是两家南方白人家庭，他们共同拥有一家小型洗衣店，有几个与我年龄相仿的孩子。他们在那住了好几年。我后来不再去拜访他们是因为那些人总是在大厅摸我。隔壁家住的是一对老夫妇。那个男的是公务员，只要他的妻子离开家，他就试图把我拉到他的大腿上。我儿时最好的朋友玛丽·阿布鲁斯卡托就住在街对面，她的父母来自意大利南部。她的父亲是位理发师，她的母亲和我母亲一样，从来没有读过书，有段时间，我给两位母亲上英语读写课。她的兄弟尼克成为了一位律师，并且把他的姓改为司各特。在中学时，我最好的朋友也是位意大利女孩，她叫阿尔维拉·卢索，她的父母不怎么会讲英文。她那两个当苦力的兄弟希望她好好伺候他们，而这在我们家是绝对不能接受的。由于和阿尔维拉的关系，我常常和意大利人出去玩。在那些年里，中学篮球队的明星们几乎都是意大利人，不过，他们从未被看成是美国人。一直到 20 世纪 30 年代初，菲奥雷洛·亨利·拉瓜迪亚当选市长之后，情形才有所改观。

在 20 年代末，我们开始到一个名叫岛之园的小村庄上度暑假。村庄位于长岛南海岸拿骚县，离“长滩”只有一英里，而离曼哈顿的大中央车站只有19英里，父亲可以在我们度假的地方和他工作的地方乘车往返于其间。刚开始的两年，我们租了一间房子，到1929年，父亲就在海滩旁为我们建了一栋房子。那时，岛之园还只是个农村。低潮时，我们就从家门口前的浮板上潜下水去找蛤蚌，有时游泳或划船横过海湾去拣住在蓝色贝壳里的螃蟹，并在袋子里装满蛤蚌。劳动节举行的游泳大赛，就是从“长滩”游一英里，有一年我兄弟哈利得了第一名，而我得了女子组第二名。不过，长大以后，我们就再也没有一起过暑假了。30年代，那个房子一直空着没人住，终于因没有纳税，最后被没收了。

平时总是母亲为我们准备食物，往往都是些中国菜式，诸如大米、炒菜或腌鱼一类的东西。我们常常会像中国传统家庭那样围坐在餐厅就餐。后来，母亲越来越美国化了，总是会准备一些美国式的食物。即使我们吃的是意大利面条或土豆，父亲也总是将用100磅的袋子买来的大米准备在桌子上。星期天是个特殊的日子，只有这一天父亲在家，因为店里的生意要当天的下午四点才开始。早餐常常是吃些父亲头天从餐馆带来的猪肉排骨和薯条。早餐之后我们就去星期天学校和教堂。回家时，父亲总是起床了，并且会为我们准备星期天大家一起吃的食物。在我的记忆里，直到30年代我离家读书时，家里没有一个人会错过这个星期天聚会。在星期天，有时候，我们会坐着那辆七人座的拉萨尔车出去兜风，由于那时还小，家里便请了位司机为我们开车。而当我学会开车时，兄弟鲍勃常常会叫上四五个狐朋狗友坐在后座上，让我在狭窄的街道上来回地拐弯玩，而他的那些朋友对我的驾车技术不停地指手画脚。

在父亲和母亲分开之前，我们从来没有享受过感恩节、圣诞节抑或是新年大餐。因为在这些节日里，餐馆总是会将一大包食物（包括一只20磅的火鸡、板栗浆、肉汁和蔓越梅做的浆汁，还有蔬菜）送到我家和一大帮父亲生意上的朋友的家里。父母分开后，我们常常要吃两次感恩节、圣诞大餐—— 一次是在母亲家里，一次是在餐馆和父亲一起享受的。

利陈餐馆和陈餐馆都因没有付税，于 1949 年被联邦政府关掉了。在“二战”期间以及战后，所有提供现场音乐秀的场所都必须从顾客中收取 30% 的联邦娱乐税。父亲确实收取了这笔税费，但由于战后生意很不景气，父亲将这笔钱支付给了那些供应商们。当这些联邦政府的官员们来关闭父亲的餐馆时，父亲的眼睛里都噙着泪水。后来，父亲的恳求深深地打动了他们，最后他们推后了封馆的时间，并且希望父亲能够带着资金重振旗鼓。利陈餐馆和陈餐馆的倒闭预示着这个曾经是大众娱乐中心的时代广场的衰落。在过去的日子里，纽约人会在星期三和星期天的晚上聚集在一起看电影或是去听乐团在沃利、国会大厦、派拉蒙和广播城的音乐大厅演奏音乐，人们常常在此之前或之后去父亲的餐馆吃上一顿杂碎或炒面。到了 70 年代，这个地区主要生意是成人电影和书店。

当这两家餐馆倒闭后，70 岁的老父亲又要从头开始，我比父亲更伤心。自 1924 年以来，这二十五年期间，餐馆已经成为了我的第二个家。每次当我踏上那二十几级大理石做成的宽阔台阶进入餐馆大厅时，那些从小就认识我的侍者和领班们总是会和我打招呼。每当我看到人们非常享受午餐和晚餐时，心里总是暖暖的。同那些乐团里的演艺者和音乐家们聊天让我感觉非常快乐。从儿时起，我就已经习惯有时间便去餐馆帮帮忙，尤其是在比较忙的时候（比如像星期六的午餐和晚餐、或新年的除夕），帮着出纳收钱、为晚会预约座位。我特别喜欢看着父亲坐在那个有蜷缩顶盖的桌子旁，监督着伙计们干活，以免出差错，或者一边嘴里念着“吃着、喝着”，一边欢迎来客。父亲对自己的手艺活特别自豪，喜欢当晚会主持人。他曾主持过各种晚会——16 岁成年晚会、分别晚会或是婚礼晚会。直至现在，每每想起父亲总能在繁忙的星期六晚上几小时之内就把上千人吃的食物准备好，我依然感觉惊讶不已。

在家里，父亲是一个专制守旧的人。上午十点去工作，从中午三点到五点回家午睡，然后在利陈餐馆打烊后回家睡觉。当他在家时，家里的每个人都踮着脚尖走路。他对我们的言行举止要求非常守旧。例如，作为一个十几岁的小孩子，我是不可以在岛之园穿着浴衣或短裤骑单车的。我 15 岁那年的劳动节，正准备游一英里从长海滩去岛之园，而那时父亲又发现一封报名费 150 美元缝纫课程的信件，结果我被他狠狠地揍了一顿。不过在餐馆里，父亲总是会非常热情地帮着别人解决他们的问题。在那个时代里，肉店是没有鸡肝出售的，而犹太人喜欢做鸡肝碎，于是父亲总是会把鸡肝留起来，然后把它们送给那些陌生人。他总是那样得精神饱满，从不会心怀怨恨，即使事情发展得不顺利，也从来不会因受到冤枉而抱怨。在逆境、顺境中，他从不会减退自己的精力和热情。而在 30 年代，当时的日子确实非常艰难。

父亲每天都会工作十七八个小时，一直到 1949 年餐馆关闭。由于自 1962 年我姐姐去世后，没有人在纽约照顾我父亲。他便来到底特律，在我们兄妹三家(哈利家、埃迪家和我家)住上几个月。那时的他已经 92 岁了，但还是会在星期六晚上乘坐公共汽车去当地的餐馆帮帮忙，当当领班或出纳。就是在他 1965 年去世的前一天，还走了两英里。父亲去世的那天早上，他把我叫进屋子，告诉我说，他走路时，腿歪了一下，然后接着又出去散发倡议书，倡议书的大致内容是要求在街边安放长椅，以方便年老的路人可以用来坐坐休息一下。但是出了家门不久，就失去知觉倒在地上，送到急救室时，父亲就去世了。之后，我们举办了一个我们三家及其我们的邻居们参加的告别仪式。

父亲对美国的兴趣是自私的，他想挣美国人兜里的钱，这样他的餐馆就会生意兴隆。“一战”时，父亲购买了自由债券，于是普罗维登斯的一家报纸刊登了一张我们的全家照，以此来当做他们宣传的噱头，鼓励其他移民家庭也像父亲那样支持那种“为民主而拯救世界”的战斗。不论是从社会意识还是从政治意识上来说，他都是向着中国的。就像大多数海外中国人一样，他支持1911年中国革命和它的领导人孙中山（他是中国国民党的创始人）。在利陈餐馆的墙上，和中国其他生意场所一样，都会挂着贴有孙中山照片的国民党颁发的嘉许证。许多年来，父亲一直都在梦想着如何让他的家乡更加现代化。在30年代，他请了一位叫亨利·拉莫特的商业艺术家给他的家乡绘制了一幅配备有学校、铁路和飞机场的草图。在60年代，父亲去世前不久，他还参加了在我们家里举行的一次会议。在会议上，菲利克斯·格林描述了中国革命为中国农村带来的变化。听到这些消息，父亲欢喜不已。他说：“毛泽东做了我想做的事。”当我同年轻的亚裔美国人说话时，我常常会说自己的革命实践主义精神是结合了母亲的叛逆主义和父亲对农村和社区的责任感。

在现在的亚洲，尤其是中国和韩国，成千上万的人都具有父亲那样的雄心壮志和不屈不挠的精神。许多海外的中国人，其中包括企业家和技术人员，把中国看作是当今的“金山”，他们都纷纷回到中国定居。当那些中国观察者们预测说，到2050年，中国将是世界经济强国。我想，这是因为他们看到了在中国有许多像父亲一样的人。

同时，当1952年的《麦卡伦法案》和1965年《哈特－塞勒法案》使得亚裔人拥有移民权之后，更多的中国人来到美国。现在亚洲人是美国人口增长最快的少数民族。他们来自不同的国家——中国、韩国、东南亚、印度、巴基斯坦、菲律宾——他们有着不同的历史背景,同时也来自不同的阶层。尽管他们被总称为亚洲人,但英语是他们拥有的唯一的共同语言。

1930年,美国大约有七万五千中国人,但到了1980年,人数增长了十倍,大约是八十一万两千人。此后,成千上万的中国人合法地、不合法地来到这个国家。中国的移民不再仅仅是来自汕头的农民,其中也有中国革命的高层政治避难者,还有些是来自台湾的专家,还有不计其数的来自贫穷家庭和没有技术的农民,他们在纽约和加利福尼亚的那些靠压榨工人汗水的制衣工厂和硅谷芯片制造工厂里艰辛地工作着。那些靠出卖体力过活的人们宁愿冒着不断受到被驱逐出境的威胁,将上万美元交给人口贩子,登上船偷渡到美国,就像在1993年,“金色冒险号”载着271名非法中国移民来到纽约的洛克威海滩。与此同时,又有成千上万的韩国、中国婴儿被美国中产阶级家庭领养。

亚洲人源源不断地来到美国各个城市里。1990年,洛杉矶蒙特利市有56%的人口是亚裔人,其中多数是中国人。在建筑旁和草地上的出租牌上看到的中文比英文多。在洛杉矶,一个用大写的韩文为韩国“Presence”品牌做的广告一直延伸到奥林匹克大道。在1980年至1990年期间,美国第四大城市德克萨斯州休斯敦市的亚裔人增长了139%,接近十一万。这个城市有两个不同的中国城,三个当地亚裔美国人银行,一家蛋卷工厂,雇佣的大多数都是拉丁美洲人,雇主是一个有工程师博士学位的台湾本地人。在全国杂货商店所出售的蛋卷中,这家工厂生产的产品就占到了80%的份额。

在购物中心出售中式菜、泰式菜、日本菜的餐馆遍布美国。美国青少年最喜欢的电影是李小龙电影。美国顶级乒乓球比赛的选手就是在中国出生的。那些白色人种纷纷涌向乒乓球训练室接受他们的培训。小时候,我总是全神贯注地盯着电影去搜寻某个长得有点像自己的人。可是现在,许多出生在亚洲的新闻播报员出现在每晚六点的新闻栏上。

去年 5 月,我拜访了在杰克逊高地的那些老街坊们,就是在那里,严格的法律迫使父亲不得已用他在爱尔兰的“合同父亲”的名义买地建房。现在杰克逊高地成了美国最大的亚洲社区之一。当我沿着过去那条离家不远的 37 大道走着的时候,遇上了一位杵着白拐杖的白人老妇女,告诉她我过去就住在这一带,问她是否现在还记得。由于看不清楚或许是因为我的英文不带口音,她把我当成白人并且说:“我正想办法离开这里。在我住的公寓有好多肮脏的外国人。”

在那些经济萧条的社区里,住着没有工作或有工作的人,但是亚洲移民的大量涌入已经带来新的紧张局面。众所周知的事件就是 1992 年洛杉矶暴乱(罗德尼·金殴打事件)。殴打黑人的警察被无罪释放,被激怒的美国黑人和拉丁美洲人烧毁了韩国人的商店。但是在马萨诸塞州罗威尔市,当地人对柬埔寨人的敌意却是很少人知道的。在 19 世纪,罗威尔市是一个繁华的制造纺织品的小镇,经济萧条时期,那里迅速发展的小作坊吸引了许多爱尔兰移民。“二战”后,罗威尔市,如同其他许多新西兰工业小镇,完全失去了生机。1976 年,王安,一位中国移民,决定重新在这个城市建一家王氏制药厂。工厂给罗威尔带来了经济新气象,不仅吸引了许多技术人员也吸引了一些无技术移民者。因此,那里的柬埔寨人数从一百迅速增加到两万五千人,是当地总人数的五分之一。1990 年,王安去世,1992 年,他的工厂宣布破产。许多人失去工作，成为无家可归的人，有些年轻人成为了帮派成员，从事毒品交易。柬埔寨人也因此成为19世纪经济萧条时期的替罪羊，受到爱尔兰移民的打击和迫害。[4]

与此同时，亚洲移民开始和其他有色人种，尤其是西班牙和葡萄牙移民，结成联盟。在曾经是中产阶级居住区的加利福尼亚圣盖博谷，他们与西班牙和葡萄牙移民结成一个非常有效的同盟。在洛杉矶，西班牙、葡萄牙服装工人和亚洲服装工人联合在一起共同抵抗管理阶层。加利福尼亚或其他地方，亚洲移民活跃在抵制反对移民法令的运动中。在华盛顿，中国移民的儿子、5岁以后才开始讲英文的骆家辉，1996年成为美国首位美籍华人州长。由黄约翰发起的各种民主募捐活动充分反映出，亚裔美国人在美国政治上的潜在影响力。

1935年，在伯纳德读书时，学校里只有路易斯·陈和我是有色人种；而在1934年的那个学校，只有我和一位叫格雷斯·井岛的日本人是有色人种。1995年的春天，路易斯和我参加了女校友同学会。这是第60次聚会，也是我第一次参加。我决定去参加的原因之一就是那里专门安排了一个有色人种酒会。在酒会上，我意识到如今25%的伯纳德学生是亚洲人，其他许多大学亚洲人所占比率也是一样的。在密歇根大学亚洲学生是人数最多的少数民族，在南方居住区的西厅也以一位日本民权活跃人士——Yuri Kochiyama的名字重新命名。在奥杜邦的舞厅台阶上，正是她将快要死去的马尔科姆的头放在自己的膝盖上。有趣的是现在50%的亚洲年轻人与非亚洲人结婚，其中大多数是白人，也有美国黑人、西班牙或葡萄牙人。[5]我不能想象这对这个国家的未来意味着什么。但有一点是可以肯定的：**在21世纪，没有人还会相信东方人就是东方人，西方人就是西方人**。

第二章
从哲学到政治

玉平

我家有七个孩子。凯瑟琳、菲利普、罗伯特、我、哈利和埃迪，都是我的母亲和父亲的孩子。与凯瑟琳同岁的同父异母的哥哥乔治是父亲和他前妻生的孩子，也跟我们住在一起。我们都有中国名字。我的名字是玉平。在家里或父亲的餐馆里，大家都叫我平。我的美国名字——格蕾斯，是父亲取的，是为纪念在父亲第一次来美国时那位教他英文的女信徒，在学校别人也这样叫我。我们的姓是陈，但我们都用利陈或者利。在学校，我的名字是利陈·格蕾斯。结婚之前，我护照上名字是格蕾斯·陈。

作为第一代美籍华人，必须要努力才能得到社会的认可，但是我们没有榜样可遵循。在那个时候，许多移民家庭都会尽力至少送一个孩子，通常是男孩，去大学读书，这样他就有可能会成为专业人士。在伯纳德学院，我的同学路易斯·陈的父母在卡罗拉多有一家小洗衣店，店子离我家（杰克逊高地）不远，他们全家都在那里工作。他们将自己所有的四个孩子都送去上了大学。三个和中国人结婚，一个和白人结了婚。

我和兄弟姐妹们都不怎么上进，也不服管束，我不知道为什么。但父亲却是一个有雄心壮志的人。很早以前,他就将餐馆的发展目标定向了百老汇,为此,他不仅努力地工作,而且为实现自己的目标承担了许多的风险。我的母亲却总是一个非常反叛的人。那时,没有什么美国妇女会公然反抗自己丈夫的,更不用说中国人了,而母亲这样做了。我们也经历了经济大萧条时期,在那段日子里,人们生活越来越来差。鲍勃(罗伯特)和埃迪都和白人结了婚,哈利和一个美籍日本人结了婚,而我嫁给了一个黑人。

乔治是我们当中唯一一个从事餐饮行业的。他是在中国出生,六七岁时被父亲带到美国。刚开始,他是个局外人。因为他是父亲前妻所生,他的母亲怀他和我的母亲怀凯瑟琳几乎是同一时间。母亲很讨厌他,就像童话故事里受虐待的灰姑娘一样,母亲总是让他去做家里最低贱的活。当时我们把他当作是下人,现在想起来,我感到很惭愧。他比我们其他兄弟姐妹都要强壮,在班上他也是个头最大的。由于英文带有乡音,同时又在家里做过重的家务事,他也只能偶尔去上学。他梦想着某一天能够成为飞行员,那是查尔斯·林德伯格(美国著名的战斗机飞行员)的年代。父亲对乔治受到的待遇感到难过,但也找不到什么办法帮助他改变境遇。最后在他18岁时,父亲就把他送到飞机机械学校去读书。在20世纪30年代,乔治回到中国,并且在广东省陈戴宏(音译)将军指挥的空军部队开始他的首次飞行,后来为南京蒋介石政府开飞机。在“二战”时期,他回到美国并在美国军队服役。战后,他在波利尼西亚人和父亲的餐馆当领班,并和一位在美国出生的华人结婚并有了两个孩子:理查德成为新闻摄影师,洛林成为了律师。

我姐姐凯瑟琳是我们中最大的孩子。父亲的中国传统观念和在她生活的那个年代所特有的风格(20世纪20年代盛行“辟啪女郎”,专指行为不羁的新潮女子)之间的冲突在她身上反映得最突出。人们总是说她有多美，并且说她应该成为电影明星。所以外貌对姐姐来说非常重要。最终她将自己的名字改为凯瑟琳·金，并成为一位模特。姐姐非常瘦，我总怀疑她有贪食症，常常听到她在一顿暴食之后又将食物呕吐出来。在十七八岁时，她总把我这个小妹妹丢在电影院，然后和男朋友约会。18 岁时，她和父亲餐馆里的领班私奔。父亲强迫她解除了婚约。但她还是常常去见她过去的丈夫，尽管那时她的前夫已经再婚，但他还是把凯瑟琳当作自己的妻子，也要求自己的孩子这样做。他们会定期在一起喝酒。1962 年，凯瑟琳死于肝硬化，那时她才 50 岁。

菲利普是我们家在这个国度出生的最大的男孩子，他对中国文化非常着迷。我们其他人都把姓改为利时，他却称他自己菲利普·陈。在还很小的时候，他就像是个谜。他似乎停留在我们背后，像傀儡似地观察和管束我们。我们读完中小学后，他就进入了哥伦比亚大学，与我本科就读的伯纳德学院只有一街之隔。毕业后，就去了一所医药学校，但两年后就去欧洲和中国旅行了。我们还不时地得到他的消息。例如在 30 年代末，我们知道他在中国被绑架了，要支付几千美元才能被释放。母亲典当了一些珠宝首饰才凑齐钱。在那之后，他就在三楼（我们杰克逊高地的家）独自待了一年，闭不见客，一页一页地翻看着大英百科全书。1943 年，他叫我在第七大道的一家儿童餐馆（经过利陈餐馆前的那条街）与他见面。让我吃惊的是，他出现时，穿了一套美国部队文官的制服。走上前来，就问了我一大堆有关我那些激进活动的问题，似乎他已得到 FBI 的有关文件。就在那段日子里，他和一位中国空姐结婚，后来又离婚了。他们有一个儿子达尔文。当达尔文还是婴儿时，与我母亲在杰克逊高地的房子里生活过一段时间。几年以前，达尔文送给我弟弟埃迪几张菲利普、菲利普第二任妻子以及他们领养的女儿的照片，他的第二任妻子在欧洲为联合国工作。

鲍勃是一个和事佬，他总是尽量地帮助别人，让其他人开心。他有六英尺高，很帅，而且很有说服力。1932 年高中毕业，他在威斯康星、弗吉尼亚技术学院读了几年书。然后和其他那个时期的许多年轻人一样为生计做了许多的零工。有一次，他骑单车去了佛罗里达。还有一次，从帝国大厦顶楼将几千张带有自己照片的求职传单撒向第五区和三十四街。由于没有找到工作，他尽量找一些在部队里的工作，但最后得到的只是面带微笑的拒绝。他被告知，在部队里，除了在食堂里工作的菲律宾男孩，就没有别的东方人了。来到洛杉矶后，他与米高梅公司签订了一份合同。1944 年，在一部关于中日战争的电影“Dragon Seed”（龙种）中，凯瑟琳·赫本和沃尔特·休斯顿化装成中国人的样子，鲍勃在其中扮演一个农民起义军的跑龙套角色。我过去常常说他是海滩游民。他当过保镖，在佛罗里达州、拉斯维加斯、圣莫利卡和火奴鲁鲁的度假村当过健康娱乐指导员。在火奴鲁鲁，他成了一位销售员，50 岁时，娶了一位爱达荷州年轻的白人，并有了两个孩子，桑德拉和乔纳森。

哈利是游泳、网球和足球的联赛队员，还是青年会营地的顾问。他对孩子们很好，他们总是会在我们家附近的地铁出口集合等他。“二战”时，正在斯普林菲尔德学院读硕士的他参加了美军部队。由于渴望学习中文，他被分派到中国服务支队。后来从那个部门退役后又加入了美国空军部队。战后，他娶了位来自加利福尼亚州的日本姑娘朱莉（她曾经在收容站待过）。他们一起搬家到底特律。在一家工厂里工作了几年后，他被解雇了。据说，他没有在应聘书里提及他的硕士学位。后来，又在底特律郊区当了一位公立学校的教师。朱莉是位艺术家，在那家工厂里也干了几年。他们的两个女儿都和白人结了婚。

在过去的四十年里，我一直和埃迪保持密切的联系。他比我小5岁，在宾夕法尼亚州的伊斯顿市拉法耶特学院读书。一年后，他便和鲍勃一起做些零工过活，然后在1938—1939年的纽约世界博览会上担任一位摄影师。“二战”期间他在驻日本的美国军队中服役。战后也搬到了底特律。在克莱斯勒汽车工厂当了三十年的技术工人。埃迪非常喜欢园艺、烹饪、写作，对事物究根问底。在工厂里，他遇上了艾维瑞斯。艾维瑞斯出生在乔治亚的一个小镇，也喜欢园艺。他们两人与我和杰米是同时期结婚的。杰米和艾维瑞斯相处得很好。他们都非常崇拜我的父亲。艾维瑞斯的英语带有乔治亚口音，杰米的带有巴拉马口音，父亲讲的是洋泾浜英语。我常常会惊讶地看着他们三个在一起相处，总是在想是什么让他们那样亲密。是因为他们只是在这里长大而我和埃迪却是这个国度里土生土长的土著居民吗？杰米和艾维瑞斯特别为这个“联合国”家庭感到骄傲。

我是孩子中最聪明的。在学校读书时，连跳几级，12岁时就高中毕业了。在高中的最后一个学期，我决定去商业银行学校学习打字和速写，这样就可以学到更多的求生技能。在家里，我总是在看书，尽量远离家务事。在普罗维登斯的那个家里没有书。我们离开去纽约时，星期天学校的老师玛丽·史密斯送给我一本由弗朗西丝·霍奇森·伯内特写的《秘密园》作为离别礼物。这是我拥有的第一本书。在我们搬到纽约后，有个人送给我们一套名叫《精彩世界》丛书（共有十本），我翻来覆去地看了好几遍。当我能够去图书馆借书时，每每都会借上一满抱的书，从中饱食精华之后，又去借更多的回来。现在的我还是这样。许多年来，我一直都在搜寻一些有关中国的小说。期间，我读到了赛珍珠的几部作品，其一就是《大地三部曲》。我还记得故事展示了这样一个进退两难的局面：她的跨国婚姻带来的两个孩子——一个是对中国文化传统非常着迷却有着西方人的面孔；一个是被美国文化深深吸引，长相却像个中国人。在那个年代，只有一个亚裔电影演员——黄柳霜。在看电影时，她出镜的时间总是很短，我总是拼命地去搜寻她的镜头，最后常常会感觉自己的眼睛都快要累垮了。

父亲是个虔诚的儒家思想拥护者，他非常相信教育的益处，希望我们都能够上大学。早些年，很明显，我是家里最有可能上大学的人。我不是个特别优秀的学生，因为我认为死背一些东西然后再把这些写在试卷上是件不高尚的事情。不过，我的智慧足以让我成为纽约高中几百名获得摄政奖学金的毕业生中的一员。奖学金是每年 100 美元，这在现在可能很少，但在那时，伯纳德的学费每年只要 700 美元，地铁车票是 5 美分，10 美分就可以坐个来回。我从小就很节约，父母从小就经常提醒我们，在中国，还有很多人在受饥饿之苦。所以从父亲那里得到的一些资助以及为其他学生打论文挣到的一部分钱能够让我在大学里的日子还算过得去。

1931 年，我成为了一名伯纳德学院的新生，那时的我才 16 岁而且非常不成熟。但人们问我对大学教育有什么计划时，我没有回答。唯一清楚的是我不打算当老师。也不知道从什么时候起我就开始深信“有能力的人会做事，没有能力的人就当老师”。

在大学的头两年，生活非常令人兴奋。我想尝试所有的东西。以前我的生活中没有出现这么多的美国新教徒和中产阶级的犹太人。大多数的新教徒来自于小镇，而犹太人则来自于中央公园西区和西街。意大利人很少。我有一个朋友名叫尤兰达 · 利帕里，是从皇后区来的。跟我和路易斯 · 陈一样，她可是她家和周边邻居中第一个上大学的女孩。

我在政治科学课里写的第一篇论文是有关在中国刚刚发生的事件，标题为《日本人入侵满洲》。我对自己从事国际外交职业的想法很满意。还上了德语课（在高中时，我已经学了西班牙语和法语），并且对语言中所暗含的哲学思想着迷不已。让人最开心的课是动物学，任课教师是克兰普顿教授。他出生在19世纪。在那个世纪里，达尔文的进化论深深左右了科学家和知识分子的想象力。由于被诸如"存在论再现动植物种类史"等学术观点所吸引，同时又有机会在实验室里解剖角鲨，当时的我深信自己能够成为科学家。但是上科学课就是意味着下午的好几个小时都要在实验室里做实验，而我宁愿去打网球或游泳甚至还非常想尝试参加一些校园的政治活动。我参加过财务员的竞选，后来还竞选过妇女体育协会的副主席职务，那是个全学院范围内的组织，后来我得到了那个职位。

然后，在大三第一学期时，所有的班级活动或学生活动对我来说突然都变得十分无聊。一夜之间，克兰普顿教授教的那些有关进化论的理论就如同过去在星期天学校学的课程一样，似乎已和我没有多大关系。

部分是由于经济危机和欧洲阿道夫·希特勒的出现带来的社会危机。但和其他同学不同的是，我并不为社会动态所动。我很敬重埃莉诺·罗斯福，并且努力促成她为我们1933年妇女体育协会年度大型宴会做政策演说。但是我不准备跟随她去拜访餐馆、煤矿工人以及居住在胡佛村的人们。现在回忆起来，我只参加过一次示威运动：在学校里举行的白里安和平条约游行。在示威活动中，一篇直指"一战"帝国主义根源的演讲，到现在我还记忆犹新。有一位同学的姐姐是犹太人，是一位在紧急救援局工作的社工。因此，我开始注意当时进行的一些示威游行。这些示威大多是主张阻止地主向佃户追还未能支付的租金，要求设立紧急救济金。还记得另一个同学，是爱尔兰人，来自布鲁克林。在我们1934年秋天回到学校时，她骄傲地宣布自己已经成为一名共产党员。我有两个朋友还参加了共青团发起的两次会议。

我没有和他们一起，因为那个时候我还没有意识到那些失业者和无家可归者的存在。我们家拥有自己的房子，父亲有自己的餐馆生意，即使是生意不好的时候，我们也从没有缺乏食物的经历。在经济大萧条时期，靠向左右邻舍借钱支付他的供应商，父亲总能让他的餐馆勉强经营。我现在还依稀记得，有一天早上，父亲不得不向我的一个兄弟借坐地铁的钱去上班。他很担心（我当时也很担心），《全国复兴法案》中有关支付工资的条款可能会让他失去自己的生意。在餐馆工作的那些侍者们，大多都是他的亲戚，每天只有1美元的工资，他们的生活全靠小费。不过当时餐馆消费也是非常低的。经济萧条时期，40美分就可以在父亲的餐馆里吃一顿午餐，65美分就可以享受全套晚餐。

面对日益深重的危机，我却转向对生活进行反省。我开始问自己和朋友们，生活的意义是什么，并且就此进行着永无休止的讨论。而对这些讨论我并不满意。忽然间，自己决定放弃所有的课程或几乎所有的课程，开始旁听哲学课。人们问我为什么会对哲学这么感兴趣，为什么开始专修哲学时，我自己也不能解释。我甚至也不能解释哲学是什么。别人发现了什么，别人是怎么想的，不再能够满足我的需要了。

许多年后，在读了西班牙哲学家何塞·奥尔特加－加塞特所著的《哲学是什么》之后，我知道为什么18岁的我会对哲学感兴趣。加塞特在书中解释说，真理总是在变化的，昨天的真理会变成今天的错误。每个社会都是靠对现实的理解而存在的，生活的意义也是基于一些假设上的。在某个时期,当这些假设不再站得住脚时,人们就需要对现实产生新的认识、对生活的意义形成新的认识。于是,他们开始进行斗争,从而形成新的哲学。

在那个时期所读的一本名叫《现代脾气》(由约瑟夫·伍德·克鲁奇所著)的书深深地印刻在我的心里。我虽然不知道它是怎样引起我的注意的,但依然清楚地记得那本书深深地吸引着我那颗惶恐不安的心。克拉奇说,两代西方人深受19世纪的科学乐观主义影响,愿意放弃在自然中获得的中产阶级享受,而情愿接受从科学方法所映射出的既无任何含义、又无意义的人类精神内涵。但是现在,即使是像阿尔伯特·爱因斯坦和亚瑟·斯坦利·爱丁顿这样的物理科学家们也承认,在创造真理(也包括物理学的真理)的过程中,人类的思想起到了关键的作用。同时,由于这些科学家们所创造的真理非常专业化,并且使用了许多的专业术语,对于平常老百姓们来说也没有什么意义。所以,对科学的信心也就慢慢地减退了。

也因如此,当时的伯纳德学院哲学系,与其说是个找寻解决方法的地方,不如说它本身已成为问题的一部分了。系里的两个教授(一位是五十几岁的男教授,一位六十几岁的女教授)都是出生在19世纪。曾经在他们读的大学里,与那些在19世纪初就已经形成世界观的教授们一同做研究。而在“一战”前,他们的性格就已经形成,并且受到“一战”前普遍存在的错觉影响,认为科学和技术必然会带来社会进步。也因为如此,他们从本质上将历史分为三个时期:古希腊罗马时期、中世纪欧洲(他们称其为黑暗时代)以及当代。他们把当代看成是历史的终结,因为哲学家弗朗西斯·培根、勒内·笛卡尔和约翰·洛克已经将人们从中世纪的迷信和神秘主义中解放出来。对那些和他们一样的哲学家们来说,哲学是他们在追求“真、善、美”的过程中课外从事的一种专业活动。让那些教授们担心的是,我关注的不是成绩,而是希望在哲学中能够找到自己生活的意义的答案。如果找不到我想找到的答案怎么办？我会自杀吗？我现在还记得他们脸上所表露出的焦虑和不安。

尽管有时会逃课,但最终我还是以优异的成绩毕业,这是因为在测试中我总是能够作出一些有思想的回答。而当时,我全然不知毕业后能干些什么。哲学并不是一个能够找到工作的技能。我学过速写和打字,但是除了在教会组织做事之外,要想在办公室谋个职位几乎是不可能的,因为当时许多公司会对你说:“我们不招东方人。”也从未听说过,华人妇女和黑人妇女能够在梅西或金贝尔斯百货商店当销售员。后来,非常偶然地,我听说,布林莫尔学院为中国研究生提供奖学金,这是因为中国内战使得人们很难到美国去。所以我驱车去布林莫尔面试,最后被录取了。每年 400 美元的奖学金包括学费和住宿费。第二年,我成为哲学系的研究员,每年有 700 美元的奖学金;第三年,当上了助教,每年有 400 美元的收入。在布林莫尔学校的生活可以说是田园诗般的美妙。伯纳德学院的校区以前(现在也是)是很小的,只占了曼哈顿上街的四个街区(富人区),从百老汇大道与克莱尔蒙特大街大道之间的 116 号街到 120 号街。为学生提供的设施包括:供学生住宿的两栋宿舍、办公室、健身房、游泳池和一家剧院。有一个小公园(我叫它“森林”)就占了四分之一的土地,另外还有四个网球场。

相比之下,布林莫尔校区虽拥有同样数量的学生就学,但其面积却延绵几英里,包括宾夕法尼亚郡树木茂盛的蒙哥马利地区,费城西部十五英里地区,以及纽约南部一百英里的土地。那时,除了实验楼,所有房屋都是由灰色石头建成的哥特式建筑。据我回忆,那里有大概十栋建筑，有四五栋是宿舍、一栋教学楼、一栋实验楼、一栋图书馆、一栋餐厅以及一栋健身房。宿舍中有一栋名叫“洛克菲宿舍”。大多数像我一样的研究生们，就像是教堂里的老鼠，非常贫穷，只能住在一年级大厅（Radnor Hall）。不过，宿舍的设施同那些来自富裕家庭的本科生的宿舍一样非常奢华。穿着带有白色领子灰色制服的黑人女仆为我们整理床铺、打扫房间。每日三餐，他们都会在旁边伺候，提供精美的瓷器、餐具和布餐巾。每每用餐之后，我们都会冲上楼去抽烟或喝杯咖啡，抑或在上课前一个小时及去教室看书之前打一个小时的桥牌。星期五晚上，我们从校区步行几分钟就可以来到一个叫“村庄”的地方，那里有一条主干道，还有一家剧院。乘坐名叫“Paoli Local”的火车去费城或乘坐宾夕法尼亚铁路干线去纽约，非常方便而且也很便宜。从纽约到费城的双程旅行只要5美元。

在这种情况下，我就能用每年400美元的奖学金和700美元的研究员基金做许多的事情，比如买书，或去费城和纽约旅行。除了这400美元之外，我还有其他的贴补。和朋友多利斯·卡兰德在一所研究生学院办公室为全国青年管理项目工作，每月工作30个小时，每小时1美元。

在布林莫尔学校读书最有价值的地方就是，它为我提供了与保罗·维斯一起工作的机会。在伯纳德学院的哲学教授们都是在教授书本上的知识，而当他思考哲学问题时，好像他生命所有的意义就在于此。三十几岁就当爸爸的维斯会从同其他不同观点所做的争辩中得到明显的满足，并且总是充满激情地创造新哲学思想，而这些哲学不仅满足了他的需求，而且还能满足其他人。在当时的那个社会里，科学已不再是神圣不可侵犯的了。在哈佛大学，他师从于阿尔弗莱德·诺斯·怀特海（20世纪著名思想大师）。他导师所著的《科学与现代世界》于1925年出版。我现在依然在阅读（当然也推荐大家去阅读）怀特海对于“错置具体性的谬误”精辟剖析，同时他对当时知识分子所出现的一种趋势做了分析——他们对科学思考中的抽象概念过于专注，以至于忽视了往往事物具有多面性的具体事实。[①]维斯本身就是“为灵感而重现具体”的活生生的例子，这也是他本人所推崇的。维斯是一个身材不高、非常活跃、反应灵敏的人。他常常会在上课时，在教室里踱来踱去，就存在于我们周边的这个世界问一些很难的问题，不仅是问我们，也是在问他自己。当那些带有纽约犹太口音的字从他的嘴里蹦出的时候，你会有一种感觉，那就是，他不知道他将要说些什么，不知道他所说的曾经说过没有，或者他所说的是否是他自己想的还是别人想的。难怪在70年代，他经常参加一个晚间脱口秀节目，那是由他在耶鲁大学的学生迪克·卡维特主持的。[②]1992年，在一本名叫《现代文明》的杂志上偶然读到一篇关于维斯的文章。那份杂志是由美国退休者协会承办的月刊。在那时，他已经是90岁的老人了，但从照片和文章来看，他还是和那时我做他学生时一样生龙活虎。自从我在布林莫尔认识他起，他写了30本书，在耶鲁大学、洛克菲勒大学、天主教大学教书，后来还成为美国哲学协会副主席。尽管如此，他一如既往地斗志旺盛。在天主教大学任教二十年后，校方拒绝跟他续签全职教师合同，只给他提供两个班级教学的兼职工作，他因此将该校告上法庭，起诉校方年龄歧视。

在布林莫尔大学，我觉得神经都是绷紧的，不仅因为维斯那种哲学思考方法对我产生的影响，而且他还推荐我阅读德国哲学家康德和黑格尔的著作，而这两位哲学家（也是我后来知道的）对卡尔·马克思影响很深。

康德的作品对我意味深远。首先，在1781年法国革命前期发表的重要作品《纯粹理性批判》中，他全然否定了纯理论的存在，并提出作为传统哲学起点的纯思想实际上是在象牙塔中的那些知识分子为了确定他们的哲学地位而按照自己的思想虚构出来的。这里没有纯理论，也不可能思考出某种最终完美的、静止的、永恒不变的真理。康德说，我们的认知是在我们自己和现实之间所进行的一种动态互动的结果，在这个过程中，我们的意识对事实构成了各种形式或类别。康德认为人类的意识为我们提供各种能联系现实的概念。这个观点的提出就像哥白尼当年提出"日心说"一样在哲学圈引起了轩然大波，这在他的作品第二版本的前言中已经提到。它也成为我生活的分水岭。我开始在这个世界里找到了自己的位置，这个过程虽然缓慢，但我却非常确定。如果我们可以通过所想的去设计现实，那么也可以通过我们所做的去改变现实。

1788 年出版的《纯粹理性批判》中，他所提出的著名"定然律令"给我留下了深刻的印象。传统哲学家们往往会在纯粹的或神话般的领域中寻求美德或善良，而康德将他对美德的理解建立在尊重人类尊严的社会行为之上。他建议将自己当作是人类这个王国中一个的市民。做任何事情，都要意识到自己的行为准则有可能会成为普遍法则一样，对待别人就要如同对待自己，永远把人作为目的而不是手段。③

我发现从事黑格尔的《精神现象学》和《逻辑科学》著作的研究是非常艰苦和困难的。④即便如此，还是努力地去做，因为我本能地感觉到理解黑格尔是我余生的关键。我常常会一遍一遍地去读那些段落，就好像是在听一首歌曲或一首诗一样，不能理解它所说的内容，但在阅读中却感觉到我的人性在升华。在黑格尔理论硕士学位测试中，我发现自己盯着面前的那本蓝色书，却写不出一个字。如果不是维斯叫我一起出去散散心，我很可能就放弃考试了。

到现在，我还是不知道自己当时都写了些什么，但显然还是有意义的，因为在1937年我获得了哲学硕士学位。

一遍一遍地阅读了黑格尔的《精神现象学》之后，我开始理解为什么在伯纳德学院教书的哲学教授们非常不能令人满意。因为他们对真理的理解过于静止和贫乏，他们非常喜欢抽象。相反，黑格尔相信人类精神或“健康的人类理性”是在克服矛盾或不足中不断进化的。人类总是力图将自己认为是真实的、正确的内容加入到他们个人生活或社会生活所面对的现实中去。进步并不是一触即发的，它需要“努力、耐心以及经历被否定”。任何事物都具有正面和反面的双面性。重要的不是某个特定的观点，真正重要的是克服任何观点中存在的矛盾或局限、跳跃到一个新的观点或精神的新层面，并且依然能够保持不断的进步。因此，对于黑格尔来说，那些被传统哲学所尊崇的抽象真理实际上是不真实的，因为他们已经离我们很远了。黑格尔让我明白，自己对生活意义所做的斗争正在从个人的不懈斗争逐渐转换成为全世界为自由而战的一部分。在受到这些思想的鼓舞后，我不再将自己的不安和焦虑看作是缺点，而是一种力量，一种迹象，显然我已经做好了向更新、更高的生存状态迈进的准备。

获得硕士学位后，我想找一个有挑战性的题目，就像黑格尔对我提出的挑战一样。同时，我搬出了校园，开始自己生活。最初是在哲学系当副教授，后来在费城附近的一所英语培训学校当秘书。1939年的一天，当我在哲学书馆浏览书籍时，一套印着烫金字、湛蓝色封皮的四册书吸引了我。它们是在作者乔治·赫伯特·米德死后出版的——《行动哲学》、《当代哲学》、《心灵、自我与社会》和《十九世纪思想运动》。[5]现在回想起来，如果我要继续在哲学上寻求发展，那是一次愉快的邂逅。

在那之前，我从没有听说过米德。他是美国实用主义哲学创始人之一。此外还有约翰·杜威、威廉·詹姆斯和查尔斯·桑德斯·皮尔斯。米德不是很有名，部分是因为与其说他是作家，不如说他是位教师。直到1931年，他的讲义才被汇集成册并出版。不过，主要还是因为在那个时期，大多数哲学系并不认为实用主义是哲学，对于那些传统哲学家们来说，它太现实了。实用主义者坚持认为，要将知识与实际联系起来，一个观点是否正确要靠它的实际效用来验证。他们宁愿将人类心灵定义为智慧而不是理智，并不使用传统的二元论，例如：事实与价值，物质与精神，知识与行动，思考与感觉。欧洲的哲学家们为此已经讨论了几个世纪。知识分子和哲学家们自诩自己观点的纯粹性，不受工作、行为或感觉影响。杜威和米德非常看不起那些人。这些年来我对美国学校的不满就是受到杜威的影响。他坚持认为，不仅应该为人们提供脑力劳动所需要的知识，还应提高相关体力劳动的知识和训练；他反对西方哲学家对脑力过多地关注。这种专注起源于古希腊，他们认为体力劳动是低贱的，因为只有妇女和奴隶从事这些工作。尽管杜威和米德都是出生在东北部，但与其说他们是新英格兰人不如说他们更像中西部人。他们都在密歇根大学任教，后又一起在芝加哥大学工作。因为意识到城市和工业社会的迅速发展，越来越需要社会知识、社会行为以及社会变化，因此，他们把自己看成是社会主义者。米德在德国做他的硕士工作，而杜威则是在约翰霍普金斯大学与黑格尔学派的G. S. 莫里斯一起攻读硕士学位时，开始受到黑格尔哲学的影响。他的硕士论文主要研究的是康德哲学。他们都认为任何思想和观点都需要研究历史。

在米德的《十九世纪思想运动》一书中，揭示了法国革命与康德、黑格尔思想之间的关系。他说，康德是“法国革命的哲学家”，因为他的“定然律令”是从卢梭的“普遍意志”发展过来的。“普遍意志”认为在社会中的每个人不仅应将自己看成是自己的代表，而且他的意志与社会中每个成员的意志都是一样的。黑格尔的辩证唯物主义哲学反映了整个持续斗争的过程。社会进步的过程是曲折的。尽管法国革命最后以拿破仑的独裁统治以及他发动的系列战争而告终，它却使社会向前迈了一大步，因为从这些战争中人们对他们自己及能力的意识越来越强。在米德的《心灵、自我与社会》中，他仔细地研究了语言使用中人类自然而然地创造生物个体及社会人的过程。

尽管那时我不知道这些，但米德却为我下一步发展做好了准备：首先，他告诉我怎样看待那些与历史上伟大进步相关的思想和观点；其次，他还告诉我分析个体和社会是怎样相互影响发展的方法。这些观点让我兴奋不已，于是立刻坐下来写我的论文《乔治·赫伯特·米德：社会个体的哲学家》[6]。父亲那时给我提供了400美元，因此我可以辞去工作，并在几个月内及时地完成了我的论文。1940年6月我获得了博士学位。

现在回想起来，之所以米德如此吸引我是因为他可以给我在那个时期所需要的一系列思想，它们能够激发我的斗志、给我力量，使自己从思考转向行动。是我转向具体实践获得灵感的时候了。自从1931年以来，我就一直躲避在像伯纳德学院和布林莫尔大学这些象牙塔中，根本不知道何去何从，也不知道离开大学后要做些什么。但是对黑格尔哲学的迷恋让我意识到，这种挣扎将会持续下去。现在米德的思想让我进入到另一个世界——在这里，行动比了解更重要；在这里，我坚信作为个体，我的行动将会映射出社会的一角。

参加完1940年6月的毕业典礼，回到了在杰克逊高地的母亲的家，我对未来没有任何计划。对于我这个取得哲学博士的华人女性来说，申请去大学里教书是件浪费时间的事情。我研究哲学绝对不是为了教书。幸运的是，因为背部的病痛而推延了做决定的时间。早些年，在教师学生篮球运动会上，我在做三步投栏时弄伤了自己的背，有位医生建议我动手术，以便连接骶骨和回肠。我花了整个夏天的时间做检查，最终回绝了这样的建议，因为发现这类手术的有效性只有40%。

我想要做的是成为一位活跃分子。整个30年代，我感受到了经济大萧条时期、新政时期的存在以及劳工运动的兴起，但我却没有觉得有必要为之有所行动。现在，我意识到我们将很快直接卷入到“二战”中，并且回想到在参加白里安和平公约的游行示威中对“一战”的帝国主义根源的认识，于是，开始查阅各种抗战运动。在布林莫尔大学五年来从未接触这些，即使在纽约时，我也从未去过格林威治村或联盟广场。那些地方有左翼组织的总部，他们常在那里公开做各种演讲。在伯纳德学院读书时，还没有出现过斯大林主义与托洛茨基主义之间这样激烈的对峙。我后来才意识到，正是这样的对峙使得城市大学成为激进主义的温床。

当时，我不知道从何开始，于是坐下来写信给约瑟夫·R. 诺兰参议员和亚瑟·H. 范登堡参议员。他们从孤立主义者的角度反对卷入欧洲战争。然后，在电话簿查阅了地址后，我决定去社会党总部。不过，我很快就决定不加入他们的组织。和我说话的一位年轻人在知道我获得了布林莫尔大学的博士学位后，建议我在即将举行的会议上发言。格鲁乔·马克思说，他不参加任何想让他成为会员的俱乐部。对于那些仅因为我学术上的资历而忽视我的无知的组织，我也同样不会参加。因为这样的经历，有好几年我毅然决然地拒绝承认自己有博士学位。

我不知是从哪里了解到一个由共产党倡导的社会事件。那是在1940年的夏天，离希特勒发动入侵苏联的战争还有一年的时间。所以，共产主义者们仍然在反战。在社交场合上，我总是不能待很久。不认识任何人，坐在挤满跳舞、喝酒、唱歌以及为了在大声的音乐中能听到对方说话而大喊大叫的陌生人之中，让我感到很不自在。我也不愿看到在各色人种扎堆的人群中，白人妇女来回走动，然后邀请黑人跳舞。这让我怀疑，这场舞会有可能是在利用妇女去招募黑人。后来在芝加哥，我感觉得到这种做法在社区的黑人妇女中产生了紧张气氛。在一次我参加的聚会上，一个黑人和他的白人女朋友同时出现时，一位黑人妇女掀翻了椅子，聚会也就因此被打断了。几年前我在芝加哥偶然遇上莉莉安和艾伦·威利斯夫妇，他们结婚都四十多年了。

尽管我不记得曾和其他人讨论过，但感觉，随着1940年纳粹攻陷法国之后，欧洲文明也就随之崩溃。我记得，尽管米德和杜威出生在新英格兰，但他们却在芝加哥发展了他们独特的美国实用主义哲学。因此，想到自己的新英格兰根源，我决定回到芝加哥，在卡尔·桑德伯格看来，芝加哥是与欧洲文明颓废的一种对立：

世界的宰猪场
工具制造者，小麦的堆垛者，
全国铁路和运输的管理者，
暴躁的，强壮的，喧嚣着
拥有着宽厚肩膀的城市。[7]

1940年秋天，我坐火车去了芝加哥，当时兜里只有几美元，箱子里也只备了一套换洗的衣服和几本书。我在那里没有任何朋友或亲人。唯一有联系的就是查尔斯·莫里斯,他是芝加哥大学的教授,他为米德作品做编辑和撰写简介。

在芝加哥,我挨家挨户地寻找一间在大学附近的房子。那个时候,许多住户每星期靠出租房间收取2.5美元租金来维持基本生活。对于我们在杰克逊高地的家,母亲也决定这样做。每到一处,他们都会告诉我他们不租给东方人,或者房间已经租出去了,其实也是一个意思。最后,就在我几乎要放弃的时候,住在南爱丽丝大街的一位身材矮小的犹太妇女对我很同情。她说,地下室有个长沙发,我可以待在那里,不用付房租。尽管地下室非常潮湿,并且我的活动空间与一个巨大的煤炉只相隔几扇旧门,但我还是因为得到这个房间而高兴得跳了起来。每天早晨,一个黑人临时工都会来检查炉子。每次他来的时候,我都会打开其中一扇门的镶板给他送上一杯咖啡。和我一样,每次进入地下室他都要面对脚下一堆的老鼠。

在来这里的第二天,我就去见莫里斯教授,他为我在大学的哲学图书馆谋了一份工作,每星期可以有10美元的收入。我就是凭这笔收入勉强度过接下来的一年半时间。所谓的勉强度过也就是说没有我们现在所说的冰箱或汽车之类的生活必需品。我总是穿着灯芯绒套头毛衣和牛津布料的马甲,后来大家都这么穿(在凛冽寒风的冬季,人们会在马甲外套一件豹纹外套)。花上5美分或10美分,你就可以乘坐小车,再花上5美分就可以买一杯啤酒。一年500美元在当今似乎是微不足道的,但是那时一般美国人每年的平均收入是1000美元。我年轻,身体很棒,而且不用付租金。我现在并不是想去粉饰贫穷,但是生活得简单可以让你随意对生活作出各种选择,而当你想要得到商场出售的每样东西时,你也就失去了这种自由。

在找到住处并得到了工作之后，我便开始找寻可以有所作为的机会。一天，我正穿过大学一栋建筑的大厅时，碰巧其中的一间教室里正在开会，会议的主题是要求学生参与对周边住房老鼠为患的状况进行的斗争。我马上签名参加，并忙于参加这个组织的各种活动。它自称为“南边佃户组织”，是由工人党（它是从社会主义工人党分离出来的一个托洛茨基小团体）成立的。

与这个组织一起工作让我大开眼界。我第一次到黑人社区和那里的人们聊天，意识到种族隔离和种族歧视在人们生活中的影响，学会了如何组织游行示威和会议。在此之前，我从未与黑人有过任何联系。在伯纳德也没有黑人。在布林莫尔有一个黑人硕士生，是一个从海地来的、会说法语的妇女。尽管我不记得是否和她交谈过，不过现在依然还记得她的名字——麦德林·斯维安。我也有过几次遭受种族歧视的经历，尤其是我竭力尝试租一个房间或一套公寓的时候。印象最深的经历发生在20世纪30年代中期，我乘坐的从俄亥俄至纽约的火车上。当火车经过俄亥俄河（就是从那里开始标界梅森—狄克森线的）时，我坐在普通车厢，一位乘务员走过来，让我到黑人车厢去。后来他又走过来说他犯了个错误，并让我回到原来的车厢，但我拒绝再回去了。我从来没有忘记过那次遭遇，因为它让我了解到亚洲人所遭遇的种族歧视与几个世纪以来黑人一直忍受的被合法化的奴役、残暴之间的本质区别。1932年，作为伯纳德学院的新生，我参加了在乔治湖附近银色海湾举行的为期一周的会议。在那期间，从一位名叫艾尔·里德的城市联盟的成员那里，我对美国的种族隔离和种族歧视又有了一些新的理解。一次感恩节，在布林莫尔的公寓里，我邀请了一位在语言教学组织认识的韩国医生与我和母亲共进晚餐。吃饭的时候，他用一种典型的种族主义口吻谈论他的那些在县城医院里的“黑鬼”病人。他一个劲地说，全然无视我的告诫，于是我把帽子给他并让他滚出去。但在那个时候，我的斗争也仅限于此。在父亲的餐馆里，那些服务员们总是将黑人顾客送到靠墙角的小隔间，而看到这些我从来没有阻止过。1951 年，在肯塔基州的列克星敦机场的休息室，别人拒绝在餐桌上给我提供午餐服务，并让我到后面坐。我现在依然记得当时所感到的害怕和孤独，也感觉非常困惑，最后我还是决定坐在专门预留的“有色人种”区等待去往加利福尼亚的飞机。

工人党的同志们邀请我与他们一同前往离芝加哥大学不远的华盛顿公园。在那里，聚集着来自芝加哥南边的黑人。也因如此，在那里还有其他的激进组织——共产主义组织、托洛茨基组织以及其他成员很少的团体，他们都来到这里宣传自己的思想。当这些激进的演讲者们站在肥皂箱上做演说时，黑人们甚至看都不看一眼，部分是因为那些宣传者们演讲的重点只是强调自己观点的不同之处，并且为此相互争论。但是当我做演讲时，人们总是会聚集起来听，主要是因为他们看到一个华人女性演讲觉得很新鲜，并且也想知道我从哪里来、我的观点是什么。他们是那样专注，让我觉得自己所说的是那样的微不足道。

我越是去那种地方接触其他的人，越是感觉到自己的不足。记得有一次，在为一个大型示威集会做准备时，分配我去邀请当地一位著名黑人领导人霍勒斯·凯顿担任我们的主讲人。几年后，他与圣克莱尔·德雷克共同撰写了经典著作《黑人大都市》[8]。当时，他告诉我不能参加会议，但是如果我读过他其中的一篇演讲稿的话，可以使用那篇稿子。这次会议规模很大，有将近千人参加。因为自己深深地被那篇演讲稿打动，所以演讲时，也让其他人动容。因此，演讲结束时，似乎所有人都愿意随同我参加大型的市中心游行。让我感到诚惶诚恐的是,作为刚刚走出校园、刚刚涉足这种激进政治运动的我该如何领导这些人呢?我对此非常在意,因为不久前读过的一篇文章中这样说到,之所以法国共产党能招募如此之多的知识分子,是因为这样能够带来更多的听众,从而能够帮助他们克服与民众之间的疏离和隔绝。于是,在我努力让自己变得更加有见地之前,决定尽量避免在大型的会议上演讲。

这段时间里,黑人工人领袖 A. 菲利普·伦道夫号召全国的黑人们向华盛顿示威,要求在军工厂得到更多的工作。他说,工厂越来越多,白人都回去工作了。对于白人来说,经济萧条时期已经结束。但由于种族歧视,黑人们依然得不到工作。伦道夫说,"只有权力才能让他们采取政策接受黑人"。"权力是只有那些为共同目的而团结组织起来的群众才能获得。"[9]他的演讲让这个处于 20 世纪 60 年代的国家为之振奋,也让他成为黑人权力运动的先驱者。

伦道夫的呼吁所带来的反应超出了所有人的预计。原先那些无精打采地坐在华盛顿公园的人们对公园那些激进的大辩论置若罔闻,但现在,他们也为更美好的未来所激励。成千上万的人开始参加会议,控诉他们因种族歧视在军工厂急需工人时所遭受到的不公正待遇,并且为华盛顿示威游行做准备。我现在尤其记得玛丽亚·哈瑞斯的话,她当时是我在华盛顿公园认识的妓女。她告诉我说,"我要回去熨好衣服,准备去华盛顿"。

在全国,这次游行的势头正在形成。华盛顿游行总部开设在纽约的哈莱姆和布鲁克林,以及华盛顿、匹兹堡、底特律、芝加哥、圣路易斯和旧金山等地。1941 年 1 月伦道夫呼吁万人在 7 月 1 日向华盛顿前进。5 月,人们口中所谈论的参加示威者的人数就已经达到五万甚至是十万人了。在主要的新闻报纸上几乎没有任何有关游行的报道，但是在当时的美国，富兰克林·罗斯福总统正准备发动抵抗法西斯德国的战争，而他很担心这次游行示威将在国内及国际上让美国蒙羞。甚至是曾经让全国重视黑人遭受不公问题的埃莉诺·罗斯福也同管理部门一起说服伦道夫取消游行。西德尼·希尔曼当时是罗斯福总统时期的工人领袖，他向伦道夫承诺说，在对待黑人问题上会有本质的变化。他说他正写信说服那些军工厂的承包商们不要种族歧视。但是多年的斗争经历，尤其是在组织"卧铺车厢搬运工兄弟会"的过程中所经历的成功和失败经历，都告诉了伦道夫这样一个事实：承诺是廉价的。尽管承受了许多压力，但他还是拒绝取消游行，就在举行示威游行的前一星期，罗斯福总统颁布了8802号总统令，禁止在军工业的一切种族歧视。

美国社会在这次华盛顿游行示威运动中发生了改变。全国各地的黑人从乡村来到城市，并且在工厂里找到了新提供的工作机会。北部城市已经成为南部黑人的乐土，它加速了美国有史以来最大规模的黑人迁徙。四百年来，黑人男人们第一次可以定期给家里带来收入，成为一家之主。黑人妇女们和男人们一样可以找到工作，挣到足够的钱，并且可以非常安心地购买房子，送他们的孩子上大学。也就是这一批20世纪60年代出生的孩子们组织了学生非暴力合作委员，这为公民权利运动的成功奠定了基础。在整个"二战"期间，黑人团体不断向美国政府及工业施加压力，争取当时官方所谓的"双重成功"，不过我知道当时国内外大多数人称之为"双重民主"。

有人将这次的游行称为"夭折"的运动。我以雷·斯通的笔名在工人党理论杂志《新国际》上也表达了这个基本观点。[10]不过，实际上，这次运动不仅改变了美国社会，同时也为我今后的社会活动提供了经验。在这场向华盛顿游行示威的运动中,我意识到:当许多人不能再忍受事情发展的方式并且希望通过共同采取的行动来提高他们的生活质量的时候,一场运动就会因此而开始。我也在黑人群体中发现了他们所具有的力量,这种力量一旦爆发,就可以改变这个国家。因此,我决定余生所要做的事情就是成为一位黑人社区运动的活跃分子。

不过,我还不知道怎样实现它。参加工人党似乎是个好的开端。因为正是通过这个组织,我才有机会接触到黑人群体。我想,这个政党可以给我提供自己所缺乏的政治教育,以克服自己的无知。尽管它是个托洛茨基政党,但这不是问题。因为对我来说,托洛茨基只不过是个名字而已。我知道,他号召全世界反对斯大林对苏联异己分子的整肃行为,他在墨西哥被暗杀,据说是斯大林策划的。我依稀记得,当时对墨西哥审判进行调查的由约翰·杜威为首组成的委员会是在 20 世纪 30 年代由托洛茨基主义者发起的。但是我对在美国的斯大林主义者与托洛茨基主义者之间的冲突并不感兴趣。在华盛顿公园里,对我来说,他们那些激烈的论辩与从黑人社区来这里野餐的人所引起的注意是一样的。

让我吃惊的是加入这个政党并不需要任何复杂的程序。要做的只不过是说我想成为一名成员而已。没有情况介绍,不需要签署任何形式的申请表格。除了数额很少的会费外,我不需要作出任何承诺。即使是获取驾照也比这复杂。

“芝加哥”分部由两个小分支组成,一个设立在南部,另一个设在西北边。每一个小分支都有六到七个成员,都是白人。我很快发现这两个分支相处并不融洽。据南部分支的同志说(我当时是其中的一位成员),西北边的同志只对政治辩论感兴趣,对于社区活动没有兴趣。没有人在政治上给我任何信息,他们做的不过是建议我阅读托洛茨基所著的《俄国革命史》和一些由卡尔·马克思写的小册子。他们既不认为有必要让我了解该党的历史,他们自己也不知道该怎么去做。没有人告诉我任何有关托洛茨基、列宁或马克思的事情。

我和我的新同志没有什么共同之处。除了参加组织会议和分部会议之外,我们从不聚在一起。这些会议往往是两部分:一是在会议中,我们讨论社区里我们要做的组织工作;二是进行一些政治争论,要么是对时事政治,要么是针对全国组织进行辩论。这些会议没有一点刺激,我对那些同志也没有特别的兴趣。我总觉得他们不知道怎样与我相处,我们之间都觉得对方很陌生。马克斯·沙赫特曼是当时政党的领导人(工人党成员也被称为沙赫特曼人),演讲来过小镇一次。我不记得他说了什么。能够记起的就是他让我想到那些说话很快的纽约人,他们所反对的人也就是我们家从小地方普罗维登斯市搬到"大苹果"纽约市时父亲要我们提防的人。会后出去吃饭时,他们在故事和笑话中"交换"了各自的意见。

此时,政党国家委员会成员马丁·艾伯恩来到芝加哥,帮助解决两个分部之间的问题。如果不是他,我很有可能在那时就脱离这个工人党,到其他地方去寻求我的政治发展。作为政党官员,每星期的收入是15美元,手头上又有很多时间,于是他决定利用这次机会同我分享他这20年来激进运动中的各种经历。他出生在东欧,"一战"时就已经是美国社会党的一名成员,因为反对战争,在监狱里待过一段时间。俄国革命之后,和其中一些人一样离开了社会党并加入了共产党。1923年,作为青年工人联合会总书记以及作为共产党中心委员会最年轻的成员,他负责将马克斯·沙赫特曼带到芝加哥来接替他在联合会的职务。1927年,他担任了

"国际劳工保护组织"的领导人。同詹姆斯·坎隆、沙赫特曼一起安排了对萨科和万泽提的辩护。1928年,马丁·艾伯恩和詹姆斯·坎隆、沙赫特曼以及其他上千成员由于为托洛茨基辩护而被共产党开除。在此之后,他帮助组织了一个名为"美国共产主义联合会"的团体(这个团体是反对斯大林政策的)。

20世纪30年代,艾伯恩在许多的运动和兼并中起到了领导作用。通过这些运动,托洛茨基主义者们努力发展他们的力量,以便让自己在国内和国际上能拥有与共产党相抗衡的力量。这其中包括1934年与美国工人党合并为工人党。其领导人是信奉和平主义的传道士A. J. 穆斯特。两年后,工人党并入了社会党,也就是被称为"法国式的改变",因为它的模式与托洛茨基为法国组织提出的模式类似。其理论依据就是:由于经济危机、西班牙内战、希特勒,在那些社会主义政党中出现的左倾倾向使得更多的人有可能成为托洛茨基主义分子。因为每一次的运动都会有人赞成、有人反对,也就意味着会出现无数的会议和辩论,这使得各组织之间关系很紧张,团体之间不断产生新的联盟和分裂。其中有一个名为"欧勒"的组织,因为它的领导人名叫雨果·欧勒,是由那些反对"法国式的改变"的成员组成。每一次运动都会使得这些托洛茨基主义者们失去一些成员,但同时又会吸收几十或几百的新成员。直到30年代末,它在全国的会员就超过了千人。这个数量是国际共产主义在1928年所开除的人员数量的十倍。但对于拥有上万成员的美国共产党来时说它够不上真正的威胁。

在整个30年代,托洛茨基及其跟随者们对苏联进行了严厉的批判,不仅因为它的国内政策,而且因为它的国际共产主义在世界范围内如中国、西班牙等国家所进行的革命斗争中所起到的影响。不过,他们还是承认,苏联是一个属于工人的国家,因为苏联革命把经济国有化，并且使得世界六分之一的人口摆脱了资本主义。然而，1938 年苏联对芬兰的入侵以及其在 1939 年签署的《苏德互不侵犯条约》使得苏联的防御不再是个抽象的问题。因此，社会工人党分裂成为了两部分。人数多的部分由詹姆斯·坎隆领导，他们依然信仰托洛茨基主义，继续支持苏联。人数较少的部分是由马克斯·沙赫特曼、马丁·艾伯恩和 C. L. R. 詹姆斯领导，他们决定不再支持苏联，并且认为激进运动需要对这个工人国家的构成再次进行认真地审查，他们自己组成了工人党。

我觉得马丁的故事非常精彩。同时，能够从美国激进运动主要参与者那里听到对这个特定历史时期的描述，对于像我这样的年轻人来说是件非常荣幸的事。他那些有关坎隆和沙赫特曼无伤大雅的毛病的故事也非常新鲜，这也将我从对领导的盲目崇拜中解放出来。但是马丁已经成为了一名组织者而不是理论家。他可以说是个信息库，[11]但是他的故事主要是些有关伎俩和对别人的人品的描述，而并没有告诉我他是怎样形成自己的政治观点的。他越是告诉我过去发生的事情，我越是觉得初入这个领域的时期结束了。我觉得尽管他只有四十几岁，但是在他生活中二十几年里发生的这些内部斗争已经将他的精力耗尽了。和他聊天本来是件很随意的事情，但当他让我感到困扰时，显然是结束所有联系的时候了。

芝加哥的那些同志缺乏活力，这让我也感到困扰。虽然他们长期居住在这个城市，参加这个组织许多年，但是他们根本不了解黑人社区，也不像我那样了解黑人斗争的历史。我刚刚进入这场运动时，他们已经渐离渐远了，我开始怀疑自己与他们的政治道路是否曾经有过交集。我和他们的社会关系也根本不同。在我 1942 年离开去纽约时就和他们失去联系了，所以我也完全不知道后来他们所发生的事情。在我离开之前，就已经有两位同志离开了，因为在1971年12月日本轰炸珍珠港后，该党决定不支持战争，而这与他们的主张相悖。

虽然我越来越觉得那些同志的思想代表着过去而不是未来，但他们反对“二战”的决定又再一次让我觉得选择了正确的组织。不过，我留在这个组织里的主要原因是，我遇上了在返途中与芝加哥的同志谈话的詹姆斯，当时他在组织密苏里东南部的佃农进行政治运动。个子很高、皮肤黝黑、非常英俊的詹姆斯，身上具有的特质是芝加哥支部的那些人所缺乏的。（在劳工运动和黑人运动中表现出来的昂扬斗志中，反映出他对美国革命的前景充满了激情。）我和其他两位同志是在火车站遇上他的，他手上拿着两本厚书，一本是马克思的《资本论》第一册，另一本是黑格尔的《逻辑科学》，两本书都有密密麻麻的划记。当他知道我研究过黑格尔和学过德语时，就决定折道去我在地下室的房间。在那张红色旧沙发上，花了好几个小时比较英文版和德语版中马克思和黑格尔著作段落之间的不同。这是我们在接下来二十几年的理论与实践合作的开始，直至1962年，我们才因各自不同的政治方向而分开。

第三章

C. L. R. 詹姆斯

玉平

C. L. R. 詹姆斯在美国待了许多年。比起我在伯纳德，甚至是在布林莫尔与保罗·维斯一起工作所学到的东西相比，这些年与他的合作，让我觉得非常兴奋。C. L. R. 詹姆斯具有一种特殊才能，他能让那些理论和观点变得生动起来。他能帮助你明白，在特定的历史环境中，为解释或解决人们的生活状况，是怎样产生那些重要的理论观点的。所以，不论你是否是一位知识分子，当参加论证或提出探讨性的问题时，你总是会感觉到你是在创造重要的理论观点。当他谈论和解释历史时，它就成为今后斗争的武器，因为他总是能从创造未来的角度公开、坦然地研究过去。正如他所说，撰写那本有关1938年圣多明尼加革命的书就是为了“激励即将到来的非洲解放运动”[①]。对于 C. L. R. 詹姆斯来说[②]，莎士比亚的那些“站在地上的观众”、17世纪英国革命中的“平均主义者”和“掘地派”、法国革命中的“短裤党”以及那些引发美国内战的美国黑人奴隶——这些人都是当今革命社会力量的先驱者。通过研究、宣传这些早期革命活动的组织方式，革命历史学家激励那些在社会底层的人们通过斗争来改变他们的现状以达到他们所希望的生活方式。

同时,C. L. R. 詹姆斯也强调探索最深奥的哲学问题与实践斗争结合起来的重要性,因为现实总是在不断变化,必须防止陷入那些从过去的经历得出的理论观点之中,它们在未来的斗争中失去了价值。所以在那些年里,我总是仔细观察周围事物,在实践中检验理论,仔细倾听平民百姓提出的那些新问题。也正因为如此,出现了一些未曾预料的、与原来理论不同的新矛盾,这些矛盾对我来说是种挑战,不会让我感到沮丧。

C. L. R. 詹姆斯于 1901 年出生在特立尼达图纳普纳市。父亲是位教师,母亲非常热衷于阅读那些英国、美国诸如像莎士比亚、萨克雷、狄更斯、司各特、夏洛蒂·勃朗特、霍桑等人的小说。从他家窗户可以俯瞰到图纳普纳板球场。有了这样的家庭背景,C. L. R. 詹姆斯成为了一个热衷于阅读的人,同时也是个板球爱好者。昆士皇家大学毕业后,他在一所大学里担任教师,他其中的一位学生,埃里克·威廉姆斯,后来是特立尼达和多巴哥的首相。

在那些日子里,需要更多空间发挥才干的西印第安人都去了英国。1932 年,C. L. R. 詹姆斯带着他最新完成的作品《西印第安人自治》去了伦敦,在那里他成为了一名多产作家。六年半的时间里,他完成了几本书的编写:《薄荷小巷》,是从像他一样的中产阶级黑人知识分子的视角描写西印度庭院生活的小说;《1917—1936世界革命:国际共产主义的沉浮史》;《杜桑·卢维杜尔》(在这个剧本中保罗·罗伯逊扮演了杜桑·卢维杜尔);《黑人反抗史》;《黑色的雅各宾派》(这大概是他最著名的著作)。他还翻译过波瑞斯·索弗瑞恩用法语所著的《斯大林》。[3]

同时,他活跃在一个规模不大、支持托洛茨基观点的马克思主义团体里。在意大利入侵埃塞俄比亚之后,他组织了埃塞俄比亚国际非洲友人组织，并成为其发言人。这个组织后来发展成为国际非洲事务局，并由 C. L. R. 詹姆斯儿时的朋友乔治·帕德默负责。20 世纪 20 年代，帕德默前往莫斯科，在那里与共产国际一同组织争取非洲独立的反殖民主义斗争。1935 年，也就是当时的“人民阵线”时期，苏联采取了与西方民主国家合作的政策，也就意味着不再积极支持这类斗争，帕德默于是离开苏联，来到伦敦。从 1935 年到 1959 年帕德默去世，二十五年来他培养了整整一代非洲未来的领导人，其中包括乔莫·肯雅塔（肯尼亚第一任总统）以及克瓦米·恩克鲁玛（加纳第一任总统）。

在 C. L. R. 詹姆斯的出版商弗里德里克·沃伯格写的书中有一段文字，详细地描述了他在伦敦广泛的社会活动以及他对激进派和自由派的影响。詹姆斯本人非常喜欢这一段，并常常朗诵给他的朋友：

> 尽管 C. L. R. 詹姆斯的作品文字犀利，他却是我认识的人中最令人愉快、最容易相处、兴趣非常广泛的人。这位来自特立尼达，皮肤黝黑的西印第安黑人，有六英尺三高，非常英俊。他不仅可以引用马克思著作的段落，而且还可以长段背诵莎士比亚作品的选段，他那抑扬顿挫的英文非常悦耳。他性情非常温和，喜爱资本主义奢华的生活，精美的食物，高档的服装，上好的家具，漂亮的女人，作为身经百战的阶级斗争战士的他对此也没表现出自责。他非常勇敢。整晚整晚地参加在伦敦和各个省市举行的会议，声讨斯大林的各种罪行，直到他动人的声音变得深沉而嘶哑。那些当众诘问 C. L. R. 詹姆斯的共产主义者们，如果不是到处都有警察，他们恨不得将他痛打一顿。当然无论宣传内容是什么，他们也毫无反

应……

如果政治是他的信仰，那么马克思是他的上帝；如果文学是他的所爱，那么在所有作家中莎士比亚就是他的王子。板球是他最钟爱的活动。在夏天，他为《曼彻斯特前卫》撰写精彩的有关县城比赛的文章。实际上，他只有在四月到十月之间才有钱花。有时他会到我们那个靠近苏塞克斯的西霍斯里的小屋来度假，最后证明是为了当地的球队才来的。如果说他是个古怪的投球手的话，他却是非常勇猛的，而且也非常有力量。村里的人们都非常喜欢他，把他叫做“黑仔”。在苏塞克斯没有人会想到政治。我现在还可以听到从他那感性的嘴唇中优雅地咏诵出《第十二夜》的开场白：“如果音乐是爱情的粮食，那么急需演奏下去吧；尽量地演奏下去，好让爱情因过饱噎塞而死。”也许詹姆斯最大的问题就是他说得太多了，而往往当前发生的悲剧并没有他说的那样严重。[④]

1938年，社会工人党领导人詹姆斯·坎隆在一次欧洲托洛茨基会议上遇到了C. L. R. 詹姆斯，并邀请他去美国，给会员们介绍在欧洲发生的事情，同时帮助该党确立在黑人斗争中的地位。在美国，C. L. R. 詹姆斯变得比在英国时更加具有创作力。英国已经为他提供释放巨大才能的机会，而美国却无限拓宽了他的革命视野。用他自己的话说：“我感到自己在不断充实，而这将永远改变我对世界的态度。”[⑤]当他看见美国人用快乐和自信追求个人和社会的快乐时感到非常吃惊。在美国产业工会联合会成立时，C. L. R. 詹姆斯来到这个国度。他认为这个组织的静坐罢工体现出美国人对社会的热爱，同时也体现出卡尔·马克思的先见之明。他总是会引用《资本论》段落，马克思是这样描述的：“资本主义生产过程本身的机制所训练、联合和组织起来的工人阶级反抗也不断增长。”[⑥]对他来说,这句话几乎为在 1937 年芝加哥弗林特通用汽车公司举行的静坐罢工指明了方向。

不过,在美国,C. L. R. 詹姆斯的创造力不得不采用不同的方式。由于是访问签证,他不能像在英国那样做公开大辩论。因此,十几年来,他将自己那令人吃惊的精力全部倾注到托洛茨基主义运动的内部斗争以及对康斯坦斯·韦伯的爱恋中去了。康斯坦斯·韦伯出生在南部。詹姆斯在 1938 年首次进行全国性演讲时在芝加哥遇上她的,当年她 18 岁。他们在 1947 年结婚,1951 年分手。他们之间主要是通过书信来表达爱慕的。其中,有许多的信件长达几千字。在书信往来中,他们不仅谈论一些个人的事情,还涉及了许多其他内容——米开朗基罗、莎士比亚、雪莱、马克思、列宁、在西印度群岛的生活、美国电影以及漫画。最近几年来,人们对 C. L. R. 詹姆斯越来越感兴趣,这些信件已经变成学者和探秘者的宝库了。[⑦]

在 1938 年到 1953 年之间,当 C. L. R. 詹姆斯返回伦敦时,仍然保留了在哈莱姆、东布朗克斯、下东区和格林威治村的公寓,不过他大部分时间都是在格林威治村哈德逊大街 629 号的公寓度过的,公寓距离十四街和大学区并不是很远。在那里聚集着大多数激进组织的总部。629 号街居住着工人党成员弗莱缔和莱曼·潘恩夫妇。莱曼毕业于哈佛,是位获过奖的建筑师。他是《独立宣言》签署者之一的罗伯特·崔特·潘恩的后代。弗莱缔是位自学成才、非常谨慎小心的劳工组织者。自从她在 20 世纪 30 年代初期加入马斯特的美国工人党之后,就开始参与激进运动。他们在一起时,非常擅长将来自社会各阶层的人们组织起来,举行一些小型的聚会。在聚会上,人们可以一起吃东西、喝酒,举办一些意义比较深远的讨论会,还可以听路易斯·阿姆斯特朗或贝多芬的音乐。C. L. R. 詹姆斯对他的政治生活和个人生活总是有些特别的看法。在那里,他总是与弗莱缔分享他因为对康斯坦斯的爱恋而感受到的烦躁和苦恼以及他们之间的部分信件。

1942 年,我从芝加哥来到纽约,第一次参加工人党会议。在下东区大厅里与近百人坐在一起,感觉很奇怪。大多数人都是犹太人,并且大家彼此之间都相互认识。那里的人们有着共同的政治兴趣。大家主要围绕苏联的本质问题或什么叫"苏联问题"争论。只有一次让我觉得很亲切——当介绍两位来自密苏里东南部的佃农时,人们给予了热烈的掌声。

"苏联问题"并不怎么吸引我。不像我周围的那些人,在二三十年代,我就已经参加了激进运动——并不是因为俄国革命,而是因为黑人斗争。多数党员还在尽力地去理解苏联,一方面,因为当时这个第一次由成功的社会主义革命创建起来的国家对革命的领导人进行整肃之后,又入侵芬兰,并与德国签署了《苏德互不侵犯条约》,而现在又与西方帝国主义国家结成盟友。另一方面,在经济大萧条时期,成千上万的失业工人流落在资本主义美国的街道上,缩衣劣食,而相比之下,由于在苏联实行财产国有制,那里的工人们都有工作。虽然这些同志们生活在美国,但是就像托洛茨基一样,他们只对苏联所发生的事情感兴趣。我并不是个真正的托洛茨基主义者。我曾经被俄国革命的历史打动过,因为它对群众运动以及运动对领导者影响的描述是那样地生动。但是俄国革命胜利所带来的希望,抑或是斯大林主义者与托洛茨基主义者们多年来就苏联的国内外政策所进行的争论都不会对我产生任何影响。实际上,我觉得大多数托洛茨基的作品非常乏味。对我来说,这些作品不过是攻击斯大林和共产党在对苏联以及其他欧洲国家面临的局势所采取的政策和策略的一些争论而已。

在那些隶属于国际共产主义的政党中，没有任何组织进行过有关苏联的辩论。你要么服从团体的命令，要么就被剔除掉。而主张托洛茨基主义的组织都以他们内部的民主而自豪。他们从共产党分离出来，不仅是因为斯大林的行为激怒了他们，而且因为在这个党里没有提问也没有讨论。现在，他们不仅要面对苏联对芬兰的入侵以及与德国签署条约的事实，而且遇到了一个理论性的问题：苏联的国家属性是什么。这里有三种选择：(1)要么国家拥有生产手段或者国有化，使苏联成为工人的国家；(2)国有化给这个国家带来新的形式，既不是资本主义也不是社会主义；(3)它是一种国家资本主义，尽管财产公有化，但是其生产模式依然遵循资本主义积累法则。托洛茨基和社会主义工人党主张第一种形式，而大多数由沙赫特曼领导的新成立的工人党选择第二种形式，并称其为"官僚集体主义"。C. L. R. 詹姆斯支持第三种选择。当时支持这个观点的人还有瑞娅·杜娜叶夫斯卡娅，她出生在俄国，是位自学成才的同志。早在20世纪20年代她还是孩子的时候，就已经是位激进分子了。在那个时期，党员中多数激进分子都有假名字，因为从20年代以来，共产党的工作几乎是已经转入地下。詹姆斯在党内的名字是J. R. 约翰逊；瑞娅的是弗雷迪·福里斯特。由于他们俩在这个问题以及后来许多问题上都能相互认同，这也使得促成他们创建"约翰逊—福里斯特派"，组织成员被称为"约翰逊人"。我的党名是马丁·艾伯恩给取的，叫雷·斯通。

国家资本主义的选择比较吸引我，因为它的支持者们在黑格尔主义中找到了马克思观点的根源。他们认为社会主义革命是工人自然而然获得的力量的爆发，而不是财产关系。当马克思将黑格尔归为"右边的"时候，他们坚持认为马克思并没有摒弃黑格尔原有的观点——人类朝着具有更大主权、更能够控制人类自己生活的权利发展。对于这些“约翰逊人”来说，资本主义的罪恶在于它否定了在生产过程中工人的自主行为和自决权，它使得体力劳动者变成残缺不全的人类，并将其等同于机器的零部件。这种异化最终导致了工人与资本主义之间的直接对抗，“不论他得到的工资是高还是低”[⑧]。

我发现，这些激进主义者们会上使用马克思、列宁和托洛茨基的著作方式和基督教徒们使用圣经的方式是完全一样的。站在反对立场上的人们很容易就可以引用这些大师的话语来支持他们的立场。这并不奇怪，因为和其他所有伟大的领导者们一样，马克思、列宁和托洛茨基的观点从来就不是一成不变的。在不同的发展阶段，不同的环境中，他们都会说些自相矛盾的东西。马克思的一些预想也是非常机械的。例如，当他写道：“资本主义生产方式导致其自身的灭亡是不可变更的自然法则。”[⑨]而另一方面，我喜欢引用一位人文主义倡导者在《共产党宣言》中提出警告的一段话：

> 生产的不断变革，一切社会状况不停地动荡，永远地不安定和变动，这就是资产阶级时代不同于过去一切时代的地方。一切固定的僵化关系以及与之相适应的素被尊崇的观念和见解都被消除了，一些新形成的关系等不到固定下来就陈旧了。一切等级的和固定的东西都烟消云散了，一切神圣的东西都被亵渎了。人们终于不得不用冷静的眼光来看他们的生活地位、他们的相互关系。[⑩]

对“俄国问题”的争论让我很想拜读马克思和列宁的著作。

在过去的三十年中，这类作品对于大学生而言还是不可思议的，而我在大学的九年中从没有看过这些作品。

为了研究马克思和列宁，也为了能与詹姆斯一同工作，在工人党会议之后我搬回了纽约。有一段时间，我和母亲住在杰克逊高地。后来，母亲开始出租我们的房屋，我就在这个城市的各个地方租住公寓。在 20 世纪 40 年代，你只要花很少的钱就可以居住在纽约。那个时候的月租还不够现在租住一个晚上的费用。当然那时的工资也是非常低的。刚开始时，在靠近百老汇的 114 号街附近，我以每星期 15 美元的价格租了一间房，带有浴室和很小的厨房。后来的三年里，从 1948 年到 1951 年，我租了一套没有电梯、没有热水、五楼的公寓，在厨房里有个浴盆。那是在下东区橡树街上的合租公寓，每月要花掉我 20 美元。现在同样的公寓的租金可能是那时的 20 倍。有一段时间，我的弟弟哈利和他妻子朱莉住在公寓大厅对面。当他们搬到底特律的时候，他们的孩子承租了这个地方，但是不久就住够了，所以他们很快搬到了格林威治村。我住在那里也感到非常不舒服。每天出入那栋建筑，都不得不经过住在一楼的吉普赛人住的房子，必须要忍受他们拽着我的衣服，尽力说服我付钱让他们给我算命。清楚记得有个晚上，我花了一个多小时的时间趴在地上去抓一只老鼠，而实际上那只老鼠的尾巴已经被我先前设置的捕鼠器夹住了。整个房间里都是稀稀索索的声音，在桌子下、书架上、堆积的文件中，那只老鼠到处窜来窜去，我根本抓不住它。为了避免再经历像这样的尴尬局面，我从挨家串户兜售商品的售货员手上购买了最新发明的捕鼠器。捕鼠器是由锡做成的，有面包盒子大小，在里面只要放上大米就可以诱捕老鼠了。不过，你必须把这小东西溺在水中才能把它杀死。而这，我试过，发现这事说起来容易做起来难。

幸运的是，在那段时间，我接到互助委员会成员阿德莱德·舒尔坎德的电话，这个组织借钱给激进分子，帮助他们渡过难关，他给我提供了一个职务，就是给第一位驻以色列的美国大使詹姆斯·G. 麦克唐纳当秘书。办公室是在帝国大厦59楼。开始是每星期60美元，后来他把工资涨到了100美元。这比我过去挣的都要多。而我所需要做的就是帮他整理文件、安排演讲。他大多数时间都不在城里。在办公室工作时，我可以读书、写东西以及和同志们一起举行会议。有了这笔收入，1951年，我离开了橡树街搬到了格拉梅西公园附近东17街的一套一楼公寓，在那里，一位同志和我各住一间大房，每人每月支付50美元。这位同志倒是个非常令人愉快的邻居。不过那些从地板上的洞里窜出来的老鼠仍然让我感到头疼。所以我在靠近第九大道西19号街另找了一个住处，每月支付60美元。我在1953年离开了纽约。那时，康斯坦斯和C. L. R. 詹姆斯已经分开，她就承租了我的公寓。

在四五十年代，城市的交通不是非常贵，方便而且安全。地铁的费用仍然还是10美分。全天都有许多人坐地铁，所以每天在布朗克斯、哈莱姆或哈德逊629街和詹姆斯工作一天之后，深夜乘坐地铁回到在杰克逊高地或橡树街的家，我认为不会出什么问题。在40年代，我靠在父亲的餐馆做临工或做一些秘书工作来维持生计。在1945年大部分时间里，我在一间军工厂工作，不辞辛劳地装配一些小的电器零件，每小时60美分，也就是每星期20美元。

在纽约生活，和工人党内部的"约翰逊—福里斯特派"成员一起工作，让我有机会接触到一个全新的世界，不同的人、不同的观点和活动。我去过哈莱姆的尚姆博格黑人文化研究中心，读过艾米·加维对她丈夫哲学思想和观点的汇编。我很欣喜地发现，马库斯·加维回到黑人运动部分是受到俄国革命的影响。加维说，

“一战”给西方强国带来了危机，而列宁抓住了这一机遇，并发动了“十月革命”。他认为，全世界的非洲后裔应按照列宁的做法，寻求战后带来的机遇，恢复非洲。工人党已经组织了一个跨种族的俱乐部。俱乐部在哈莱姆地区的125街有个办公室。我们在那里定期举办一些论坛。论坛是由莱曼·潘恩主持的，他在党内的名字是汤姆·布朗。会后，我们通常会去阿波罗剧场、萨沃伊歌剧院（在那里有一晚我听到了贝西伯爵歌剧）或者会去斯莫天堂歌剧院。康尼·威廉姆斯是詹姆斯的朋友，他在格林威治拥有一家唱西印度群岛歌曲的餐馆，詹姆斯·鲍德温和理查德·赖特常常去那里。另一位西印第安朋友贝利·麦克伯恩是舞蹈家。在52街和百老汇（卡门·米兰达经常在这些地方表演节目）上演的《科帕卡巴纳》中，他曾经担任主角。玻儿·普莉迈斯曾在“乡村先锋”夜总会跳舞，她是弗莱缔的朋友。凯瑟琳·邓连，民族舞蹈运动发起者之一，她邀请我在她舞蹈公司上一堂哲学课。但是在这种新的生活环境中，我的观点和思想总是很快不断地发生变化，我很难想象还能给别人教些什么。亨利·佩勒姆经常去哈德逊大街629号，他期待能够随时爆发全面的反抗。和我一起在军工厂装配零部件的工人多数是年轻的黑人妇女。在战前，她们只做些家务事。现在她们每天有说有笑地去上班，不仅因为她们向往每个周末的收入所带来的安全感，而且和现代机器一起工作很令人兴奋，同时，生产产品会让你觉得你是在帮助你的国家赢得这场战争。在周末，我们会聚在一起举行舞会。

“二战”时期，纽约及整个美国的生活都是令人兴奋的。那是个不平凡的时期。所有的人都能找到工作，所有人都能期望有更好的未来，这些完全代替了在经济大危机时的不安全感和绝望。人们已经摆脱了传统的羁绊，要么在军队中服役，要么在军工厂工作。在南部、在战船和驱逐舰上、在欧洲战壕中，以及在太平洋半岛的那些海滩上，一千四百万来自世界各地、各行各业的人们，一夜之间，关系突然变得紧密起来。不论他们之前的职业是什么，他们发现：

> 他们不仅在战场上，而且在交通、军需物品、办公室或医院都发挥了作用。农村孩子成为了通信员；鞋店里的店员成为战地卫生员。他们起到的作用就是：根据他们自己对伤员的受伤程度和伤员恢复的可能性的判断，来对吗啡或血浆进行管理。所有这些都只是每个入伍参军的人们经常能遇到的经历。但是，每天都能遇上的、不过显得更加激动人心的经历，就是他们每个人都有可能牺牲。[11]

军队服役被分成了几个部分。由于华盛顿游行示威运动，美国所有民族的人们都能够在军工厂工作。妇女们离开她们的厨房或办公室，来到了生产线上。激进分子和知识分子都抓住了这次机会成为“无产阶级”。因此，在那个时候的劳动队伍形成了一个新的组织，有白人、黑人、拉丁人、亚洲人、女人、男人、农民、知识分子、激进分子。他们都有各自的经历，对世界上所发生的事情都有自己不同的理解。这些有着不同生活背景的人们相互交换他们家乡的故事，谈论他们对生活的理解，相互交换各自的书籍，在工作之后一起打保龄球或一起喝酒。工厂就像个很大的学校。人们之间的种族、性别、阶级、年龄界限已完全打破，其程度在美国是史无前例的。

因为当时保证了国防行业中的所有工厂在费用之后的利润，也就是所谓的成本保利合同，所以工厂的管理人员是不能强迫工人劳动的，而这实际上是非常浪费和低效的。当时由于对工人的需求非常大，所以你很有可能在这家工厂上午辞去工作，下午就会在另一家工厂找到工作。人们之间有许多机会进行交流。在捕猎季节，有些工厂的工人常会带一只狗熊或鹿来烘烤并与其他人分享，这对他们来说是件很寻常的事情。在布鲁克林我工作的工厂里，利用喝咖啡的休息时间，我们组织了黑人历史研究小组，打铃后又返回工作。我们之间有许多可以相互学习的地方。莱曼辞去他的建筑工作之后又去船场工作。他常会连续几个晚上和他的那位只有高中教育的工友聊上几个小时。

战争让来自不同民族、有着不同社会背景的美国人形成新的社会关系，同时也使生产更人性化。20 世纪 30 年代的劳工运动以及战争年代人们之间的交流已经让他们意识到了劳工们的尊严。不过战争让劳工们受到更多的关注。与过去相比，在工厂工作变得更加吸引人。所以，我的两个弟弟，埃迪和哈利，军队服役之后，作为“约翰逊—福里斯特派”成员，决定离开纽约去底特律的一家工厂工作。

20 世纪 40 年代，温德尔·威尔基“天下一家”的理念开始出现。但是在战争之初，我们对我们所在的城市之外，甚至是除了邻里之外，对外面的世界一无所知。莱曼·潘恩是我们之中唯一一个去过欧洲的人。现在，市中心的高中生——甚至是初中生或小学生——都去过法国、意大利、西班牙、日本、中国、加勒比海、非洲和拉丁美洲。我读大学的时候，一些名校的学生会在大三的时候去欧洲旅行，但是在伯纳德和我保持联系的人中没有一个考虑这样做。战争年代，我们大多数人都会收到在欧洲和远东地区服役的朋友和家人的来信。在家里，我们会阅读一些有关在欧洲和亚洲所发生的新闻。但是我们并不是很清楚国外的政治局势，也不会去讨论,更不用说对未来的预测。詹姆斯与我们分享他对欧洲史的知识,充分了解当前的局势,尤其是了解抵抗纳粹运动的发展趋势,以及它是怎样为创造欧洲社会主义联合国奠定基础的。

战争也使得工人党发生了变化。多数没有服兵役的工人党成员在工厂里工作。党内的争论从对苏联、西班牙或纳粹德国的讨论转向了美国内部所发生的事情。其中,一个重要的问题就是如何将运动与黑人斗争联系起来。美国激进分子在这个问题上遇到了困难。美国黑人的参与对于美国革命无疑是至关重要的。但是由于那些激进党都认为,工人阶级是所有反抗资本主义的斗争中受压迫阶级的领导者,而这些政党中占绝对多数的白人把工人阶级看成是白人阶级,他们无法了解黑人应该充当什么样的角色。这就是为什么在激进运动中,黑人斗争开始被认为是“黑鬼问题”。这让一些黑人觉得受到了侵犯,有些则觉得很滑稽。

黑人问题包括以下几个问题:是应该从种族的角度还是应该从阶级的角度来看待黑人?是应该鼓励黑人进行独立斗争还是应该将他们的斗争归类于工人的阶级斗争?革命者主要努力的目标是否像他们的口号那样“黑人、白人,团结起来并肩战斗”,建立黑人与白人之间的团结?这是社会主义政党和进步统一人士的基本方法,也是欧内斯特·麦金尼的观点,他是工人党的一位黑人领导人,他拥有组织劳工运动的背景,他在党内的名字是大卫·库里奇。

或者美国的黑人是否应该被当作是在国内受压迫的少数民族或者说是国内的“殖民地”?列宁和托洛茨基一样比较倾向这个观点。在20年代,美国共产党尝试采取这个办法,即呼吁对美国南部所谓的“黑色地带”实施自决权。1939年,詹姆斯拜访了当时放逐在墨西哥的托洛茨基,并与他一起讨论这个问题。[12]

在走遍整个美国之后，詹姆斯所经历的种族歧视要比他在西部印第安地区或者是在欧洲地区所经历或了解到的事情都要残酷，同时他也意识到独立黑人斗争的潜在力量，詹姆斯决不向白人激进分子的忧惧妥协，因为这种忧惧让他们很难公开对黑人自发斗争作出任何无条件回应。[13]他确信，黑人独立斗争将成为工人采取革命行动的催化剂，因此，他敦促党内人士要充分意识到黑人斗争的革命潜力。正如他在“对美国黑人问题的革命性回答”中写的那样：

> 我们不要忘记原来在沉睡的黑人们，他们正在觉醒。资本主义已经创造出许多巨大力量，但其中任何一种力量都比不上他们对斗争的激情。……尽管他们的社会力量还不能与已经组织起来的工人的社会力量相比，不过一旦时机成熟，他们对资产阶级社会的仇恨以及准备打破这个社会的决心要远远超过美国其他任何人。[14]

有了这样的理念，那些“约翰逊人”决定不再等待“黑人和白人团结起来并肩作战”，革命者们应该鼓励并支持黑人独立斗争。不要试图去控制或合并这种斗争，不论它是国家主义、改良主义还是资本主义，革命者们都应该相信，斗争的动力将会使得潜藏在黑人经历中对资本主义社会的仇恨爆发出来。黑人运动的爆发不是“暴动”，应该充分认识到他们是为正义而战。而这显然是与沙赫特曼和工人党领导者们的观点相左的，他们采用了库里奇支持的更为谨慎的立场“黑人和白人，团结起来并肩作战”。

在这个问题上，亲身参与华盛顿示威游行运动的经历让我成为“约翰逊—福里斯特派”立场的积极捍卫者。很快，我们就有机会将这种观点投入实践。正如亨利·佩勒姆预料的那样，一位黑人士兵遭遇了种族歧视，随后就在哈莱姆地区爆发了1943年黑人运动。成千上万的人涌向街道。那些白人的商店被洗劫一空，然后被烧掉，而警察只是无助地站在一旁。华人的洗衣店和餐馆幸免于难。不过这次爆发早在意料之中。几个月以来，在哈莱姆和其他黑人社区的人们就一直在警告说，他们一直在为欧洲的民主而战，而在国内他们却享受不到民主，他们再无法忍受这样的不公。新闻媒体依然像以往一样将这次爆发称为"暴乱"。詹姆斯为工人党周报《劳工行动》的一个名叫"十分之一人口"的专栏撰写文章。我当时正和他一起工作。我们决定将标题"哈莱姆的群众示威游行"刊登在报纸头版显著的位置上。

在美国激进主义运动中，反复争论的另一个问题就是，是否支持建立一个独立的劳工党。欧洲激进主义者们认为美国工人比较落后是因为他们没有形成自己的政党。多数美国激进主义者也同意这个观点。相反，"约翰逊人"认为，我们所进行的运动正好验证了马克思对生产内部工人的组织、纪律、团结的分析以及对30年代爆发的劳工斗争的分析。他们坚信，推翻资本主义的关键就是鼓励和发展当前在工厂内部为获得对生活、工作的自主权而进行的美国工人斗争。

尽管我们与沙赫特曼派的政治观点不同，但是，"约翰逊—福里斯特派"的成员在执行我们的任务时，和党员一样的勤奋。向我们交纳党费，在工厂和船厂分发上千份的《劳工行动》，组织街角会议，系统地学习组织技巧和技能。其中也出了不少在群众组织中颇具影响力的激进主义者。不过，我们不会花大量的时间与多数派的成员进行交流，其中有像欧文·豪这样的知识分子。他是《劳工行动》的主编，后来成为全国知名的文学评论家。我们倒是花很多精力去参加每星期开设的《资本论》课程，课程是由瑞娅来上。我们阅读黑格尔的著作，也非常努力地去尝试理解马克思观点，我们需要“从疏离的角度抓住黑格尔辩证哲学的积极的一面”。[15]我们阅读了列宁的许多著作。尤其是他在“二月革命”和“十月革命”之间发表的演讲和论文。列宁在20世纪20年代竭尽全力去发动工人和农民掌握对生产和分配的控制，抵抗日益扩张的国家权力。我们研究过去发生的伟大革命。了解到，每个伟大革命总是由处于社会底层的人们来推动向前发展的。经过研究我们最终认为，17世纪英国革命的精神祖先不是奥利弗·克伦威尔和亨利·艾尔顿而是约翰·李尔本和理查德·奥弗顿，因为是他们表达了城市技术工人和自耕农对于民主的追求。我们都认同，法国革命中，是与“无裤汉”们生活在一起的雅克·鲁、泰奥菲勒·勒克雷克和让·瓦尔列帮助组织了法国“无裤汉”群众，为价格控制权以及其他广大群众许多具体的需求而战，而不是罗伯斯庇尔和雅各宾派。对于19世纪中叶的美国，我们认识到，正是由于黑人的反抗和逃跑使得北部不断兴起的资本主义不可能与南部大庄园主统治并存，也因为如此，最终导致了美国内战以及最后势不可挡的黑人解放运动。

我们一遍一遍地欣赏《哈姆雷特》、《亨利五世》、《凯撒大帝》和《李尔王》等舞台剧和电影。这样，可以更好地理解处在莎士比亚时代的英国所出现的社会新生力量，更好地欣赏莎士比亚对揭示矛盾复杂性的想象力。其深度是逻辑无法解释的。

在纽约公立图书馆，瑞娅会花上好几个小时的时间研读马克思和恩格斯俄语版的著作集，而我则购买了他们十四卷德语版的作品集，并潜心研究。一旦有了令人兴奋不已的发现时，我们就会立刻同全国“约翰逊人”的同志们共同分享这些发现。我永远不会忘记那一天。当时，瑞娅兴奋地从图书馆回来，说她发现了1843—1844年24岁的马克思所写的《1844年经济学—哲学手稿》的俄语翻译稿件。当时的美国是不知道这些文章的存在的，它们毫无疑问地说明了马克思主要关注的是工人的人的本质，而不是财产关系。后来，我将德语原著中的三篇文章翻译成了英语。1947年，“约翰逊—福里斯特派”在美国首次出版了这部手稿的英文译本[16]。

在一次会议上，我们祝贺瑞娅完成了列宁的《黑格尔哲学笔记》(俄语)的翻译。《黑格尔哲学笔记》表达了列宁在第一次阅读黑格尔的《哲学全书》中的《精神哲学》和黑格尔的《逻辑学》后所感觉到的欣喜。[17]1915年，列宁正处于最低谷，因为当时德国社会党无视曾经作出的维护国际团结的承诺，支持政府参与“一战”。列宁转而向黑格尔寻求帮助以理解自己所遇到的危机以及整个国际运动所面临的危机。通过对黑格尔逻辑辩证法的吸收和内化，他意识到，在劳工运动内部出现了新矛盾。劳工内部已分化成两个部分：一部分是劳工贵族阶层，他们完全被帝国主义高额利润所收买，而另一部分是数量众多的工人阶层。黑格尔分析了所有转型中“巨大变化”的重要性以及“从理想转为现实”的重要性，这无疑激励了列宁在“十月革命”前夕将社会主义重新定义为“每个厨师都能参与管理的社会”。这是他在《国家与革命》中进一步深化的观点。[18]

接下来，瑞娅对《黑格尔哲学笔记》的翻译激励着詹姆斯完成了他的《逻辑辩证法笔记》。1948年他专程从内华达送过来给我们看。[19]在《逻辑辩证法笔记》中，詹姆斯对托洛茨基思想和列宁思想之间的不同进行了非常重要的分析。(他审慎地阐述到，他是在质疑托洛茨基的方法，而不是在如火如荼的阶级斗争中有意将自己划入广大群众那一边。)列宁去世前不久,曾对党内领导人有过评价,他认为托洛茨基"过于关注工作的纯管理方面"[20]。列宁的《黑格尔哲学笔记》让詹姆斯理解到托洛茨基的"管理"倾向并不是一个偶然,它是基于相当普遍的思维模式,怀特海称其为"错置具体性的谬误"。恩格斯认为这种思维模式使得"有限的变成无限的或绝对的"。因此,托洛茨基采取了一个"有限"的行动——在"十月革命"之后将这个工人阶级国家的财产国有化——并把它作为"放之四海皆准"的法则来定义工人阶级国家。相反,列宁总是回归到具体——在社会基层的那些工人和农民正在做的事情——来激发新的"普遍法则"或新的"预想"。因此这个在1917年由俄国工人自发建立的苏联便成为列宁对社会主义新视角的核心,激励着他继续采取具体措施,以便在掌握国家权力之后实现"预想":比如建立工农检查委员会;对生产和分配实行全民财务公开与掌控;实现全国工农合作。[21]

我永远感激瑞娅。因为她,我才可以有幸拜读列宁的《黑格尔哲学笔记》。在此之前,1908年列宁的《唯物主义与经验批判主义》著作让我敬重他为哲学家,而现在看来这是非常肤浅的。[22]1915年的《黑格尔哲学笔记》为我们提供了前所未有的机遇,可以看到一个伟大的思想家是怎样在你面前发生转变的。从那些无数的感叹号、划记和空白处标注的评语中,你似乎可以想象得到,当列宁意识到他在1908年对唯物主义的描述是粗糙和含糊时的那种大彻大悟的感觉。[23]C. L. R. 詹姆斯每年都会引用列宁的笔记来解释托洛茨基主义与列宁主义之间的不同,这对我来说有着很重要的意义。列宁的《黑格尔哲学笔记》以及詹姆斯的《逻辑辩证法笔记》让我认识到:在任何一个组织、运动或社会遇到危机或转型时,对这个组织、运动或社会来说,关系生死存亡的一个问题是:它必须意识到现实是不断改变的，每个事物所表现出的矛盾必定会发展，直至相互对立。因此，开明的思想和策略在某个时间里是进步的，但随后就会变得抽象和守旧了。在这些阶段里，革命领导者们就必须勇敢摆脱旧的思想或策略束缚，在广大群众采取的具体行动的基础上创建新思想。而这些行动表明了，在追求自决权、掌控自己的生活、承担更大责任方面，人民群众已经迈出了一大步。所以当我不得不放弃一些观点、我的同事以及我曾经作出承诺的组织时，并不觉得失望。我认为，这是我作为运动活动家取得不断进步不可或缺的部分。

詹姆斯、瑞娅和我形影不离。一个个子很高、英俊的黑人，两边有两个妇女相伴，一个是有那么点驼背、但颇有学者风范的犹太人；而另一个是位长着圆脸的亚洲人，这也许在当今的美国是不会引起太多的注意。但是在20世纪40年代，一定会有许多人想知道我们是从哪里来的，尤其是当我们出入瑞娅豪华的赛顿区公寓时（我们经常在那里工作），他们便更想知道我们是做什么的。我们有些时候也会在哈德逊街629号或在东布朗克斯区詹姆斯公寓里工作。我有时乘坐地铁，有时开着帕卡德旅行车去聚会。那辆车是我兄弟埃迪的，他参军后就留给我了。经过三区大桥从布朗克斯区到皇后区有25分钟的车程，我常常会很晚开车回家。有一晚很难忘，那辆帕卡德的变速器坏了，所以不管红灯、绿灯，我只好一路开回家。

我们当时精力充沛。常会花上整整一上午或一下午的时间写作、聊天、吃东西，然后回家，相互之间写些内容很多的信件，以继续延伸或扩充刚刚讨论的内容。通常，我们也会用复写纸复写这些信，然后送给党派中的其他成员（这距离影印机出现还有很长一段时间）。在底特律韦恩州立大学劳工和城市事物档案馆中的杜娜叶夫斯卡娅和格莱博曼收藏中，保留了当时大部分的信件。每当我偶然在作品集中查找东西时，总觉得很难相信那时我们会写这么多的东西，会做这么多的文学评论和历史评论。

“约翰逊—福里斯特派”的成员数量很少，在这个拥有几千人的组织中，它的成员不到六七十人。但是，正是因为我们支持黑人独立运动以及抵制资本主义生产过程中人的异化的信念，让我们在所有集会中成为焦点。“约翰逊—福里斯特派”的多数成员是参加过40年代激进运动的新生一代，因为我们希望能够进行第二次美国革命——对我们来说，这就意味着鼓励普通工人为获得在工厂中对生产的控制而斗争，为在社会、经济、政治上获取全面平等的权力而斗争，也意味着我们支持进行黑人斗争。我们代表着“二战”时期在美国出现的新兴的人类力量：黑人、白人、亚洲人、墨西哥人；工人和知识分子；住在东区、西区和中西部的人们。由于詹姆斯不能公开参加社会活动，我们便成为他与更大的美国社团联系的纽带。

我们并没有因为自己的组织规模很小而感到沮丧。与工厂工人交流，从马克思、黑格尔、列宁以及过去革命中不断吸收有用的东西给予了我们极大力量，我们就好像发现宇宙的秘密似的，到处宣传我们的主张。任何一次集会，你都不难发现我们满怀憧憬的样子。看到我们对历史进行总结，沙赫特曼人总是会嗤之以鼻。但是我们确信，随时让自己了解美国工人正在想的和正在做的，我们就将成为那些处于社会底层的人们为了获得对自己生活的控制权而进行不懈斗争中的一部分。詹姆斯过去常常坚持说，工人是不需要组织来组织他们的。他们自己可以组织自己。在《逻辑辩证法笔记》中，他将这种工人运动自发性的观点推向了极致。文中他这样描述到：“任务就是废除组织，号召、教育、示范和发展自发性——它是无产阶级自由的、具有创造性的活动。”[24]

C. L. R. 詹姆斯有许多伟大的才能，其中一个就是他能够觉察到其他人的特殊能力和兴趣，并能鼓励他们运用这些能力和爱好来丰富运动，同时也能充实他们自己。在那个年代，大多数女性激进分子往往做些秘书工作。这样，她们的丈夫们就可以在党内做全职工作。让我们感到自豪的是瑞娅·杜娜叶夫斯卡娅和詹姆斯一起领导我们。有时，因为我做了许多的研究，被认为是这个组织的第三领导人。但我认为自己只是个学生和学者，而且詹姆斯和瑞娅也是这样看我的。菲罗米娜·达达利奥，是意大利人的女儿（她的父亲和兄弟是纽约市的清洁工），她在一间音乐店里出售唱片。她对流行音乐的歌词有很好的鉴赏力，并且非常喜欢朗诵。所以詹姆斯给她介绍莎士比亚的作品。不久后，她为普通老百姓背诵和解释莎士比亚的作品。塞尔玛·维因斯坦，后来改名为塞尔玛·詹姆斯，是位年轻的母亲。工厂和家庭的生活让她非常了解美国存在的各种男性大沙文主义。C. L. R. 詹姆斯就鼓励她和菲罗米娜一起写一本名为《妇女地位》的小册子。费尔·森阁是位美国通用汽车公司工人。他总是在谈论工厂普通工人们所遭受的不幸。詹姆斯就建议他将每天的经历记载下来。这些记录最后在《美国工人》上发表，同时还有当时我用雷·斯通笔名所写的分析文章。康斯坦斯·韦伯·詹姆斯在她所编辑的一本叫《愤怒的心》的书中，记录一位来自南部的黑人工人赛·欧文斯的故事。然后她又接着写了一部关于理查德·赖特生平的作品。威利·戈尔曼非常热衷于对历史做一些评论和总结，C. L. R. 詹姆斯就让他写些有关抵抗奴隶制度的运动和美国内战的文章并做演讲。马丁·格莱博曼在“燧石”汽车厂工作，他写了本有关美国野猫式罢工的小册子，名叫《撞击》。

当1944至1945年“二战”即将结束时，工厂里的人们开始思考未来的生活。他们都知道是战争将他们从街道上拉回来工作。难道战争的结束又要将他们推回街道上去吗？在发生战争的早些年间，工人们觉得为前线上的人们生产产品是他们最重要的职责。但是当纳粹德国被打败、失业开始出现后，工人们觉得将他们与管理阶层不同的一面展现出来会更加自由。因此，此时的美国，一股野猫式的或称为非授权的罢工浪潮席卷全国。工人们觉得这是唯一让其他人了解自己需求的方式。在战争之初，为了确保战争物资生产不受干扰，社团领导作出不罢工的承诺并加入了战争生产董事会。1941年，希特勒入侵苏联之后，共产主义者们也加入进来，他们曾经在30年代领导了劳工运动，但是此时，他们却竭尽全力压制工人的斗争热情。这导致了工厂的运动领导阶层出现真空状态，后来工人党渐渐充当了领导运动的角色。《劳工行动》一周接着一周地发表文章，揭示军工厂所创造出的巨大利润，呼吁结束非罢工的承诺以及结束成本保利合同，并且对战后大量出现的失业可能带来的危险提出警告。许多党员，其中包括“约翰逊派”，站在工厂的门口，向工人们分发成千上万份这样的报纸。

在党内，同志们开始思考，我们应该怎样来领导这一新运动浪潮。“约翰逊派”倡导这种野猫式的罢工行动。我们认为这是工人的自主行为，它为美国工人继续在30年代就停止了的劳工运动提供了良好机会，工人们不仅能够控制生产而且能够决定生产的内容和方式。然而，沙赫特曼和他的支持者们提出“人人富足”，作为战后斗争的主题，并出版了以此为标题的小册子，这便成为压死骆驼的最后一根稻草。五年来，在“俄国问题”和“黑鬼问题”上，已经显示出他们的保守。现在他们对美国革命目的所能提出的最好方案就是每个人都有富足的物品。他们根本不能想象——

更不用说去预见在工厂里的工人和美国人民——作为掌控他们自己命运的第一步，应该并且也能够掌握工厂的生产权利。

随着日本宣告投降和整个战争结束的“胜利日”到来，我便深刻地体会到两个派别之间的差异。在当时，一部分工人党的同志，也包括我和另一个“约翰逊派”人，在布鲁克林的一家工厂工作。在“胜利日”后，我们回到工厂工作。那个“约翰逊派”的同志和我决定组织静坐示威，要求我们应该得到稳定的工作，以便帮助工厂恢复到和平时期的生产状态。但是我们的领导者们却与工厂管理阶层的那些人集会，策划如何让我们和平地离开工厂。

为了弄清我们之间的政见差异到底有多大，“约翰逊—福里斯特派”递交了一份决议书，“没有一个革命能够否定这种可能性，那就是从现在开始的两年内，美国无产阶级会发动全国范围内的抵抗资本主义的罢工运动，宣扬、普及苏维埃共产主义或其他类似的思想”。

沙赫特曼称我们是浪漫理想主义者，他们主张实施“平流层政治”。这种主张显然是过了。不论从哪个方面考虑，在全国的军工厂里随处可见群情激昂的工人们。他们决定不再回到30年代失业和绝望的状态中去。尤其是黑人工人们，他们都在谈论需要越过联合会直接参与革命斗争。同时，我们也已经厌烦与沙赫特曼派进行争论。多年来，我们一直尝试让他们相信，马克思主义和革命斗争不是确定财产关系或是要求更多的东西，而是鼓励社会底层的人们发挥他们自主行为，扩大他们天生或习得的力量。“俄国问题”的争论已经变成纯理论的东西了，因为我们已无法改变苏联的国家性质。尽管在“黑人问题”上突显双方的差异，但是毕竟在托洛茨基组织中几乎没有什么黑人，并且公民权利以及黑人权利运动还是几年以后的事情。而另一方面，我们感觉到，在有关美国问题的争论中，我们的日常生活方式以及我们与同事间的交流内容都至关重要。

争论最后，我们已经绝不可能再和他们待在同一个政党里了。同时，我们觉得我们的人数太少，而且要独立门户又缺乏经验，于是开始找寻另一个政党。非常偶然的是，就在这个时期，社会主义工人党发表一个名为《即将到来的美国革命》的小册子。它的作者是退伍军人詹姆斯·坎隆，是位工人阶级领导者，在1928年支持过托洛茨基，后来又组织左翼反对派脱离了美国共产党。詹姆斯和瑞娅去拜访了坎隆，并提议说，“约翰逊—福里斯特派”是个有组织的派别，有自己的主见，希望加入社会主义工人党并愿意成为有纪律的党员。坎隆意识到他对黑人知之甚少，并且他的政党也需要新鲜血液，于是对我们的加入表示了欢迎。

1947年秋天，“约翰逊—福里斯特派”成为了社会主义工人党下的一个组织。在加入之前，我们经历了两个月的过渡期。期间，我们在曼哈顿租了间办公室，对在工人党五年来的内部斗争中我们所得到的经验进行总结，并编写成小册子发表。其中包括：《报表》，总结了我们在党内的经验；《入侵社会主义社会》；《论辩证唯物主义和人类的命运》；《美国工人》（作者是保罗·罗马洛和雷·斯通）；《国家资本主义和世界革命》；《1844年经济学—哲学手稿》[25]。出版这些作品花掉了我们五千美元。大部分的钱是由那些参加“二战”后刚刚获得一次性补偿的同志捐赠的。

1947年，我写了篇名为《美国工人》的文章。最后一段对自己在工人党内部的“约翰逊—福里斯特派”将近六年的工作期间所思考的东西进行了总结（那时我32岁）：

> 在我们这个时代，美国中产阶级从本质上就绝对不可能确保经济、社会的稳定和发展。它过去的政治外表看上去是

多么宏伟，可是，现在渐渐显现出其自身极大的局限性。如今，越来越多的工人说，无需任何证据就可以直接说："我们当然可以做得更好。"他们的话语中显示出，工人们已经认识到他们先天或后天获得的能力之大，也意识到在当前的社会中这些能力完全被扭曲和滥用。他们的话语同时也反映出工人对资本主义遏制他们能量，使得整个世界处于不利地位表现出极大的愤怒。过去，从来没有哪个社会会这样需要工人的直接干涉，也没有哪个社会的工人会完全准备好与社会的根本问题作斗争。而这两种命运却在这个年代牢牢地结合在一起了。当工人们将自己的命运牢牢地掌握在自己的手中；同时，当他们抓住了权力并开始对社会进行再建设时，所有人类将会从必然国度越向自由国度。

在加入社会工人党不久后，我作为"约翰逊—福里斯特派"的代表去巴黎参加第四国际第二次世界大会。我觉得那次集会非常乏味，人们都在炫耀自己。三四十个人聚集在一起争论"俄国问题"，大会的主要目的在我看来似乎又回到了二三十年代。唯一例外的是 P. 乔里尤，这是科尼利厄斯·卡斯托里亚迪斯的党名。他在 15 岁时就在希腊参加革命运动。他将黑格尔的《逻辑的科学》翻译成法语。现在二十几岁的他是巴黎一个名为"社会主义或野蛮"的政治小团体的领导人。[26]我们很快发现，我们都对资本主义生产过程中工人生活现状感兴趣，都认同革命就是解放人类创造力的观点。在巴黎的四个月过得非常充实，主要是与乔里尤和他团体里的成员进行交流。虽然我法语口语不好，可是能看懂、听懂法语。能够听到用法语来讨论政治和哲学思想让我觉得很荣幸。实际上，我非常喜欢这些同志，以至于当理查德·赖特邀请我花一天的工夫和他及他的妻子去跳蚤市场时,我都婉言拒绝了,因为我非常期待能够和乔里尤的小团体待上一个下午的时间。比起社会名人来说,和普通人待在一块总是让我觉得更加自在。

回美国之前,为了了解“二战”给这世界带来的灾难,我用了两周的时间环游欧洲。只带了两个箱子,备了一些煮得很熟的鸡蛋、奶酪和面包,在我的兜里有张提前购买的车票和 20 美元。我从比利时进入德国,接着再到丹麦、英国和爱尔兰,我尽可能地与一些同志待在一起,并决定不去花那 20 美元——如果我必须要花的话,就一定要用美元给我找零,而不是当地的货币。在哥本哈根,我一个人都不认识。但是当我把我的经历告诉一位年轻的警察时,幸运的是,那位警察是位很有抱负的作家,很希望结识美国人。于是,他把我带到他住的那个小店里,让房东招待我过夜,给我食物,并且第二天早上给我送行。

回到美国后,我发现社会工人党比工人党更加乏味。党员都非常文明,也很礼貌,但他们的言行举止就好像第二次世界大战从未发生过一样。多数的男人和女人们都有四五十岁了,对战争时期的普通工人、黑人、妇女和年轻人所构成的新能量和新的社会力量,他们全然不知。他们对革命的理解来自于 1917 年的俄国革命,他们对工人阶级的理解仅来自于 1934 年明尼阿波利斯运输工会大罢工,在那次罢工中党员起到了领导作用。他们在“黑人问题”上的观点是源于托洛茨基的观点“如果黑鬼们想要自决权,就支持他们”。当然,比起沙赫特曼派的立场来说他们的观点则更接近我们的。但是黑人运动还需要几年的时间,他们并不像我们那样坚信黑人运动会对美国政权结构带来致命的威胁。记得在黑人社区,讨论当前形势的一次公共会议上,我因使用了“白人警察”来描述敌人而受到他们的责难。乔治·布莱特曼是唯一的一个例外。后来在60年代，他主要负责邀请已与伊莱贾·穆罕默德（Elijah Muhammed，美国黑人伊斯兰教领袖，曾在第二次世界大战期间因鼓励信徒拒绝征兵登记而入狱服刑。——译注）脱离关系的马尔科姆·X（Malcolm X，与马丁·路德·金齐名的黑人民权运动领袖。——译注）到党内的论坛来演讲。在那些盈利性的出版社意识到马尔科姆写的或有关马尔科姆的书籍具有巨大的市场之前，社会工人党主办的寻路出版社是当时唯一一家出版马尔科姆演讲的出版社。

在加利福尼亚和底特律的"约翰逊—福里斯特派"的同志也经历着同样的失望。我们与坎隆派人士似乎是生活在两个不同年代。1951年，我们决定该是与托洛茨基主义完全脱离的时候了。在一份名为《完成的平衡表》的文件中，我们总结了在社会工人党里的经历。这份文件发布后，我们开始着手发行自己的报纸和小册子，其内容主要是认同并记录普通工人、黑人、妇女和年轻人的观点和行动——这四类人，我们认为是革命的社会力量。

成员很少，也没有像现在能够使发表文章成为易事的计算机，而那时这些工作都完成了。我们再一次取得了不小的成绩，在与社会工人党脱离关系的短短数月，我们出版了有关马修·沃德（赛·欧文斯的笔名[27]）的《愤怒的心》、《妇女地位》、《撞击》以及《阿迪离开了》（由一位年轻人写的关于年轻人的小册子）。同时，为彻底与老左派政治（他们主要集中在纽约下东区的斗争）脱离关系，瑞娅搬到了底特律并在那里建立了我们新的办公室，约翰尼·祖潘是位福特公司的工人，并且也是"约翰逊—福里斯特派"的成员之一，我们叫他辞去工作，做《统一战线》的全职编辑。这是根据美国第一次革命统一战线委员会的名字命名的。

为了《统一战线》的出版，我们做了许多的准备。其中包括组建了一个学校。那些被认为是社会新生力量的四类人将成为老师，而老成员和知识分子将会是学生。他们用“装满了墨水的笔”记下我们“老师”的观点。作为“第一阶层”的布尔什维克领导人和“第二阶层”的商业协会都不能阻止国家资本主义取代羽翼未丰的工人国家。1921 年，列宁曾努力鼓励处于“第三阶层”的工人和农民参与斗争。也因如此，我们把这个学校称为“第三阶层”学校。1952 年秋天，学校在纽约成立。来学校的那些“第三阶层”的同志们中，还有来自底特律的詹姆斯·博格斯（杰米·博格斯），有来自洛杉矶的塞尔玛·维因斯坦，她后来改名为塞尔玛·詹姆斯。

同时，C. L. R. 詹姆斯的访问签证已经过期，移民规划局的人总是在纠缠他。1938 年，詹姆斯被允许入境，根据《外侨登记法》他必须每年去登记一次。随着战争的持续，移民局的人让他继续待在美国。但是现在战争结束将近七年了。詹姆斯非常渴望成为美国公民。他深爱着这个国家，娶了位美国妇女，有个美国儿子。作为知识分子，他同样认识到，周围能有这么多不同背景、坚定不移支持革命的积极分子和知识分子，是一件多么幸运的事情。要知道，由相同背景的人组成的团体在任何时候是不会有创造力的。他的律师为他申请延期签证。不过他的申请被拒后，他们只好不断地去申请。最后，努力了五年的时间，1952 年，他还是被监禁在埃利斯岛上，而他的签证申请却始终没有得到任何答复。

在埃利斯岛上时，詹姆斯写了《水手、反叛者、与世隔绝的人：赫尔曼·梅尔维尔的故事和我们生活的世界》。早些时候，在工人党对美国革命的目的进行讨论时，詹姆斯就开始对 1851 年至 1865 年这段时期进行研究。在这段时期里，铁路、造船厂、工厂和劳工联合会开始在美国成为主导力量，这个国度也开始出现了自己伟大的作家——拉尔夫·瓦尔多·爱默生、沃特·惠特曼、赫尔曼·梅尔维尔、纳撒尼尔·霍桑和埃德加·爱伦·坡。从一个莎士比亚作品的爱好者、20世纪中叶革命者的角度来看《白鲸记》，詹姆斯认为梅尔维尔的这部杰作是“在文学上对西方文明生存现状及未来首次作出的全面陈述”[28]。他将那位驾驶着皮阔德号到海洋深处捕获那只白鲸的阿哈船长看成是我们那个时代极权独裁者的前身；船员和捕鲸者们则代表着人民群众的创造力；而以实玛利象征着知识分子的无助和孤独。

就在1952年10月詹姆斯从埃利斯岛保释出来后，我们出版了简装版的《水手、反叛者、与世隔绝的人》。最后一章记录着詹姆斯在埃利斯岛上的经历并且强调他完全具有成为美国公民的资格。[29]然后，我们把书送给国会的所有成员，希望最后能为詹姆斯继续留在美国作出孤注一掷的努力。

但还是失败了，他再一次被拒签。詹姆斯有两个选择，要么被驱逐出境，要么自动离开，后者意味着他还有机会重新回来。詹姆斯选择了第二种方案，去了英国，在那里他最终成为了“泛非运动”的知名领导者。同时，他认为自己依然是美国“约翰逊—福里斯特派”的领导者，该组织现在改名为“统一战线”。他从英国寄来的信都是有关政治的分析和很详细的工作指导。这带来的结果就是，在他和底特律领导层之间出现了隔阂，接着在1956年与瑞娅·杜娜叶夫斯卡娅分裂，以及1962年由于在对杰米写的一份文件上与我和杰米在意见上出现了分歧，这使得隔阂越来越深。在下一章，我将详细描述这些分裂出现的时间和原因。

1954年，我在伦敦和詹姆斯待了四个月，主要组织抵抗英国在肯尼亚施行殖民主义统治的斗争，与莫必尤·寇因内基一起工作。虽然我觉得伦敦是个非常有趣的地方，可是我的心已回到了底特律。和詹姆斯一起工作开始变得令人讨厌起来。他打算娶的那位塞尔玛女士还在美国,十五年后当他选择离开这个国家时,对此却无所适从。他订阅了所有的报纸(包括《伦敦泰晤士报》,《每日电讯报》、《曼切斯特卫报》、《世界新闻》),并且还很认真地阅读这些报纸。我们一起看板球比赛,他为此写了几篇文章。他与一位参与在英国发展起来的工厂车间工人运动的工人和几位刚刚来到英国的西印度移民者建立了联系。当 1945 年詹姆斯还在美国时,乔治·帕德默、克瓦米·恩克鲁玛和特·瑞斯·塔发锐·迈克伦(成为埃塞俄比亚国王后改名为海尔·塞拉西)一起组织了第五次泛非议会。我们在伦敦时,乔治·帕德默还在非洲,不过我们倒是有好几次去曼彻斯特,和特·瑞斯·塔发锐·迈克伦在一起交流。

在我回到底特律后,我们建立了肯尼亚出版基金,为出版由莫必尤·寇因内基所写的《肯尼亚人民为自己说话》筹措资金,同时,也是为了组织"肯尼亚星期天"。这是非常特殊的星期天,因为在这天底特律的牧师们同意与他们的会众们谈论肯尼亚独力斗争的意义。"肯尼亚星期天"项目让我有机会接触在底特律最有政治敏感性的教士,包括伯特利新浸信会的 C. L. 富兰克林神父;普利茅斯会众霍瑞斯·B. 怀特;以及中央基督循道教堂的亨利·希特·葛瑞恩。C. L. 富兰克林是艾瑞莎·富兰克林的父亲,他是那些满怀激情、拥护和支持肯尼亚项目的一分子。在"肯尼亚星期天"当天,杰米和我将四百多份介绍肯尼亚的小册子卖给了来自新浸信会的神职人员。

1957 年,我又在伦敦待了五个月,部分是因为要写一本有关恩克鲁玛以及阿克拉革命(加纳共和国首都,当时詹姆斯和塞尔玛刚从阿克拉独立庆典上回来)的书,但主要还是为詹姆斯创作《面对现实》[30]做一些工作，这本书是为了庆祝匈牙利革命斗争的胜利而写的。它的胜利再一次坚定了我们的信念：新社会主义民主是工人阶级自发反抗运动本身所具有的特征。标题是由杰米·博格斯建议的，他是克莱斯勒汽车公司的职工，整整一个假期都在伦敦陪我。詹姆斯的书中对自发组织的反抗表示了祝贺，同时也坚持社会主义革命者的主要目的是赞赏和记录普通工人阶级的反抗运动，这是典型的詹姆斯风格。[31]这本书还重点记录了塞尔玛的一些经历，塞尔玛带着她的儿子来到伦敦，并在 1956 年嫁给了詹姆斯。[32]我并不像詹姆斯那样为匈牙利革命感到兴奋。在底特律生活了三年后，我开始对他赏识自发性的观点有所保留。但我没有对他提出任何问题，尽管我基本上没有写什么东西，我和乔里尤还是作为第二作者写上了自己的名字。

1960 年，杰米与我在特立尼达和詹姆斯待了五个星期，他在那里为《国家》做编辑工作，这是由埃里克·威廉姆斯领导的全国民族运动所发行的报纸。后来，詹姆斯在牙买加遭遇了严重的车祸。

60 年代末，黑人反抗运动兴起时，詹姆斯被允许回到了美国。他在许多大学授课，也在像哈佛大学和普林斯顿大学等高端学府做讲座。詹姆斯因此有了一批黑人学生拥护者。他们都非常认真地拜读了《黑色雅各宾派》。不过他再也不能组建任何拥有像"约翰逊—福里斯特派"那样的合作者和支持者的组织了，尤其是自从与塞尔玛分手后，他总是到处游历，从一个国家到一个国家，从一个城市到另一个城市。[33]

1962 年我们分开后，我只见过詹姆斯三次。第一次是在 1969 年，他出现在底特律黑色玛丹娜神社集会上，我们只是随意打了下招呼。第二次是在 1976 年 11 月，弗莱缔和莱曼·潘恩夫妇邀请他去洛杉矶庆祝他75岁的生日,莱曼也是同一年出生的。当弗莱缔和我在机场遇上詹姆斯时,他正为吉米·卡特竞选为总统时黑人所起到的作用感到非常高兴。我们之间的政治分歧显然是越来越深了。詹姆斯还在为黑人参与竞选制度感到欣慰。在密歇根大学,杰米刚刚做了一次演讲,剖析了形同虚设的竞选制度,并呼吁"应重新定义公民身份"。

第三次是在1986年,当时大伦敦议会组织了一个星期的集会,特别赞颂詹姆斯几年来所作出的贡献,而我被邀请去演讲。[34]那时C. L. R. 詹姆斯已经非常出名了,经常出现在英国电视上。几年来,他游历全世界,在加纳、尼日利亚、坦桑尼亚、古巴以及西印度群岛做讲座、参加会议。1976年,他大费口舌地说服坦桑尼亚总统朱利叶斯·K. 尼雷尔在达累斯萨拉姆主持第六次泛非代表大会,并且努力让大会关注非洲、西印度群岛以及美国。最后,他自己没有参加这次会议,因为在会议开始前两周,他被告之,所有未经政府官方批准的组织他都不能参与。

1986年的会议还上演了他的一部有关杜桑·卢维杜尔的剧本。参加表演的是一些对他生活产生过影响或受他影响的人。那时,詹姆斯住在"今日瑞斯集体"(Race Today Collective)设立在南布里克斯的总部的顶楼上。我在那里拜访过他几次。他房间里的东西还跟我在过去看到的一样乱,除了他娶了康斯坦斯或塞尔玛的一段时间。他躺在床上,到处都是书。一位女秘书在房间一角打字(这时的秘书名叫安娜·格里姆肖),在隔壁的小厨房里放着脏盘子和残羹剩饭。每次我们都会聊上半个小时,然后谈话总是会突然停下来好几次。在他去世之前,他叫马丁·格莱博曼给我送来一个便条,问我是否愿意来伦敦和他一起工作,帮助他完成他的自传。以他的个性,这种事本不应该发生在他身上,因为我很有可能因参加底特律的活动不能或不愿离开。

1989年5月,C. L. R. 詹姆斯在他在伦敦南布里克斯的房子里去世,被安葬在特立尼达。从那以后,涌现出许多有关他的书和文章。

通过与詹姆斯一同工作,我结识了一些黑人作家和政治领导者,他们中有些已经或即将出名。埃里克·威廉姆斯,我们叫他比尔,他经常从华盛顿特区来到纽约,和詹姆斯一起为他工作的加勒比委员会出谋划策。威廉姆斯给我的印象是一个相当神经质的学术派。当他主要的著作《资本主义和奴隶制度》出版时,他给我的那本书上题着"献给我亲爱的敌人,格蕾斯——比尔,她亲爱的朋友"。我想,当时的我一定是不怎么礼貌的。[35]1955年,威廉姆斯回到特立尼达,在被称为伍德福德广场大学,对上千的特立尼达人谈论他们独立的权利。人们称他"博士",而且还为他写了卡利普索小调。所以,他也就成为独立特立尼达和多巴哥的总理,并在1957年来伦敦第一次去参加英联邦总理会议。我惊讶地发现他变化很大,像是换了个新人似的,拿一些像"博士"在说话时妓女们不能做生意的故事开玩笑。1960年,五个星期内,杰米和我总是去特立尼达拜访詹姆斯,却根本没有遇到威廉姆斯。我知道他忙于石油工人罢工,而且我也注意到,有时詹姆斯一天中会有两三次通过塞尔玛的儿子送去消息和指示,而威廉姆斯也不给回信。后来,因为威廉姆斯允许美国人保留在特立尼达的委内瑞拉基地,詹姆斯责备他背叛自己的信仰而投向美国,为此,他们之间也出现了隔阂。然后威廉姆斯将他作为危险的激进分子软禁起来。在1965年詹姆斯回到特立尼达,组织了一个工农党来反对威廉姆斯。这个党"和它宣称的所谓工人阶级团体没有根本上的关联",

于是很快就瓦解了[36]。

莫必尤·寇因内基是肯尼亚师范大学的校长。1954年,他在伦敦和我花了很多时间准备《肯尼亚人民要为自己说话》的小册子。他和乔莫·肯雅塔一起组建了肯尼亚非洲同盟。在肯雅塔被英国政府关进监狱之后,寇因内基作为同盟代表来到伦敦,告诉人们肯尼亚独立斗争的真正故事,而英国政府称其为"茅茅运动",目的是为告诉其他人肯尼亚自由斗士只不过是恐怖主义分子而已。寇因内基性格较为沉闷,而且绝没有号召力。他痛恨住在英国,不仅因为那里的气候,而且因为周围都是白人,不能随意地说话。在肯尼亚获得独立之后,我们就再也没有联系了。但我能理解,他成为了新政府的国家总理,是很难有时间的。

瑞娅·杜娜叶夫斯卡娅在哈莱姆的一家图书馆遇到克瓦米·恩克鲁玛,并为他安排在哈德逊大街629号和詹姆斯谈话,之后我是在1945年第一次看见他本人的。恩克鲁玛那时刚刚完成他在林肯大学的学习而且还完成一篇反对殖民主义的文章。后来这篇文章发表了,名为《论殖民地的自由》。[37]他正准备去伦敦,所以詹姆斯交给他一封写给乔治·帕德默的介绍信。我邀请他参加由一些在工厂里曾和我一同工作的工友举行的晚会。后来,他从英国给我写了很多信。在他回到黄金海岸并成为政府的领导人后,他写信给我,叫我去非洲并嫁给他,我非常吃惊。我现在没有那时回信的复件了,但记得,当时我还是婉言拒绝了,因为我无法想象在一个对历史、地理和文化全然陌生的国度里,我自己怎么可能做到积极参与当地的政治。

1957年,恩克鲁玛在伦敦时还参加了英联邦总理会议。一天下午,詹姆斯、塞尔玛、乔治·帕德默、比尔·威廉姆斯和我去道切斯特酒店拜访他。在我们和他聊天时,他完全无视其他人,只和我说话。他的行为非常反常，在回家的出租车里，我问詹姆斯为什么他这么关注我。而詹姆斯的回答也很有他的风格："因为他知道你和我工作关系很近。"

1968 年，当恩克鲁玛还在中国时，国内的政变推翻了他的统治。他被放逐到几内亚科纳克里。在那里，塞古·杜尔（几内亚总统）授予他副总统的荣誉头衔，以感激加纳在几内亚脱离法国殖民统治后所给予的帮助。在杰米刚刚完成他在意大利的巡回演讲后，我和恩克鲁玛取得了联系，说我们将去拜访他，并讨论美国和非洲的发展。恩克鲁玛住在海边的一个别墅里，看上去精神饱满。他相信只需几个月，加纳的人民就会需要他回去。我们在科纳克里待了一个星期。每天，都会有豪华小轿车接我们去山中的一个小凉亭去聊天、享受美餐。

在我心里，我们所讨论的事情中有几件印象非常深刻。恩克鲁玛娶了位来自埃及的女人。当我问他他的妻子和孩子们在哪儿时，他回答："我把她送回到纳赛尔了。"我也对恩克鲁玛的随行人员很感兴趣。他们其中有些人是记者，还有些是当叛乱发生时和恩克鲁玛一起去中国的助手。现在，虽然他们自己没有犯错，但他们还是生活在这个被放逐的地方。他们不熟悉这个国家的语言和文化，也不知道是否或什么时候能够和他们在加纳的家人团圆。在海边，这里的人们不吃鱼或使用奶制品，尽管他们也养牛。其中有个人告诉杰米说，他很想吃黄油。杰米就简单地给他画个将牛奶制成黄油的草图。我告诉恩克鲁玛，他得安排一些活动让他们的生活更加有趣，并且也给他制定了个大纲。

离开的前一天，我们为最后的相聚祝酒。恩克鲁玛对我和杰米说："我希望这样说你们不会介意。如果格蕾斯嫁给我的话，我们将改变整个非洲。"就在那个时候，我才明白他为什么在伦敦的时候那么注意我。我想，他娶了纳赛尔的那位埃及女人也是这个动机吧。

为了纪念这次的拜访，恩克鲁玛送给我一个非洲项链和一个 W. E. B. 杜・波伊斯的半身像，给杰米一件印有恩克鲁玛像的白色夹克衫和一顶帽子，为此杰米感到非常骄傲。

我觉得，乔治・帕德默是那些黑人领导人中唯一一个能够坦然面对一生中取得的成就的人。他也是唯一一个 C. L. R. 詹姆斯以平起平坐来对待的人。几年来，他和妻子多萝西，接待了上百位来伦敦的非洲学生，让他们舒适地生活在卡姆登镇公寓里。二十多年里，他培训了许多非洲人，然后让他们回到非洲，在反对帝国主义斗争中成为自由战士。很多人都在研读他写的那些分析殖民主义的书籍。美国所有黑人报纸上都刊登着他写的专栏。他一生都在满足历史的需求，在 50 年代中期和末期，他的任务基本完成。当帕德默在 1959 年去世时，整个非洲都可以听到人们用鼓声敲打出他的名字。

杰米・博格斯与包括詹姆斯在内的所有人都不同。他总是能与他的家人、他的社区保持着一种很亲近的关系，并从来没有疏远过他们。

第四章
杰米

玉平

当人们问杰米我们是怎么在一起的，他常常会稍作停顿，然后笑着说："格蕾斯最后得到了我。"不过，这几个字后面的故事说来话长。

我从未想过结婚，也许是看到母亲婚后并不开心的缘故。但我想这主要还是与15岁时读的一本名叫《妇女和经济》的书有关。书的作者是女权主义者夏洛特·帕金斯·吉尔曼。印象最深的是她的理论——她认为妻子们像妓女一样用性来换取经济支持。[1]根据吉尔曼的理论，在很小的时候，小女孩就知道，坐在父亲的膝盖上，在他下巴上挠痒痒，就可以得到一个娃娃或一件新衣服。这就是女孩们为婚姻所进行的交际方式。那本书并没有举例来说明这个理论，但是一个小姑娘坐在父亲膝盖上的画面总是浮现在我的脑海里。但事情并不仅仅如此。

长大后，有好几次父亲带回几个中国留学生，试着让我对其中某个感兴趣。不过，这并没有起作用。除了看都不看对方一眼以及相同的肤色之外，我们之间根本没有相同之处。我猜，他们只看了我一眼就知道我是那种会带来麻烦的人。大多数中国留学生来自上层社会，他们瞧不起中国出生、美国长大的人。我的父母来自农村，而且也没有什么文化。所以他们叫我“竹笋”（广东话），指的是竹子中空的部分，意思是在两耳之间没有东西。

他们的优越感让我感到厌恶。1935 年的一次经历加深了这种厌恶感。从伯纳德毕业后，我在哈佛夏日学校待了几个星期。在那里，遇到了多利·沙，她看上去像个中国娃娃，她的父亲是国民党蒋介石政府的一位官员。一天晚上，她为我和她自己安排了一个与一对兄弟的四人约会。他们其实是前上海市长吴市长的儿子。他们非常傲慢，他们对出租车司机和侍者的态度真让我难以忍受，当时真想朝他们脸上扔东西然后就离开。许多年后，我才知道他们的父亲要为 1927 年上海工人大屠杀负责，而这次大屠杀使得中国开始了国民党和中国共产主义者之间的内战。

我那时对中国内战一无所知，因为这是在出版埃德加·斯诺《红星照耀中国》之前的事了。书中对中国发生的革命运动进行了令人激动的描述：长征；毛泽东和中国共产主义者们在延安建立革命根据地与国民党作斗争；建立了一个工农政府，进行开拓性的斗争，等等。[②]这个国家里的中国留学生中，也有一些支持共产主义的。但是他们对表达自己的观点非常谨慎，这可以理解，因为他们很有可能会为此而被关进监狱。我母亲认识的一个中国女学生，险些因为自己的进步思想而被国民党抓捕。当她在我们家时，如果门铃响了，她就会藏在卧室的衣橱角里。

有好几年，不论有意还是无意，和我关系很亲密的那些男士，因为一些原因，我从没想过要嫁给他们。只有一次，在“二战”时的一个有月光的夏日夜晚，我发现自己在和一个刚认识的商船船员谈论婚姻，这不是我以往的做法。但因为他让我想起了在“岛之园”时邻家的男孩。儿时，我非常喜欢他。然后在接下来一两个月里发生了一些只有在小说中才有的故事。他从每个船只停泊的港口寄送给我礼物和鲜花。他母亲来纽约时，我们就一起欣赏他儿时的照片。当他再次来到镇里时，我好像是刚清醒过来似的，然后，我们都认同我们之间只是朋友关系。后来，六年时间里，我爱上了个已婚男士。我们的性生活非常美妙，至少每个人在一生中应享受一次。他是个很有说服力的人，非常善于处理公共关系。正因如此，我也不可能想要嫁给他。我们之间的关系不可能有发展。在他搬进来的一年里，我得了荨麻疹，直到他搬出去我才好，这让我感到非常不开心。1953 年，我离开纽约的一个原因就是我需要保持我们之间身体上的距离以终结我们的关系。

我是在 1952 年的秋天遇到杰米的。我们都是“统一战线”组织的成员。我住在纽约市，而他在底特律。1948 年，当“约翰逊—福里斯特派”还属于社会工人党时，我们得知有一些黑人汽车工人要来参观这个党派，希望能够找到一个比联盟和共产党更加激进的组织。而在当时，汽车工人联合会主席沃尔特 · 鲁瑟和他的跟随者们给共产党支持的“弗兰肯斯汀—埃缔斯”政党扣上赤色分子的帽子，并对他们进行肃清。1948 年，詹姆斯演讲的主要目的是指出“对于美国‘黑鬼问题’的革命答案”就是吸引这些工人加入社会主义工人党。演讲效果非常好。杰米和他的好朋友兼同事克莱斯勒汽车工人威利 · 刘易斯，参加过几次会议但并没有加入该党。在 1950—1951 年的一次会议上，他们发现有些来自纽约的“东方人”已经成为当地人的一部分，并且他们是一个由 C. L. R. 詹姆斯领导的党派的成员，这个组织与社会主义工人党脱离关系后，组建了一个独立机构。机构负责发表普通工人、黑人、妇女和青年人撰写或编辑的简讯。“东方人”其实就是指我兄弟埃迪、哈利以及哈利的妻子朱莉。我们准备发表的时事简讯名叫《统一战线》。

在底特律,“统一战线”的同志立刻意识到,杰米·博格斯就是他们在简讯中要塑造的那类人物的雏形。作为一个在克莱斯勒—杰弗逊工厂工作的普通工人以及社区活动家,杰米对每件事物都有非常明确的立场——当地的、国家的以及国际的——只要一有想法,他能马上就其中任何一个话题写出一篇文章来。在会后不久,他成为了成员,并且很受底特律同志的尊重。当他得肺炎的时候,他们近乎惊恐地给当地组织发电报,写道“杰米得了肺炎”。我们想,在底特律之外,人们可能误认为是詹姆斯,因为我们叫他杰米。我们在 1952 年组建“第三阶层学校”的主要原因之一,是让像杰米这样的普通工人有机会教像我自己这样的知识分子和工会人士。为了让他可能来设在纽约的学校,底特律的同志们给他家人筹到了两个星期的生活费。

“第三阶层学校”有两个学期:杰米在第一个学期,而我在第二个学期,所以我一直都没有见过他。不过我早就听说他实际上在学校已经是处于领导地位的人了。他自愿写那些讨论会议的报告,这是每天都要做的事情。直到一次社交晚会上,我才遇上他本人。当我邀请他跳舞时,他拒绝了。因为,正如他所说的,他已经向底特律的同志们清楚地表达过他的观点,“他参加激进运动并不是为自己找个女人”。

晚会后,我再也没有想过他。后来听说他的姐姐在开学期间去世了,他自己也遭遇了痛苦的婚变,离婚是他妻子安妮提出的。他和安妮在阿拉巴马的马里恩郡一起长大。跟那个小地方的大多数人一样,他们是远房亲戚。他们十几岁时就结婚了,有六个孩子。另一个是在离婚后出生的。

1953 年 6 月,我来到底特律“统一战线”工作。到那儿不久,我就用100美元买了一部1938年产的红色普利茅斯。杰米在那个时候是编辑委员会成员，还没有车。于是，在会后，我常开车送他回家。在车里，他总是将身体尽量地靠近乘客门的那一边，而且回答我问题时只用一个字。这样几个月后，我邀请他一起吃晚饭，他同意了。可是在约定时间过了一个小时之后，他还没有出现。我给哈利打电话，结果发现他还在家里试着发动一辆车。两个小时后他终于出现了，他却对我准备的羊肉（他不吃“上帝的羔羊”）和路易斯·阿姆斯特朗（阿姆斯特朗就像汤姆叔叔，因为他总是说“Yowsah”）的相册并不感冒。这不是个好兆头，但令人惊讶的是，那天晚上他便向我求婚，而同样令人惊讶的是我同意了。

实际上，我的反应并不是很让人惊讶的。在我嫁给杰米之前，大多数重大决定——在哪儿上学，在哪儿生活，或者和谁联系——预先既没有做计划，也没有向家人或其他人咨询过，都是像这样的方式决定的。所以我已经习惯相信自己的感觉，这样，我就能知道在某个特定的时间里我所需要做的事情。

我不知道为什么杰米叫我嫁给他，也许他是在测试我。即使是他对我那么肯定的回答感到惊讶，那个时候也看不出来。我们从来没有讨论过这件事。杰米在个人或政治上所表现出的精力让我觉得他很有魅力。同时，在那个时候，我发现我的生活越来越令人失望。从1940年我离开布林莫尔到1953年之间，我和将近半打的男士有过纠缠，在超过半打的地方住过。在这种流浪式的生活中一些矛盾不断出现。尽管我从未向其他人提及过，自己也未想过这些问题，但我确实需要在某个地方能够定居下来，并需要一个成熟的、有挑战性的恋人关系。我喜欢底特律。它比纽约小很多。人们之间似乎都认识。它是个到处都是邻居和树的城市。它同样也让人觉得它是个“运动”的城市，因为激进运动的历史就开始于此，而且以后还会有。和詹姆斯一起工作不仅令人兴奋，而且充满智慧。作为“约翰逊人”，我们都尽量接近平民阶级，但我们接触的都是“代表”。我需要回到具体的事务中去。

没有人对我们的决定感到高兴。没有人为我们准备舞会或礼物。不过，公开反对的只有两个人，而且都是黑人。其中一位男士和杰米在同一家工厂工作，他认为我不知道自己在做什么。我不得不改变开车的路线，因为我很快发现，当杰米坐在乘客位置时，警察总是会给我罚单，而在过去，我常常可以省去这个麻烦。在俄亥俄州的托莱多，一位治安官为我们主持了婚礼。蜜月是在上半岛度过的。在沿着休伦湖驱车回家的路上，因为没有一个汽车旅馆愿意把房间租给我们，我们只能睡在车上。我当时正住在底特律西部布莱恩和14号街之间的一个公寓里，这是我从一位同志那里转租过来的。杰米和我住在一起之后，就被赶了出去。

另一个不同意的人就是 C. L. R. 詹姆斯。他从伦敦给我写了封信，警告我说，我将不再领导杰米而是成为他的“跟随者”。那是封用手写的电报。我为詹姆斯写出这样的信而感到惭愧，我甚至从未向任何人，包括杰米在内，提及过此事。在80年代的一天，当我在韦恩州立大学的劳工档案中浏览有关杰西和马丁·格莱博曼的档案时，偶然翻到了一个詹姆斯给马丁·格莱博曼的便条副本——也不知道还给了其他什么人。也许这是为什么我们的同志中没有一个人向我们祝贺的原因之一。发现这个副本后，我问马丁·格莱博曼（就是他把车借给我们度蜜月的）怎么看待这事。他似乎有点不好意思地说：“我想詹姆斯做的好事要比其他的事情更重要。”

刚开始的时候，我确实有意识地、公开地以杰米为榜样，因为他非常坚持尊重事实，而且以组织里的事为重。关于政治，他知道许多书本上没有的东西。不过，十年后，我和他发生争执的次数越来越多了，因为我开始更多地受到自己的影响，并且担心在我们身边的那些年轻人会错误地看待女性理解男性的方式。我们之间的争执开始激烈起来，以至于在周边看我们争执的人们，就好像看乒乓球或网球比赛一样，眼球从一边移到另一边。

我们不能达成一致意见的主要问题是有关黑人教堂在社区及运动中所起的作用。孩提时，我就去过基督教星期天教堂和学校，因为母亲认为我们必须这样做。但我已经有几十年没有去过教堂了，也没把自己当成信徒。不过，我倒认为，在几个世纪的奴隶制度以及后来的吉姆·克劳种族隔离制度时期，黑人教堂在帮助黑人保持对他们自己的信念方面所起到的作用显然是至关重要的。在50年代和60年代，黑人教堂已经成为南部公民权利斗争的中心。在北方，即使是在麦卡锡时期，它也是激进分子可以举行集会的地方之一。但是，杰米则认为宗教已成为人们的麻醉剂，而黑人教堂是阻止黑人起来反抗压迫的主要障碍之一。他坚持认为，黑人传教士都是些伪君子和机会主义者，他们只专注于自己势力的扩张，他们让黑人们跪在地上，骗取他们的辛苦钱。

现在我还清楚记得，第一次和杰米以及他的好朋友威利·刘易斯在这个问题上发生的争执。那是在1953年我们刚刚在一起的时候。我们都对对方大声吼叫，当时的情形很吓人。这样的争吵发生了好几次之后，我开始意识到，杰米和威利表现出来的痛苦和愤怒是源于他们的个人和社会经历，而这些我都没有。我看到过那些在教堂里长大，后来参加激进运动的黑人们在这样的问题上也和他们的母亲和姐妹们发生过同样的争执。这让我想起了自己所听到过的那些发生在30年代斯大林主义与托洛茨基主义之间发生的激烈辩论。在这个问题上，我怀疑是因为几个世纪以来毫不掩饰的种族主义使得教堂成为黑人中有识之士施展领导才能的唯一地方。当激进运动为他们提供了另一种施展他们才能的途径时,参加运动的黑人们就把没有参加运动的人看成是机会主义者和叛徒。有意思的是,几年后,当威利对激进政治运动失去兴趣后,他在教堂里当了位助祭。

这个问题依然棘手而且非常重要。最近,我和米歇尔·布朗就这个问题发生过一次激烈的讨论。他是个本地社区的活动家。在十几岁的时候,就已经是"黑豹党"的成员了。他现在是"底特律夏天"的协调人之一,吉姆·杰克逊是他三十多年的朋友和同志。在我们讨论为重建黑人社区而进行的斗争时,我说,我们应该想办法让黑人教堂也参与到这个斗争中去,因为它是那些受到破坏的黑人社区中相对稳定的机构。米歇尔和杰米的反应和平时一样,认为黑人传教士是叛徒。讨论中,米歇尔,他有个习惯就是用指甲敲自己的头,转过来对我说:"你可能在黑人社区住过,但,格蕾斯,你不是黑人。"接着杰米又进一步说:"黑人传教士们剥夺了人们的灵魂。我们相信他们能够给予我们精神上的领导,但他们只对自己的权利感兴趣。"对此,我也不妥协:"那么你们为什么不拿回自己的灵魂呢?为什么你们不能像16世纪马丁·路德对罗马天主教堂所做的那样,争取在教堂中进行改革呢?"渐渐地,我就在黑人社区中隐约听到有人说,这样程度的斗争很快就要开始了。而在此时,对伊斯兰教的斗争只不过是冰山一角而已。

杰米的母亲、兄弟们、外甥和外甥女们(有一个例外)不仅能够接纳我,而且非常欢迎我加入到这个家庭中。一夜之间,按照南方的旧习俗,我就成了"格蕾斯女儿"、"格蕾斯姐姐"和"格蕾斯婶婶"。他们都住在芝加哥,为看望他们,我们总是在底特律和芝加哥之间来来回回。那个例外就是杰米的大外甥女,她是最近去世的姐姐的女儿。我犯了个严重的错误，就是让她给我剪头发。她把我一边的头发几乎都剪掉了，她说是剪刀滑了。

和杰米在底特律的朋友、同事们在一起时，我感到很舒服。他们其中有许多来自南方，包括和他一起长大的乔·约翰逊和昆尼·布朗。在那个时候，底特律黑人社区没有任何黑人民族主义的迹象。尽管我很小心谨慎地去区别美籍华人遭受的歧视和美籍黑人一直以来忍受的地狱般生活状态之间的差异，但他们还只是把我当成有色人种。不过，我倒没有感觉自己被当作"外国人"，也许是因为在"二战"时期，美国人已经习惯和"东方人"一起工作了，到现在他们还是这样称呼我们。战争时期，黑人也在朝鲜服兵役，但最终是以美国失败而告终，有些人是带着朝鲜妻子回来的。对孩子们来说，我还是个新奇人物。看见我的头发是那么直，他们总是很想玩它。在最近的一次会议上，一位中年妇女朝我走过来说，她还记得在 50 年代她第一次遇到我时，她就在说："你是我见过的最漂亮的可人儿。"

我和杰米第一个妻子安妮，以及他们孩子的关系就非常复杂了。当我们在一起生活时，杰米已经离婚了，但是他还不能从痛苦中恢复过来，所以有好几个月不去见安妮和孩子们。于是我就提议说，我们带着礼物在圣诞节的时候去看望孩子们。大一点的孩子总是比小一点的更能适应新的状况。最大的孩子费勒，在杰米和安妮离婚时他 15 岁。他能理解在我遇上杰米之前，他的父亲和母亲之间就已经有隔阂了。而对于还是学龄前儿童的杰奎琳和托马森来说，这让他们感到困惑。他们所知道的就是之前父亲和他们在一起，然后下次再看见父亲的时候，他是和我在一起的。这些压力在接下来的 40 年里一直存在着。但是我们相互之间非常信任对方，所以我们可以做到经常开车去接孩子们，并带他们来家里，或者都会去安妮家吃感恩节或圣诞节大餐，有时甚至会邀请安妮全家来我们家。几年后，安妮常说，杰米和我是她最好的朋友，她总是可以从我们这里得到建议和帮助。

在底特律，我的一位老友叫艾伦·理查德森，是位来自密西西比的黑人妇女。她 1953 年嫁给了一位底特律人。杰米和我是她 1954 年出生的女儿史蒂芬妮的教父和教母。许多年了，我从未觉得在我和黑人妇女之间存在着像白人妇女与黑人妇女之间的那种紧张关系。那种紧张关系是由于长期以来黑人妇女的经历造成的。他们常在白人家庭里当保姆、做家务事、照顾小孩、洗衣服以及扫地。相比之下，亚裔美国妇女和非裔美国妇女之间的关系却没有历史，既不对立也不亲密。

当人们发现我的丈夫是非裔美籍人时，他们几乎每次都会问我们是否有孩子。我回答说，我们没有自己的孩子，但杰米第一次婚姻中有许多孩子。我可以觉察出他们的失望，可能他们是好奇，想知道我们的孩子会长成什么样。就我个人而言，我是不想要孩子的，因为养孩子是件要耗掉所有工作时间的事情，而我自己总想看看外面的世界而不是待在家里。甚至于可以这样说，我嫁给杰米的一个原因是他似乎不想再要孩子了，因为养现在的那几个孩子就已经非常艰难了。在婚后的几年里，他常常会在凌晨三点起床，走路去做清理酒吧的工作，然后在六点坐车去克莱斯勒的生产线上工作。每次发工资，他做的第一件事就是给“法庭之友”送一份汇票，给孩子做赡养费。

我的家人反应各不相同。住在底特律的哈利和埃迪在我遇到杰米之前就已经是他的朋友了。埃迪和艾维瑞斯几乎是和我们同期结婚的，艾维瑞斯是一位来自乔治亚州一个小厂的工人。和我一样，埃迪得到了他妻子家人的热烈欢迎。艾维瑞斯和杰米相处得非常好，经常在一起畅谈他们在南方的一些相同经历。埃迪知道詹姆斯，他特别尊重杰米，因为他认为杰米“是那种不会让你有压抑感的领导，他总是让你为自己想，也不希望别人照顾他”。

住在纽约的姐姐凯瑟琳和我最后定居在夏威夷的兄弟鲍勃只见过杰米几次，但总是在他们的来信中送给他最好的祝福。鲍勃说，他知道杰米是个好男人，因为他是那样无微不至地照顾我们的父亲。几次去纽约看父亲，我都没有和父亲讨论这件事情，直到他来底特律住，他也没有说一句这些事。长期的生活经验让他学会了不去干预他无力改变的事情。我想他是不想他的孩子们和任何不是中国人的人结婚。小时候，他就警告我们说，与中国人能扯上关系的白人都是些生活在社会底层的人或是社会痞子。40 年代末，哈利第一次和朱莉约会时，我们想告诉父亲说，她是个真正的中国人，但看上去不像，因为她是在夏威夷长大的。后来在底特律，看见父亲和朱莉、艾维瑞斯、杰米相处得那样融洽真让我吃惊。父亲对他们的信任与他对我们的信任一样多，甚至是有过之而无不及。

我的母亲从来没有说她同意或不同意。但我想她是不会怎么反对的。在我们还住在杰克逊高地时，她总是让到家里来做客的朋友们，包括杰米，感觉像在自己家里一样。在 50 年代末、60 年代初，母亲住在佛罗里达，她总是拒绝我去看她。但即使是这样，我也没怀疑过她会反对我们的婚事。1962 年，姐姐凯瑟琳去世了，我兄弟和我在纽约待了一个星期，为她清理住处以及料理后事。我坐着乘载着姐姐遗体的火车回到了底特律。现在多数家人都住在那里。之后不久，母亲开始把我寄给她的信件、生日礼物、圣诞节礼物未开封地退了回来。兄弟们说姐姐的死让她太伤心了，我接受了这个解释，希望这种隔阂只是短暂的。但许多年过去了，情况还是没有改变。我晚上开始不断出现噩梦，梦见在早上，我在纽约中央车站旁空无一人的街道上惶恐地走着，拼命想找到母亲住的地方，并竭力地想和她取得联系。1976 年，我来到夏威夷看望她时，她拒绝见我，而且还告诉鲍勃说，如果我出现在她门前的话，她就叫警察。1978 年她去世之后，我把她一生不断转变形象的照片收集成册。照片里收集了她刚从中国来时的照片，那时她还是个年轻妇女，中国服饰让她显得非常“东方”；还有她穿着时尚的服装，骑在马上或在浴室里的照片，许多年后她俨然已经转变成为一个魅力十足、非常美国化的女人；还有她在去世之前与朋友和家人欢度圣诞节的照片，那时的她白发苍苍，非常虚弱。最后她葬在夏威夷。我很骄傲地给朋友们看这些照片，告诉他们一位中国农村妇女成为一个世界女性的故事，当然不会谈及我们 16 年的隔膜，不仅因为这是个痛苦的经历，而且这对我来说也是个谜。

最近，在写这本书时，我又跟鲍勃和埃迪提到这个问题。鲍勃建议我不要让过去的不愉快再次影响我的生活。埃迪回忆起母亲在 60 年代初期时说的话，我把“统一战线”分发给她的那些在佛罗里达州的邻居们，上面有杰米写的一些有关不断升级的黑人斗争的文章，其中有个标题是“黑人是最适合掌管当今美国的人”，因为如此，我破坏了她和邻里之间的关系。所以她决定一定要断绝所有和我的关系。

杰米和我的背景这样的不同，如果我们不是都投身到为改变这个国家而进行的斗争中去的话，我们是不可能这么长时间在一起的。1919 年，杰米出生在阿拉巴马州马里恩郡，那是个小镇。他常说，在那里，白人们白天非常有风度，但到了晚上他们却跟“三 K 党”一样（种族主义极端组织）。马里恩郡属于达拉斯县，到

1963 年，有投票权的人数占整个县人数（57000）的 57%，但在册拥有投票权的只有 130 位黑人。杰米的父亲欧内斯特是位铁匠，也是位铁矿工人。他去世的时候，杰米只有 8 岁。杰米的母亲莱利娅是位厨师，她 12 岁结的婚。他们有四个孩子：贝蒂、威廉姆、杰西和杰米。杰米在马里恩郡读的小学，然后在 14 英里外阿拉巴马州塞尔玛的洛克斯长老会学校和邓巴高中读书。1937 年从邓巴高中毕业后，他跳上了一列向北去底特律的载货火车，他的兄弟威廉姆和杰西都住在那里。在底特律没有找到工作，他又一次跳上了载货火车，一路漫游到美国西部，在华盛顿州的啤酒花藤栽培园工作过，在明尼苏达州收割过水稻。最后还是回到了底特律，在公共事业振兴署（WPA）工作，直到"二战"为他提供了在克莱斯勒—杰弗逊工厂工作的机会。接着，他就在摩托车生产线上工作了 28 年。他在当地非常活跃，而且还积极参与根据 8802 号执行命令创建的公平就业委员会组织的活动。

我们太不一样了。棕色皮肤，中等身材，脖子和肩膀很强壮，身材适中，杰米是个很有魅力的男人，他对自己的外表很骄傲。他经常会在镜子面前站很长的时间，修剪胡子、梳头发、擦润肤露和男用香水。我从不化妆或擦香水，常常会梳了头发后，披上衣服就走。我在纽约市长大，而他在阿拉巴马的乡村里长大。"你可以让一个人走出农村，可是你却不可能把农村从他的生活中带走"，这句话很符合杰米的情况。我的英语带有新英格兰腔；而他的口音就是现在说的黑人英语，他很骄傲地对听众说，他们最好努力听懂他的话，因为总有一天他们将要听懂上亿中国人的话。我喜欢肉和蔬菜做得恰到好处，这是典型的中国风格；而他喜欢把东西烹饪到很熟的地步。在高速公路上旅行时，我总喜欢看书；而他喜欢指着窗外的牛和羊、数载货火车的车厢，然后，根据他在农业和工业方面的经验去猜测里面可能装载的货物。我痛恨做家务事;他非常喜欢用吸尘器或用抹布给浴室和厨房地板清洁、打蜡。在克莱斯勒工厂工作一天后,扫帚或抹布能马上让他忘却不愉快。我对政治问题的解决方法主要来自于书本;他的则更多来自于经验。我们几乎在每个问题上都会发生争执。但是我觉得自己在其中不断得到成长,而他也是一样的。

除了我们都投身于激进运动之外,另一个共同点就是他的母亲。和我的母亲一样,她也没有去过学校,是个文盲。但即便是在这一点上,也存在着根本上的不同。我母亲住在大房子里,从来不会因为想要买的东西而为钱发愁。但是她没有成为社区的一分子,没有人可以听她倾诉。所以她总是认为她的问题只是个人的问题,而不会把它们与这个社会联系起来。杰米的母亲,每个人都叫她"莱利娅妈妈",一生都在白人家的厨房里工作。但是,和许多南方黑人一样,她不认为做这些会让自己成为受害者,这些不过是为了生存。尽管遇到了许多障碍,但她还是在生活中成功地获得了自尊,也从别人那里得到了尊重。"莱利娅妈妈"和我们住在一起的六年里,我觉得我跟她比跟母亲更亲密。我想这是因为她们的生活哲学完全不同。母亲有着典型美国人的信念,她享受幸福的权利是绝对不能剥夺的,而我则要为剥夺了她这一权利承担责任。相反,随着杰米不断地长大,他的母亲常常告诉他说:"你可以做任何能够让你开心的事情,但是同时,你应该做一些能够让这个世界里每个人都能生活得更好的事情"。而这,杰米常说,就是"我用一生在努力做的事情"。

从那时起,我开始在黑人社区里生活了。那些普通黑人的社会意识和政治意识的高度给我留下了深刻印象,他们在南部隔离区出生、成长。上过大学和像莱利娅一样不会读写的黑人们挨家挨户地住在一起。一年一年地过去了，人们谈论着在社区里谁做了些什么，黑人们受到了什么样的待遇，世界上所发生的事情会怎样影响到黑人们。他们自己所经历的事情让他们感觉白人是那样地不人道。在理发店里，在门廊前，在葬礼和婚礼上，他们常常都在想为什么白人们会这样，然后得出的结论是：这是因为他们对物质的东西更感兴趣，而不是人与人之间的关系。在小型的或大型的组织里，他们都会去谈论和评价社区里每个人的行为，反对把种族主义当作作出违背社会利益行为的借口。通过这种面对面口头交流的传统方式（现在这种方式正逐渐消失），黑人们保留了对他们自己价值的信念，拒绝成为害怕或痛恨压迫者的傀儡，从而也就挽救了他们自己的灵魂。他们意识到对压迫者的害怕或痛恨会给他们自己带来更大的破坏力，而不是给他们的敌人。正如诗人露西莱尔·克里夫顿所说的那样："如果你自己身上带了毒药的话，最终你也会中毒的。"[③]这里也会有个别的暴力事件，通常是些在酒精的作用下对男人或女人所犯的罪行。但是，尽管黑人们遭受了难以想象的虐待，但还是保持了他们自己的幽默感，创造像布鲁斯（Blues，美国流行音乐形式，又译为蓝色音调。原意为在感情上悲伤的意思。在黑人歌曲中，有一大部分都是描写生离死别这情，抒发忧伤凄惨的内容，用布鲁斯一词来概括十分贴切，久用成习，就成了这一类黑人歌曲的总称，进而成为美国黑人音乐中一种典型的曲调。——译注）这样的艺术形式来转移他们生活中的艰难。在美国生活的黑人受到的遭遇如同纳粹对待犹太人一样的残酷，然而他们在这片"以我为先"的精神荒漠中（这在美国许多其他地方非常普遍），开辟了他们自己的文明绿洲。

在结婚的头几年里，我了解了杰米、他的朋友和底特律这个城市。除了在1954年和1957年我在伦敦和詹姆斯一起工作之外，在我了解了“第三阶层学校”的工作方法之后，大部分时间都是和杰米的同事们以及《统一战线》的读者待在一起，充分利用“装满了墨水的笔”去聆听和学习。在这段时间里，我还在好几家办公室里工作过。首先是在通用汽车公司新中心区一些汽车业供应商的办公室里工作，然后是在底特律市中心律师办公室。我喜欢这些工作，因为它们让我从不同的视角了解这个城市。我以一个“打短工的女孩”开始了自己的生活，做了几个星期的临时工作，然后得到了一份每星期一次性支付50美元的工作。在新中心区的工作很简单。所需要做的就是在销售员不在办公室时记下电话信息。当我告诉他们我是作家时，他们就给我腾出一些抽屉、一个打字机和一些纸张。从这份工作中，我了解到在三大汽车厂（通用、福特、克莱斯勒）的制造商们和供应商们之间的关系。

唐纳德·威尔戴是我在市中心工作的第一位律师。他是位老人，也是位由共和党一家管理机构委任的公共管理员。他过着富裕的生活，不用整天地忙碌。西特伦和寇勒是后来的律师雇主，相比之下，他们在这行还是新手。他们做了许多普通诉讼的工作，包括第三债务人的案件，以及监管那些出售给黑人的房子（大多数是搬到城区的犹太朋友的）。所以他们的客户多是犹太人和黑人。后来，我为一位老犹太律师工作。他过着舒适的生活，也用不着拼命地工作，只是给他的同龄人写些遗嘱什么的。在这以后，我在离我住的地方一英里之外的圣奥宾街上的生产机器公司工作，主要是给他们打印计划书。在60年代初，被解雇后，我在一所小学教了几年书。由于市中心学校缺乏教师，于是底特律的公立学校就招聘那些有文学学位，但没有教学资格证书的人，就是当时所谓的教师后备力量，他们只要接受一定的教育课程，就可以获得证书。所以我在韦恩州立大学拿到了40学分，获得在小学教书的资格证书,每星期挣200美元,这比我过去做过的所有工作挣得都多。就是这份工作让我了解到,美国教育需要彻底的调整。

在我们从底特律西区的布莱恩街公寓被别人赶出来以后,就搬到了东区,那里有杰米的朋友和同事,他们之间住得很近,走路就可以到对方家里。有九个月,我们是住在彻尼和西拉斐特街之间的一所公寓里。公寓只有一个房间,有家具,还有一张可以装卸的床,每星期20美元的租金。公寓是他前任小姨子露比刚刚腾出来的,她搬到芝加哥去了。留下来的被单、枕头、锅碗瓢盆,多数到现在我还在使用。后来,我们在汤森和阿格尼斯街之间租了一个带有三个房间的公寓,公寓是第一次租给黑人。白人租房子,每月支付40美元;我们租,每月支付62.5美元。在周边,有很多生活贫困的白人,他们经常酗酒,参加舞会。一天,我们走出公寓,我注意到一位白人躺在我们公寓前一辆车的前座上不省人事,马达还开着,窗户紧闭着。我担心他是一氧化碳中毒,就要打开车门给他检查,杰米马上阻止了我。他说:“你不知道,这样做有可能会控告你抢劫呀?”这也是我学到的东西。

1957年,我们从汤森街的那套公寓搬到不远处鲍得温街和歌德街拐角的房子里。房子是麦瑞缔斯·彼得森的,他是杰米的朋友,也是同事,周围所有人都叫他彼得先生,是位谦和的绅士。他是在密西西比出生、长大的。他女儿弗吉尼亚,现在还住在我们家附近的房子里。1962年,鲍得温街的这所房子被推平了,建起了贝尔小学。于是我们搬到三个街区以外的菲尔德街和歌德街之间的房子,我现在还住在一楼的套房里。套房有六个房间,一大、一小的浴室,铅框窗户,还有斜角边窗户的法式门。二十年前的一个夜晚,小偷偷走了1.5英尺厚、橡树木料做的前门和斜边的玻璃镶板。这些小偷专偷像这样难得找到的东西,然后卖给建高档房屋的建筑商们。起居室有一个长 20 英尺，宽 14 英尺，用瓷砖砌成的壁炉。1962 年，最开始的租金是 70 美元。房东太太想要 75 美元，但我们告诉她我们支付不起。30 年后，杰米去世后，房租已经涨到了 150 美元。纽约和加利福尼亚的朋友过去常拿这事开玩笑说，这笔钱要比他们住在底特律然后往来上班所需的费用都高。

我的一位邻居住在几个街区外印第安村的豪华公寓里，他是德国人，后来成为意大利人。在 1967 年反抗运动之前，住宅区里还是有一些白人住户的。到现在为止，我知道，在菲尔德街 19 世纪 40 年代建的房子里还住着一位 75 岁的老朋友，他是罗马尼亚后裔。在底特律，我有许多邻居，他们住着“二战”前工匠们建的漂亮房子，到现在这些房子的状况还很好。有些人的房屋，跟我们的一样，在屋后有个马厩。一些几十年都未使用的马厩已经成为或将会用来做放置个人物品的地方，或用来做幼儿园，也可能用来做殡仪馆。3061 号正对面是栋带有漂亮院子的房子，房子的窗户都用木条封死，空在那里快一年了。在城郊，花十万美元住在那样的房子里是非常便宜的。但是即使是十分之一的价格，也不会有人想要，因为人们认为底特律的中心地区是非常危险的。最近，有位和我预约见面的学生打电话问我是否可以带她男朋友来，因为她的父亲认为她独自开车到我住的地方来不是很安全。我觉得我住的这个地方并不比美国其他地方更危险。和几乎所有美国人一样，我们也遭遇过入室偷窃的经历——包括我们的前门和斜边窗户被职业盗贼偷走的那一次。1962 年，一些小孩从后门的窗户爬进来偷走了我们的电视、落地灯、电子打字机和杰米的爵士音乐藏品。1990 年的夏天，我们去了缅甸，就有人从后门破门而入，拿走我们的录影机、微波炉和许多的罐装食物。几年以前，我在后院取车，正上车时，就有一个小孩抢了我的包。杰米、我和一位邻居跑了三个街区去追他，但没成功。不过，就在那天下午，有人打电话说他们找到了我的包，里面的钱没有了，但所有的文件还在。去年秋天，我在古巴期间，小偷闯进车库偷了我的车。一个星期后，警察就在那辆车的后面追逐那个偷车贼，从车里跳出来逃跑的那个人很像我的一个经常出入监狱的邻居。在他出狱后，我们对停车或放吹雪机的地方额外小心。

和杰米生活在一起，总是让我感觉到自己正在认同白人的自由主义，并坚决反对将黑人看成是受害者的观点。杰米在工人或黑人的问题上拒绝去粉饰或夸大其词。他坚持认为，每个人，不管是哪个阶级或种族，都应该用高的行为标准来要求自己。1953年，他的外甥在朝鲜服兵役回来后，来到我们家。我们都对他的到来表示欢迎，并认真倾听他在亚洲的经历。但他回来后，整晚整晚地出去狂欢，早上才回来，在大家都去上班之后，整天待在家里睡觉。这样过了几个星期后，杰米告诉他，我们受够了，于是给了他一张公共汽车车票，让他返回了芝加哥。在芝加哥，他因犯罪而被逮捕，并被判刑一年。家人并没有对他表示同情，大家觉得应该给他这样的惩罚。在监狱里服刑是让他学会怎样在以后的生活里避免麻烦的最好办法。

杰米完全能够感受到黑人经历的痛苦和压迫。但正因黑人们遭受如此的压迫，他才会坚持认为，越是用这种压迫去为反社会行为做辩护，就越会减弱他们的力量。他们越是为自己感到难过，就越有可能希望别人去改变他们的状况，他们自己的力量也就越弱。杰米没有替黑人找借口，而是总在责备黑人，就像他对工人一样。他不断提醒他们说，在30年代开始的工会运动中，只有少数人是自愿参与运动的，而多数工人，他常常这样说："必须要鞭策他们加入工会。"

拉尔夫·艾里森是位南方人,杰米非常赞同他写的有关欧文·豪自由主义的评论文章。欧文在《异议》中写过一篇攻击詹姆斯·鲍德温和艾里森的文章。因为他们写了"反抗小说",而且还计划把理查德·赖特的《土生子》和《黑孩子》作为黑人文学的典范。艾里森在《新领导者》写了两篇文章作为回应。[4]艾里森这样写道:当欧文

> 见到了一个"黑鬼",他看到的不是一个人而是一个活生生的魔鬼化身。他似乎没有考虑到美国黑人的生活……对他们来说,这不仅是种负担(并不总是那样),而且也是一种磨炼,他们从中可以洞察人类的生活状态,而且还可以学会他们自己的生存策略。在这方面很重要的是,他们都相信对挑衅的抵制、在压力下的隐忍、时间观念以及紧紧抓住他们最终获得自由的美好愿望。至少可以说,这些信念也是美国黑鬼的特点,尽管赖特在书中将他们描述成仇恨、害怕和复仇。

有好几次,杰米在压力之下所表现出来的冷静让我印象深刻。最难为的是在1960年的一天。那天,在俄亥俄州快车道上,我们和凯瑟琳·高·艾伯利,我们的英国人类学家朋友,一同驱车去纽约,计划在那里坐飞机去特立尼达拜访詹姆斯。路上,被一位州警察拦了下来。我们坐在凯瑟琳的那辆小型摩利士车上,几乎没剩下什么空间了,杰米在开车。凯瑟琳坐在乘客位置上,她是个高个子、红头发女人,比杰米还要重,面色红润,非常像伊丽莎白二世。我蜷缩在后座的一角里,因为后面放着足够三个人在五个星期长的假日里所需物品的行李,而我可不想被它们压住。警察命令杰米走出车,让他手脚伸开,在他身上搜寻武器。那位警察解释说,

一个黑人男子在托莱多抢劫了银行，他想确定我们的是不是那辆逃逸的车。凯瑟琳和我非常愤怒，正要爆发时，杰米说："如果那些白人是疯子的话，那么我们也发疯是没有用的。"

像现在这样在底特律和杰米生活并从事政治工作，我过去是从未经历过。不论是在工人党还是在社会党的会议中，讨论最多的问题就是，该如何去帮助社区里的工人们。这对杰米却不是个问题。在战争时期，整个社区成员和那些大家庭都从阿拉巴马搬到了底特律，他们通常都会住得很近，往往走路就可以到邻居家去。杰米在克莱斯勒—杰弗逊工厂的同事们都住在我们家附近。杰米不用出去找他们。在社区里的人们常常会来找他，请教一些社区上的问题，并希望他给出建议，比如他们会问他怎样拆除在麦克街上的栅栏。那是在印第安村，过去主要是白人区，居民建这些栅栏显然是不想让黑人进入该地区。他们还会问他一些个人问题。就像旧时，作为城市政治机器的区域长官那样，他会帮助他们写出生证明或处理工作中的申述。他们会请他告诉他们该如何修车、孩子或夫妻之间该如何相处，好像他是他们的牧师似的。他很喜欢当公证人，因为这样他就可以为朋友和邻居们去公证他们的文件了。每每看着他非常小心地措辞，让我想起了康德的绝对命令："在行动中只遵循那些你希望会变成一条所有人都会遵循的普遍法则的准则。"

各种会议都在我们家举行。几乎所有在底特律参加政治的人，甚至有些我都不记得了，常记得坐在我们起居室里的沙发上讨论问题或策略。在 50 年代，杰米是当地政党决策干部会议的一位成员。干部会议的成员中多数是白人工人，他们尝试通过车间工人运动来组织生产线的提速。其中的一个白人工人，安迪 · 克拉森，总是作为商店的管理人员去参加竞选，但最后还是杰米成为了他的领导，尽管他并不对办公室工作感兴趣。在办公室，他要写些传单，来宣传在工厂里的状况以及普通大众进行的反抗行动。随着当地和全国形势的不断发展，来我们这里学习杰米（后来还有我）的想法，或向我们寻求帮助的人也多了起来。

克莱斯勒—杰弗逊工会的成员现在主要是黑人，但是在50年代初期，工厂里的工人基本上都是白人。街上的栅栏依然是"种族隔离主义"的象征，在工会里留给黑人的"职务"是记录员。1957年，我们在选举运动中获胜，一位名叫泰德·格里芬的黑人工人，担任了工会的副主席，我们都认为这是一次巨大成功。

杰米写作的流畅和他的笔触从纸张的左边移到右边的速度总是叫我嫉妒不已，也非常惊讶。每天下班后，他趴在起居室铺着黄色地毯的地板上，然后开始写作。第二天早上起来后，他就在早餐前把信件寄给编辑。在开会的时候，就开始写，在会议结束后，他就已经完成传单或信件的草稿。人们问他是怎样学到这些技巧的，他说主要是因为在他长大的那个小镇里，他总是替没有读过书的人写信。和其他后来成为作家的黑人一样，他最初做的是社区抄写员工作。即使在童年时候，他就开始利用写作为他的社区提供服务了。他做的每一次演讲，成年后写的每一篇文章都是来自于他在斗争中的经历，而且也进一步推动斗争的发展。在非洲历史和美国黑人史上，黑人总是强调和崇尚口头交流的传统。但理论发展中起到重要作用的回顾、修改和自我批判则取决于书写。

如果不是这么多的人在经济上支持他、为他跑腿、和他一起做研究、努力看懂他的手稿并且打印出来，C. L. R. 詹姆斯即使运用他所有的聪明才智也不可能成为这么多产的作家。相比之下，杰米总是照顾其他人。如果看见窗外有人在发动汽车，他就飞速地跑过去帮他的忙。他为社区的人、他的工友、白人或黑人填写税单。比起税务公司,他们更要相信他一些,而且有时还会让他帮助他们的朋友和亲戚。我特别记得那时一位名叫麦克的意大利人,他已经退休了。他的嗓子有病,所以说起话来很费劲。玩数字是他唯一的爱好。有一年,在杰米交完税后,麦克总结说,他肯定有关于当天报出数字的内幕消息。杰米并不想破坏麦克的幻想,因为每天有人和他说话对麦克来说很重要。所以在麦克去世前,每天晚上,他都会打来电话,然后,他们就会照例做一件事——让杰米告诉他那天报出的数据,并且给他另一个数字好让他第二天去玩。

杰米特别关心老人和年轻人。我们在菲尔德大街生活了30年,看到了三代年轻人的成长。他叫他们"我的姑娘们"、"我的孩子们",关注他们在学校学习的情况,总是帮助他们做家庭作业,或者为他们在暑假找工作或为申请学生贷款提供一些建议。他们叫他杰米先生,叫我格蕾斯小姐。在越战时期,底特律的几百名年轻人向他咨询怎样才能做到成为一名行动谨慎的抗议者。到现在,我还接到曾得到他建议的人的电话,问我有什么他们可以为我做的事情,因为他们永远不会忘记杰米曾经为他们所做的。

杰米对老人也是非常关心的。在还是孩子的时候,他就照顾他的奶奶,给她喂吃的,给她穿衣服,为她清洗便盆。60年代,每年里总是有几个月,我父亲是和我们住在一起的。90岁的他还是那样的有活力。杰米每天会花好几个小时和他待在一起,谈论30年代的事情以及"白宫里的那个人"。没有什么事情是杰米不能为父亲做的。莉莉安妈妈和我们住了六年之后,我们就把她送到西部的一个养老院里了。杰米不仅每天吃晚饭的时候去看望她以确保她在那里得到很好的照顾,而且他还到处看看,花上几分钟和在那里的病人、白人、黑人,尤其是那些没有访客的人去聊天。我们过去常常会定期去克莱斯勒—杰弗逊工厂的退休工人尼克·蒂盖尔塔诺和他的妻子索菲亚的家里聊天。他们住的地方离我们家不远,他们在自家的后院里种上葡萄,然后拿来做葡萄酒。在20世纪初的时候,索菲亚从俄国来到这里,而尼克来自西西里。在过去的许多年里,他是世界产业劳工组织成员以及是当地劳工会委员会成员。在"二战"时期,尼克很照顾杰米,并借给他许多书,例如路易斯·阿达米克的《达那炸药》;告诉他怎样处理工会里的申述。尼克在地下室里打印、装订书籍和文件(他装订的政治性报纸,包括《统一战线》,都收藏在韦恩州劳工档案馆里)。当尼克和索菲亚搬到老年人公寓时,我们把尼克的打印和装订设备都搬到我们的地下室里,因为我们实在不舍得把它们丢掉。

有时我在想,实际上杰米需要这种定期地和老人们交流,就如同他们也需要杰米一样。因为我注意到,在一个老人去世后,他总是找另一位老人来代替。现在回想起来,我猜他对自己判断力的自信和在做计划时的那股勇气部分是源于他与老人之间的那种交流,这一直让我感到惊讶。不断和老年朋友们谈论过去可以为他评估现在、创建未来奠定坚实的基础。

杰米相信革命必须建立在对人民和家园的热爱,而不是因为仇恨。为纪念杰米,当地诗人威利·威廉姆斯写了一首名为《一位不想成为国王的男人》的诗。其中,称杰米是"仇恨仇恨的人"。杰米痛恨克莱斯勒工厂提高生产线的速度获取更大利润的做法。但令他引以为豪的却是做一个负责将引擎安装到机车生产线上的小型汽车司机。这不仅是份工作,而且是对他"先天具有的和后天养成的能力"的一种挑战。他从未误过一天工,因为他觉得生产线需要他来保证运转正常。每隔两年杰米就会粉刷房屋四周和车库、修理水管和锅炉、修剪草坪、铲掉积雪,从这些来看,你是绝对不会知道其实我们并不拥有菲尔德街的那套房子。每天早晨，他都会走出去，把那些在晚上从来往车辆中扔到街道上和行人道上的垃圾捡起来。每次下雨后，他都会去擦车子；在安全罩下的马达干净得你都可以把它“吃掉”。有一次，当我们从加拿大回到美国时，这也给我们带来了麻烦。那个时候，海关官员们对走私毒品非常警惕，他们甚至会去搜查一些名声不好的门诺派教徒。当他们看到杰米车上的马达那么干净，怀疑那是藏匿毒品的地方，差点就要拆了我们的汽车。

在嫁给杰米之前，我是从来不会为任何地方性的或是全国性的选举投票的，甚至是在社会工人党选举候选人的时候，我也没有投票。部分是因为我那时经常到处走动，但主要还是因为我完全学会了革命派政治的激进方式。相反，杰米一到底特律就注册获得选举权，这并不是因为他对选举制度抱有任何幻想，只不过这是他确认他的公民身份以及随时准备好为底特律和美国社会发展承担义务和责任的一种方式。他批评那些说美国是个“糟糕的国家”的激进分子，因为他们的说法非常狭隘，并坚持认为如果要在美国内部进行革命，那么只有爱，才能改变它。杰米的先祖曾经努力地灌溉、开辟土地，并种上棉花——为19世纪美国工业化奠定了经济基础，他过去常说：“我痛恨他们对这个国家已经做的以及正在做的事情，但是我爱这个国家，不仅是因为我们祖先对这片土壤所付出的血汗，而且是因为我预见到它所能长成的东西。”

杰米毫不掩饰地将自己说成革命理论家。而我可没有胆量这样说。我想这是因为他的理论来自他自己的现实，来自于他的朋友、工友和家人生活的现状，而不是依靠他的大脑或书籍。他对所读的书籍非常挑剔，似乎坚决不受在我身边像杂草般不断出现的书籍和文件的影响。从记事起，我就坚持每天阅读《纽约时报》，还看底特律的报纸，不过总是在读完纽约的报纸再看。杰米拒绝定期阅读《纽约时报》，但他每天都看一大堆的地方报纸；还会从头到尾一字不漏地阅读《底特律自由新闻》，甚至是分类广告也不放过。我最大的乐趣就是，把围绕一个主题的一大堆书籍放在身边，一本一本地抽查，然后决定读哪一本，如果有可能的话，我就会痛痛快快地仔细阅读。杰米有几本非常喜欢看的书，他会不断去借来看。其中有本名叫《穿破裤子的慈善家》，作者是罗伯特·特雷塞尔。在书中，描述了作者在当房屋油漆工的工作，以及尽管他的那些工友们的生活非常艰苦，但他们还是拒绝接受社会主义的理论观点。另一本书是何塞·奥尔特加－加塞特的《大众的反叛》。在书中奥尔特加将现代社会的野蛮一方面归因于群众运动的出现，而另一方面归因于技术人员和专家。但他认为两方面都不具有历史进步性。[⑤]

他对共产党的态度也是依据事实的。这完全与詹姆斯的方式不一样。1932 年，詹姆斯一到英国，就加入了一个托洛茨基主义的小团体，并且几乎是同时，由于出色的演讲才能和号召力，他成为组织里主要的发言人。那个时期，在怎样做才能保证革命成功的问题上，欧洲和美国的激进分子会为了几百英里外的国家——苏联、中国、德国、西班牙——而进行激烈的争辩，甚至是起冲突。鉴于这些争斗，詹姆斯承担了编写《世界革命：1917—1936：国际共产主义的起与落》的任务。[⑥]我总觉得这本书不值得一读，因为书中过分地将革命群众描述为斯大林统治的受害者。整本书都在责备斯大林“背叛”苏联革命，“扼杀”德国革命，“破坏”中国革命，“抛弃”西班牙革命，并且允许希特勒掌权德国；而托洛茨基却被描写成拯救者。

相反，杰米总是不断调整他对苏联和共产党的态度，总是尽量避免与反对共产主义政党的权力机构接触。就像他1954年在《统一战线》中写的一篇文章中所说的那样:“在我眼中,美国是个讲民主却不实行民主的国家;俄国也是个讲共产主义却不实行共产主义的国家。”从纽约市来到底特律,我惊讶地发现,这个普通黑人非常清楚地知道,在工人阶级和黑人为正义而战时,共产主义所作出的贡献,并且也很清楚在社区群众的集会上,若是出现反对斯大林主义的托洛茨基主义分子是一件非常不合时宜的事情。实际上,在我来到底特律的时候,科尔曼·杨刚成为黑人社区的英雄,因为他站起来反对众议院非美活动调查委员会,宣称:“如果是为争取人类的权利让我成为一名共产主义党,那我就是共产党。”和他多数朋友一样,杰米也意识到在反对种族隔离制度的斗争中和创建各种联合会方面,共产党所起到的不可或缺的领导作用:正是由于共产党的干预才阻止了对“斯科茨伯勒男孩们”实施死刑;而且如果没有共产党成员的积极参与,工业组织联合会就不可能在30年代组建起来。在工作车间及社区,杰米是作为同志和共产党一起工作的;他们是他的同事、朋友、也是邻居。“二战”时期,他参与了共产党中黑人成员举行的静坐示威,以抗议联合会及管理阶层对黑人工人的歧视。在由鲁瑟领导的对持异议人士的迫害中,管理阶层和协会试图除掉激进分子,杰米鼓励黑人工人们支持范·布鲁克斯,他是克莱斯勒—杰弗逊工厂的工友,也是共产党成员。他也非常清楚地知道,如果没有苏联,没有苏联反对西方帝国主义,那么在美国这个国家里,黑人为争取公民权以及第三世界各民族为争取政治独立而进行的斗争就会变得非常困难了。杰米并没有意识到这个政党和斯大林的一些问题。不过,对他来说,重要的不是这个党或斯大林所做的事,而是在这个具体的问题上人民所站的立场。他对这个政党心怀感激,因为,他过去常这样说:“它给予我勇气和毅力站起来反抗强敌。”像其他同时代的、具有政治敏感性的黑人一样，杰米认识到没有共产主义者们，一直以来被看成是低人一等的黑人要成为具有颠覆性、令人害怕的社会力量则需要更长的时间了。在1991年苏联解体之后，鲁比·迪写的诗，完美地描绘了这种对共产主义的情感，它的标题是《我会怀念俄国人的》。[7]

当我在工人党和社会党工作时，基本没有与共产党成员有接触。在搬到底特律之后，我遇到了一些黑人共产党员，他们和杰米在一个工厂里工作。我从来没有把他们当成是斯大林主义者，在当地的一些事情上，我们很容易相处，也很容易在一起工作。[8]

即使是和他在政治意见完全不同的人进行争论时，那些激进分子的慷慨陈词和杰米的措词也完全不一样。他从来不会使用辱骂的语言，从来不会攻击个人或怀疑他们的动机。我想，他在这些问题上所表现的文明也反映出在他成长的那个黑人社区里，联合起来共同抵抗敌人要远比争论观点上的不同更重要。对于杰米来说，接受事情的复杂性要远比我接受这一事实来得更自然。尤其是在我还比较年轻的时候，我总是非常热衷于自己的热情和敌对情绪。生活经历教会了杰米凡事总是去辩证地思考，也就是说，让他意识到每件事总有正面和反面，也认识到事情总是会不断变化，同时，还认识到那些曾经是具有解放意义的思想很有可能成为扭曲事实的陈腐观念。

联邦调查局的人的几次调查就让那些和我打过交道的激进分子思想开始动摇了。然而，杰米把那些警察当作是落后的孩子。当他们定期在我们家门口出现并打听一些黑人激进分子，像马克思·斯坦福或者是北卡罗来纳州的门罗派罗伯特·威廉姆斯（他是位保卫黑人社区，领头抵抗武装三K党的黑人领导人），杰米首先会告诉他们无可奉告，然后斥责这些调查局的人，因为他们完全受埃德加·胡佛（当时联邦调查局的局长）的摆布，接着，杰米就会邀请他们参加下一次他主持的公共会议，以便学会怎样抵抗他们自己受到的压迫。

杰米和我知道的其他黑人领导以及激进派的领导人完全不同。看着他在家里或与其他黑人工人一起工作的时候，他和一位普通工人没有什么差别，并且似乎是坚决不能“切断我与普通群众的联系”，正如在他喜欢康蒂·卡伦的一首诗中所描述的那样。这就是为什么他不愿放弃他的那些阿拉巴马同乡。在我们相遇的时候，他刚辞去当地汽车工人联合会的执行董事会成员身份，因为那些非董事成员的工人不能参加董事会举行的会议。但是一旦他站起来谈论自己的观点时，他的那种激情简直可以把整个房子击垮，也能让所有听到他观点的人们感觉得到自己的人性的升华。看着他做领导的样子，让我想起了艾里森对爵士乐的一段描述：

> 爵士乐是一种表达个人观点的艺术。每一次真情表演（而不是商业演出）都是每位艺术家在向其他人进行的挑战；每一次独奏或即兴表演都是对自己身份的一种定义（就像画家的油布一样）：个人的，作为集体成员的，抑或是与传统有着某种联系的。所以，正是由于爵士乐在这种对传统物质永恒的演奏中找到自己的生命，所以爵士乐表演者即使在演奏中找到他自己的身份也必须放弃它。⑨

这就是杰米担任领导的方式。他坚持自己是个独立的个体，是集体的一个成员，并且与传统有着某种的联系。但是在找到他自己身份的同时，他也失去了自己的身份。在他身上，我没有看到自私自利，没有看到以自我为中心，也没有看到傲慢，这些总是会在许多黑人激进派领导者身上找到。正如1993年，纪念杰米的聚会上文森特·哈丁说的那样："他是一位不需大声喊叫就可以证明是个真正勇士的勇士。"

杰米相信人类具有不断进化的能力，对这一点他坚信不疑，那就是为什么他不需要喊叫的原因。哈莱姆文艺复兴的诗歌和音乐不断地支持着他这种信念。文化批论家们已经记录下了其中所表现出来的独特的乐观主义。[10]杰米总是听艾灵顿"公爵"的音乐，他有时会引用卡尔·马克思的话，但更愿意引用康蒂·卡伦或兰斯顿·休斯的。他总是大张旗鼓地宣扬自己，让他的听众感到吃惊不已。这是他表示信任他人能力的一种方式，尤其对那些生活在社会底层的人们，这是让他们获取力量的一种方式。就好像有一次，1991年，在密歇根大学的一次课堂上，他说："我相信没有人能够像我一样能够管理好这个国家。"面对着学生们胆怯的笑容，他接着说："我是说你们应该像我一样这么想。你们不应该把自己当成少数民族，因为这样想就意味着你们把自己就看成是社会底层人。每个人都能够超越现在的自己。"[11]

我这么说并不是想把杰米描述成一个圣人。他很固执，而且也容易夸大其词。因为他觉得很难拒绝别人，所以我有时不得不扮演坏人的角色说不。和他的兄弟比尔和杰西一样，他也非常啰嗦；我们过去常开玩笑说，为了说明资本主义，他可以从封建主义开始讲。他总是坐在后座上指挥我驾车，这让我非常生气，接着就会好几天拒绝和他说话或做任何和他有关的事情。我们也会由于这种方式周期性地发生激烈的争执，他也不会和我说一句话，就把那些我允许堆放在家里的笔记和文件全部扔到垃圾桶里去。

但是我之所以要特别强调他的领导方式与其他政治领导者之

间的不同，是因为我相信他是个有组织性的领导者，一方面他为他的社区服务，而另一方面，他会要求他的同事、朋友和邻居去发现和支持各种运动。之所以同时强调他对这个国家的热爱和他的那种体贴人的品质，是因为这么多年来，尽管程度不同，但从那些在南部成长、与杰米身处同一时代的人身上我也看到了一样的品质，他们现在都已到暮年。在六七十年的黑人政治独立运动出现时，他们不再承认“汤姆叔叔”是他们南方的先祖，取而代之的是那些跟他们根本没有任何关系的国王和王后。在此过程中，几代人之间的联系就此断裂，人类一些珍贵的品质也随之丧失。任何关心这个国家未来前途的人都需要考虑如何继续保存这些联系。如果让杰米那一代人逐渐丧失这些品质的话，那么对这个国家的所有人都将是一场灾难。

杰米很喜欢说他已经经历了三个时代:农业时代，工业时代和自动化时代。我想，他的品质可以追溯到他孩提时在一个小型农业社区里的生活。在那个农村里，他学会了珍惜和照顾生命，学会了在一个像大家庭的社区里如何发挥自己的作用。他学会了足以满足衣、食、住、行所需的基本技能，对物质生活需求甚少，从而他能够自由地在政治上作出选择。在劳工运动蓬勃发展时，来到底特律来谋生，这时他发现当受压迫阶级在武力斗争中走到一起时，他们在人性上就取得了巨大进步。杰米所遇上的形形色色的人们、在工厂里或工厂外发展的速度和能量不断地对他这个在克莱斯勒工厂生产线上工作并且以能成为底特律工人和市民为骄傲的普通人，提出了新的挑战，那就是他必须把自己看成是这些变化的发起者，必须要认识到如果我们相信自己并且相信能够去做还没有做的事情的话，那么每个人都有能力能够超过现在的自己。我总是觉得我们所有的人，尤其是我们年轻人，为了人类的发展应将城市和国家结合起来。[12]为什么杰米能够成为一位领导者，而其他有相同背景的人，就像他的兄弟们，为什么不能呢？像这样的问题，正如诗人爱丽丝·沃克描述那样："就像上了锁的房间/装满了财宝/我的那把在黑暗中不断摸索的钥匙/还是没能打开房间。"[13]

在50年代，我们的政治活动主要是出版《统一战线》。在詹姆斯离开这个国家之后，瑞娅·杜娜叶夫斯卡娅接管了这个组织的领导权。福特汽车工厂工人，约翰尼·祖潘，是位工人编辑者，写了一个名为"工人日志"的专栏。杰米用笔名"Al 惠特尼"编写了"给还没有被告知的另一半人"的专栏。他还负责向"读者观点"的六个专栏报告在工厂和社区里的人们谈论的事情，这也是我们的简讯和那些激进分子出版的报纸之间主要的不同之处。同时，詹姆斯每个星期，并且通常是每天不断地从伦敦寄来指示，告诉我们应该怎样运作这个组织和报纸。

在1954年和1955年之间，麦卡锡主义正处于巅峰期。全国的激进分子烧掉了他们的《共产党宣言》，把保罗·罗伯逊的相册藏起来。20年代，由于美国联邦警察局的压迫，共产党还在决定是否将工作转移到地下。在那时，瑞娅就已经参加了激进运动。她让我们每隔几个月就改变名字，有时因为改换得太频繁，以至于在来往的信件中都不记得谁是谁了。1954年4月4日，为了给《统一战线》提供头版新闻，C. L. R. 詹姆斯从英国寄来一篇名为《麦卡锡是共产党吗?》的文章，这让局势变得更令人困惑了。1995年，在颠覆活动董事会将"统一战线"纳入到它的颠覆组织的名单时，将这种危机推向了极致。瑞娅提议说我们要转入地下。杰米和莱曼认为，作为美国人，我们完全有权利继续做该做的事情。詹姆斯支持他们的观点，他说瑞娅将工作转入地下的真正原因是她想写本书并且"离开运动"。在那些日子里，他们之间观点的分歧严重得足以产生分裂。那时的人们都认为,"你"想的和做的就是"真实的,所有的真实,也是唯一的真实"。因此,任何与你意见不同的人都是有可能离开运动的。不管怎么样,我们还是分开了。将近有一半的成员,大约是五十人,包括约翰尼·祖潘和赛·欧文斯(笔名是查尔斯·邓拜)和瑞娅在一个组织,剩下的成员留在"统一战线"。

瑞娅根本没有离开运动。相反,她的组织继续组建了一个简讯社,名为《新闻和来信》,设计和《统一战线》的一样。不过,它还包括了由瑞娅写的篇幅很长的有关哲学和历史的文章。而且,《新闻和来信》现在还在出版文章,但是在组织分裂之后,《统一战线》出现了时断时续的状况,在 1964 年还推迟了出版时间。祖潘为《新闻和来信》撰写了名为"工人日志"的专栏,并担任了编辑的职务。在他离开后,查尔斯·邓拜成为了编辑而且接管了"工人日志"。

不过,后来证明詹姆斯推测正确的是,瑞娅确实撰写了一本书。在 1958 年,赫伯特·马尔库塞为她的作品《马克思主义和自由:从 1776 年到今天》写了序。[14]书中的最后几页一字不漏地重点陈述了四五十年代我们三个人在"约翰逊—福里斯特派"时,对黑格尔哲学、亚当·史密斯和大卫·李嘉图的政治经济学以及对马克思超过他们的原因所做的研究。同时,不可思议的是,书中根本没有谈及"约翰逊—福里斯特派"、詹姆斯和我,也没有谈到书中的观点实际上是我们合作的成果。多年之后,韦恩州立大学档案里才把我们的合作记录收录在瑞娅·杜娜叶夫斯卡娅文集中,其中还包括一些文件,它们把我们之间的分裂根源追溯到那段形势还不十分分明的"哲学分歧"时期。[15]

分裂之后,瑞娅禁止组织内部成员与"统一战线"的成员有任何形式的接触。这其实是她过去参加激进派的旧传统,与反对组织成员有接触,包括参加某个人(你已经和他/她决裂)的葬礼,都是不允许的。30 多年来,我和瑞娅情同姐妹。但在分裂后,如果我们在会议上遇上对方的话——自从《新闻和来信》总部定在底特律后,我们很自然会在会议上相遇——她却装着没看见我。有好几次,在韦恩州立大学的洗手间里,她都是这样做的,我简直不敢相信我的眼睛。

我想,1956 年分裂的主要原因是詹姆斯低估了瑞娅。他只把她当作是自己的下属,而瑞娅,不论是从理论上讲还是从组织上讲,总是把自己看成是"约翰逊—福里斯特派"领导人之一。詹姆斯难以接受的是,曾经听过他经验之谈的那些新手们靠自己取得成功或者最终失败。詹姆斯的误判并不是暂时的疏忽。同样的错误不断出现在——莱曼·潘恩、埃里克·威廉姆斯和杰米·博格斯的身上。

瑞娅的天赋,在我看来,并没有表现在她所发展出来的或支持的理论观点上,而是更多地表现在她将自己看成是继承了黑格尔、马克思、列宁、托洛茨基和罗莎·卢森堡传统的革命哲学家和领导人的那份胆识,以及为实现自我认知而去安排她的个人交往和社会关系的全心付出。她可能是我遇到的最强的女性。杰米过去常称她为"老布尔什维克"。1912 年出生在俄国,她和家人在 20 世纪 20 年代来到美国,之后不久,12 岁左右就成为了一位激进运动家,在"黑人卫士"工作,那是由共产党资助的美国黑人劳工会的舆论机构。在加入了托洛茨基左翼反对党之后,自学了俄语,这样就可以在墨西哥担任托洛茨基的秘书。之后,她又自学了马克思的《资本论》,这样就完全可以独立地对苏联国家资本主义进行分析。她越是把自己朝着理论家的方向发展,越是觉得自己应该和詹姆斯处于同等的地位甚至是超过詹姆斯，因为她出生在一个贫困家庭，自学成才，并且由于在 5 岁时就经历了俄国革命，所以，参加运动的历史要比詹姆斯更久。

瑞娅对小资产阶级知识分子极度不信任。记得有一次，詹姆斯·G. 麦克唐纳将我的工资涨到了每星期 100 美元，她非常害怕，然后就给我讲了一个星期有关我阶级根源的课。然而这时，她却和一个有着高收入、住在苏顿场高级公寓里的男人结了婚。

在前面的章节里，我已经说过，当瑞娅发现了马克思早期的《1844 年经济学—哲学手稿》和列宁的《黑格尔哲学笔记》时，我们都感到惊喜。对我来说，马克思早期写的文章是非常重要的，因为它们有力地支持了“约翰逊—福里斯特派”的观点——社会主义革命的实质是人类先天具有的以及后天获得能力的一种延伸。它们也为瑞娅有可能成为马克思人文主义观点的继承者提供了机会，同时也是她成为“我们时代解放哲学”的马克思主义人文观的发言人的一次良机。列宁的《黑格尔哲学笔记》过去是，现在也是对我有着重要的意义，因为它们强调了斗争中不可避免地会出现一些矛盾，同时也强调了为人们进行革命而树立升华人性的观点的重要性。就瑞娅而言，列宁对黑格尔哲学中的段落的热情洋溢的评论，提醒了瑞娅开始像黑格尔那样去写作。许多年过去了，她开始越来越多地使用黑格尔式的语言去解释所有的事件。有段时间我尝试着就这些方面和她进行讨论，但我不得不承认大部分时间我都不知道她在说什么。我就好像回到我大学时代里所遇到的那些抽象问题一样。相反，刚刚发现了黑格尔的“绝对理念”，瑞娅就爱上了它，而且她还不止一次这样说。我们的道路曾经有过交集，但现在我们正朝着不同的方向发展了。

瑞娅对自己的信心远大于生活本身，而这也似乎非常具有说服力。三十多年来直到 1987 年去世，瑞娅一直保留着同志们对她的忠诚，他们用一生的时间将她推举为我们时代的革命哲学家，并且到现在为止，他们还忠诚地出版《新闻和来信》，在她去世后收集并出版她的笔记和文章。我的一位朋友曾经听过她的讲座，朋友说那简直就像在历史中散步。她组织中的成员都说，她对黑格尔哲学的热情以及对辩证思考的强调在他们对不断发展的运动做评估时是非常有帮助的，也能够对未来不可避免出现的矛盾作出预测，而且还能让他们时刻保持关注最终目标。在他们的帮助下，她对在韦恩州立大学档案馆的存品进行收集和分类，其中包括了曾经做的每一次演讲，写的每一篇文章和信件，而且甚至是她非常随意写的笔记。对这些，她都非常仔细地做了安排，借此来说明从她 12 岁时起，不论做了什么，说了什么，对于一位具有历史意义的世界级人物来说，是成长中不可分割的一部分。到现在为止，《新闻和来信》提到的两本厚书，上面罗列了在文集中所用的材料，序和注释都是瑞娅写的。[16]记录了她 1947 去欧洲的文件里有这么一句话，很好地反映出她是怎样把自己看成是国家资本主义趋势的代表的——“她还遇到了一位喀麦隆人，他们之间的对话就已经预测到了 50 年代建立的整个第三世界。”

在与瑞娅决裂后，我在《统一战线》做编辑，一直到 1964 年解散为止。我们在曼克街 7737 号建立了一个办公室，距离我和杰米住的地方并不远。杰米的专栏和《统一战线》“读者观点”里的文章详细地介绍了在我们周围正在发生的事情。

50 年代，底特律整个城市和它的工厂正发生着巨大的政治变化。当我来到底特律时，离城市中心不远、多数黑人居住的地区刚开始它的“城市更新运动”（黑人们把它更名为“黑人大搬迁”运动）。哈思汀街和约翰 R 街是两个主要干道，同时也是黑人社区经济和夜生活的中心，街道上总是人来人往。但是，城市内部许多地方都被推平了，以便修建福特高速公路。福特高速公路将城市从东至西分开，而洛基高速则把城市南北分开。从托莱多修建的菲希尔高速和克莱斯勒高速一直向北延伸到上半岛。修建这些高速公路是为了在郊区生活以及在城市工作变得更为方便，同时也是为了扩大汽车市场。所以在1957年，成千上万的白人开始离开城市。在50年代结束时，有四分之一的白人都搬出了这个城市。他们的离开使得成千的房屋和公寓等待着出售或出租给曾经规定只能居住在大波尔瓦德街的黑人们。这个马蹄形的街区确定了城市中心的范围，那里居住的黑人在“黑人搬迁”中不得不背井离乡，离开原来居住的地方。过去一直住在东区的黑人们，其中也包括安妮·博格斯，开始购买在西区和北区的房子。这时的黑人社区不仅被扩大了，而且原来拥挤地居住在下东区时，人们之间所享有的（或一直持续的）凝聚力也随之消失了。对于那些在新黑人街坊中成长的年轻人来说，这些新邻居不再像一个大家庭的成员了。黑人经营的小生意全要依靠黑人顾客，但现在都破产了，从而也就削弱了曾对社区建设起着至关重要作用的、具有创业能力的中产阶级。50年代末，大波尔瓦德街四分之一的房子都空着。与此同时，所有的美国人，不论人种、信仰或不论原来是什么国籍，在大公司的鼓动下，他们都受到了消费主义的极大诱惑。这样，这些公司就能出售在美国人的生产线上生产的大批产品。在我们黑人社区中，所有父母都决定给孩子们“我过去没有的东西”。

工业领域里也发生了同样的事情。[17]朝鲜战争的结束带来了1954年经济衰退。50年代中期，帕卡德汽车公司和斯图贝克公司合并，厂址迁到了印第安纳州的南本德斯图贝克工厂，但在那里的生产很快就停止了。哈德逊汽车工厂和纳什合并组成美国汽车公司，并迁至威斯康星州。同时，由于生产速度的提高和技术的不断发展，汽车公司能够用更少的工人生产出更多的汽车。于是，在50年代，无技术工人和低技术工人的就业率下降了13%。1961年的自动化使得六十四万名汽车工人要比在1949年七十三万五千名工人生产出来的汽车多出五十万辆。克莱斯勒在它四个工厂里雇佣的工人在这个城市里是最多的。1955年至1958年之间，这些工厂里的工人被削减了一半，从四万六千名减少到二万二千名。由于看不到在汽车厂里的未来，许多学生在高中辍学之后或在毕业之后就参军入伍了。杰米的哥哥费勒，当时也是这样做的。

为了迫使美国工人同盟采取措施抵制生产速度的过度增长以及减少失业率，杰米和他的朋友们成立了一个由失业和在业汽车工人组成的小组在美国工人同盟的总部——团结院，设置了纠察队。总部离克莱斯勒—杰弗逊工厂和我们家并不是很远。但没有取得多大效果。曾经日常的工作给那些老朋友们和商店的店员们的生活带来了目标和方向，但现在就只剩下绝望了。一些人开始酗酒。1961年，杰米儿时的朋友，乔·约翰逊由于呕吐而被噎死。葬礼上杰米难过得说不出话来。所以我来代替他为他朋友的去世致辞。致辞中，我说到，像乔这样的工人曾经拥有过希望和梦想，谴责同盟会的无能导致了他们的希望破灭。这是我第一次致辞。从那以后，我在这个城市里做这样事情的机会越来越多，多数人的逝去并不是年龄的问题而是制度使然。底特律成为一个有许多葬礼的城市，社区的人们靠着提供葬礼服务谋生。他们说，我们不能再这样活着，并这样地死去，一定要有改变了。

同时，1955年艾米特·蒂尔谋杀事件，1955—1956年的蒙哥马利抵制公共汽车公司运动，1957年加纳独立运动，1959年的古巴革命，又为这个社区的人民燃起了希望。

对那些居住在底特律社区里的许多人来说，艾米特·蒂尔谋杀事件彻底击碎了他们已经形成的那种满足感和个人追求幸福的欲望。直到那时，我认为大多数在南方出生成长的底特律黑人们多少会觉得比那些留在了南方的黑人地位要高一些，他们对那些南方人所表现出来的傲慢就跟城里人看待乡下人一样，觉得他们太落后和冷漠了。同时，在夏天，黑人父母又经常会把孩子们送到乡里的亲戚家以保持大家庭之间的联系。我清楚地记得，唐纳德——杰米最小的儿子，嘲笑他南方的堂兄妹们，说他们太"土气了"，他们总是对白人说"是的，先生"、"是的，女士"。那个芝加哥14岁男孩，据说是因为他向一位白人妇女吹口哨，所以遭到几个白人男人的攻击，还被浸在水里。现在看着那个浮肿、曾经被虐待的尸体让他们自私的心灵受到鞭挞。随后，在由全国有色人种促进会赞助的拜访艾米特蒂尔母亲的旅程中，人们总是可以感觉到，黑人中又再次出现了民族的社会意识，这在"二战"期间，当黑人们为"双重民主——国内的民主和国外的民主"而战时，就曾产生过这样的意识。

几个月之后，蒙哥马利抵制公共汽车公司运动开始了。运动持续了整整一年。底特律的黑人们不再瞧不起南方的兄弟姐妹了，开始带着骄傲和妒意去谈论他们："他们在那里聚集在一起比我们在这里做得要好得多。"威尔·海尔斯顿写的一首"阻止那辆阿拉巴马公共汽车"的歌，很好地刻画了他们当时的情绪。现在，在我的房间某处肯定还放有威尔歌曲的旧唱片。

1975 年，在克瓦米·恩克鲁玛的领导下，加纳取得了独立。1959 年，菲德尔·卡斯特罗领导古巴革命，并推翻美国支持的巴蒂斯塔政府。在工厂和社区的黑人们为此而欢欣鼓舞。他们看到，古巴革命赶走了那些大公司，而就是这些公司在国内引入的自动化让他们失去了工作。黑人们开始把他们自己看成是世界革命的一部分,也是世界有色人种的一部分。他们开始想知道该如何在国内进行这样的斗争。人们在说:“非洲的人民将要统治他们自己的国家,而我们依然还不能喝到伍尔沃斯百货公司的一杯咖啡。”

1960 年 2 月 1 日,几位学生坐在北卡罗来纳州格林斯伯勒的伍尔沃斯百货公司里,要几杯咖啡。于是,我们中有几个人马上走到市中心伍尔沃斯百货公司前面的伍德沃德街上,来表示对他们的支持。当时的人们觉得我们疯了,因为他们可以随时很容易地得到一杯咖啡和热狗。在密歇根公共场所法案之后,40 年代末和 50 年代初时,那些人根本就不了解为结束在伍德沃德街上的酒吧和餐馆里的种族歧视所进行的斗争。杰米当时也参加了这些斗争。参加的人还有后来在韦恩州立大学管理董事会里工作的阿瑟·约翰逊以及几个全国有色人种促进会的成员。他们常常会在咖啡店或酒吧里,谈论新法案,并且拒绝离开,除非他们得到咖啡。店主也常会叫警察来,控告他们喝醉酒了乱来。一段时间后,警察就会告诉店主们说:“我们认识杰米·博格斯。他不喝酒。”在底特律,这些静坐示威活动之前,种族歧视似乎是事物的自然规律,即使是激进分子也这样认为。例如,有一次,我从纽约来到底特律参加 1945 年“活跃工人”组织的一次会议,一位黑人同志也是我们代表团的成员。一天,底特律的同志提议到市中心的布拉斯瑞尔餐馆吃午餐。在我们驾车到约翰 R 街时,他们眼睛眨都不眨地告诉那位黑人同志,他们会中途就把她放在黑人社区的一个餐馆,稍后再接她,因为布拉斯瑞尔不接待黑人。

1961 年,当“自由乘客”在安妮斯顿受到沉重打击的时候,阿拉巴马来自南方的白人工人(其中许多人仍然在周末还要回到肯塔基和田纳西州）为白人市民委员会和南方警察的暴力鼓掌表示支持。工会领导愿意为民权运动提供资金，但他还没有准备好向这些工人挑战。杰米抓住了这次机会，批评工会领导没有在南方组织运动，也没能给“自由乘客”提供更多的支持。他代表克莱斯勒的公平经营委员会，给沃尔特·鲁瑟发一个电报：“以人性的名义，表达劳工对国内自由平等事业的支持，迫切呼吁全美总工会马上将‘自由乘客’公共汽车车队送到阿拉巴马去。”

在1961年妇女和平罢工运动（WSP）开始发展的时候，我们组成了一个名叫“独立黑人委员会”小组，呼吁“禁止使用炸弹以及反对实行种族主义”。在这个时候，多数黑人把炸弹看成是“白人问题”，而罢工领导人则害怕危及他们白人中产阶级地位的延续性，所以在民权运动问题上比较犹豫。我记得，有一次WSP的游行中，一位白人妇女试图将我手中呼吁进行反对种族主义和“炸弹”的斗争的牌子撕掉。我们的目标是让所有人类的人性得到升华。1961年12月寒冷的一天，我们在底特律市中心组织了一次游行，参与这次活动的还有来自“统一战线”的菲罗米娜·达达里奥、黑人教育家格温多林、康拉德·马莱特、蒂罗瑞斯、瑞吉·威尔森。他们都是在“统一战线”开始和我们一起工作的。[18]同时还有一位来自希特勒纳粹德国的犹太避难者艾利斯·赫茨。1965年，她在底特律一个主要的交叉路口上以自焚来抗议越南战争。还有一些WSP的成员，像弗朗西斯·海瑞恩、尤尼斯·戴·阿姆斯特朗、凯瑟琳·高·艾伯利，他们都接受了我们的倡议，成了我们的新朋友。后来，随着反对种族主义的斗争越来越普遍，WSP的领导者们最终改变了他们的主意。

这就是1961年秋天我们周围所发生的事情。当时作为“统一战线”主席的杰米开始着手写每年都要做的文件——总结组织运动的情况以及国家局势。后来，每月回顾出版社将文稿作为杂志的夏季主刊出版，然后又以书的形式出版了。[19]一开始，文件讲述了因联盟没能抓住自动化问题而失去作用的过程。然后讲述了由于资本主义生产力的快速发展以及高科技带来的工人数量的减少迫使我们要超越马克思，因为马克思的分析和估计是在资本主义的初期进行的，而那是生产匮乏时期而不是过剩时期。文件预测，在60年代黑人将代替现在的工人来担任革命的社会力量。结论部分，文件坚持认为，没有一个群体是自动具有革命性的：

> 社会各个阶层的人们不仅要与那些代表极权主义国家利益的机构作斗争，而且还要与他们自己的偏见、陈旧的观点以及恐惧感作斗争。因为正是这些妨碍了他们抓住这个年代新出现的问题。美国人民必须要找到办法，坚持在社会各个领域里——无论涉及到的是外交政策、工作程序、教育、种族关系，还是社区生活，作出政治决定以及制定政策，这既是他们的权利也是他们的责任。接下来的斗争是政治斗争，要从少数人手中夺取政治权力，然后再让多数人获得这些权力。但正是为了让多数人获得这些权力，人们就必须不仅与掌握权力的少数人作斗争，而且还要与他们自己作斗争。[20]

在杰米写这份文件时，我们进行了一次讨论。现在，我总是用那次的讨论来举例说明杰米是怎样发展他自己的理论观点的，其中也包括他向我咨询一些来自书本上的信息。一天早上，杰米突然让我解释马克思对社会主义的定义。我回答说，马克思将社会主义定义为工人掌握国家权力之后的时期。在这段时期里，工人们运用所掌握的权力去迅速发展生产力来创造丰富的产品，而这将使得共产主义或无阶级社会成为可能。在这样的社会里人们可以按照他们的能力为社会做贡献,也可以按需所得。听到这里,杰米马上就对他心中的问题有了答案。这个问题他从未对我提出,但自从他对激进政治运动感兴趣以来,它就一直让杰米担心。他说,从来没有弄懂的就是,当工厂里的一位工人问他们:"什么是社会主义,我为什么要为它而斗争?"为什么马克思主义在工厂里还是一片空白呢?《美国革命》第三章提出了他的问题,章节的题目是"无阶级社会"。杰米写道:

> 19世纪的马克思说,在资本主义阶级社会与无阶级社会、共产主义社会之间应该存在过渡社会。这个他称之为社会主义的过渡社会,将依然是个阶级社会,但工人将是这个社会的统治阶级而不是资本主义。对于马克思而言,正是因为工人的统治而使得社会成为社会主义社会。作为统治阶级,工人将发展生产力以实现个人的全面发展,并实现"按需分配"的原则。只有这样才能实现无阶级社会或共产主义。
>
> 在美国,生产力已经发展到可能实现无阶级社会的阶段了,也是马克思所说的,只有在共产主义下才能实现的无阶级社会。然而自俄国革命以来,所有的社会主义者们都不同于无产阶级者,不仅是因为他们采取了不同的政治政策及政治组织,而且还因为他们从来没有解决理论中的这个问题,那就是社会主义只是一个实现共产主义的过渡社会,并且只有在共产主义下才能实现的无阶级社会。[21]

我想,这个段落反映出杰米理解马克思与马克思主义之间关系的独特方式,同时,这也很具有示范性作用。他将马克思尊为革命理论家。但不同于其他马克思主义者的是,他并不把马克思的观点当成是不可置疑的真理。杰米认识到,马克思是在历史的某个特定时期发展他的理论观点,我们的现实并不是他的现实。于是,杰米准备好去承担我们这个时代应该履行的责任,就像马克思在他那个时代要承担履行的责任一样。

和平常一样,我们将草稿送给伦敦的詹姆斯,让他对此作出评论。詹姆斯当时的反应就是,立即抨击了文件,并且说,组织所需要的就是进行马克思主义教育。最后,他建议"统一战线"要出版一系列的由他写的关于马克思主义的文章。杰米回答说,组织需要的"不是要对马克思主义的再次认定及教育,而是要对世界上最发达的资本主义——美国资本主义,进行认真的研究"。为了实现这个目标,他提出了一个解决办法:"詹姆斯关于马克思主义的文章要与其他文件在组织内部一同讨论。"詹姆斯提出了最后通牒:"从今往后,我要在政治关系上以及个人关系上断绝与所有赞同这个解决方案的人的联系。"

这就是怎么会与詹姆斯断绝关系的过程和原因。面对詹姆斯的最后通牒,只有四位同志,弗莱缔和莱曼·潘恩夫妇、菲罗米娜·达达利奥和我准备支持杰米的办法,也就是詹姆斯的观点要和其他同志的观点一起在组织内部讨论。虽然事情只是在几个星期之内发生的,但现在回想起来,自从詹姆斯离开这个国家后,我们之间的关系就开始越来越紧张了。詹姆斯独自居住,尽管不再跟组织内部成员保持联系,却依然试图从遥远的地方管理组织,他对杰米写的文件的反应不是尽力地去抓住新的现实,而是不仅将它作为对他个人领导地位的威胁,而且还把它看成是在意识形态上对马克思主义的背叛。在詹姆斯离开美国之后的五六十年代里,美国工业和美国社会迅速发生了许多的变化,受到这些变化的影响，那些从书本获得并形成观点的革命知识分子与根据周围现实、在实际斗争中形成观点的“有机知识分子”之间的差异变得对立起来，而这种对立将在不可避免的破裂中达到顶峰。

在决裂后，我认识到杰米和詹姆斯的关系，尽管总的来说还算可以，但从来没有很亲近过。在 1951—1952 年底特律之行后，尽管詹姆斯对底特律的同志们留下了深刻印象，但他却只字不提杰米。詹姆斯只是谈到了赛·欧文斯以及需要马上将康斯坦斯派到底特律，这样，她就能把赛写的关于他是怎样来到北方的故事写成书了。在美国，杰米并不是十分熟悉詹姆斯。他对詹姆斯的了解主要是通过詹姆斯的演讲和书，特别是《水手、反叛者、与世隔绝的人》，那是杰米最喜欢的书。我现在想不起来在美国或者是后来的英国和特立尼达，在政治方面，他们之间是否曾有过一对一的讨论。我也从未给他看过或告诉他，詹姆斯劝说过我不要嫁给他。实际上，我自己也几乎没有再读过那封信，也许是因为我不想得出这样的结论，尽管已经很清楚，那就是詹姆斯把杰米看成是他政治领导地位的竞争对手。1957 年在伦敦度假的时候，杰米和我待在詹姆斯的房子里，但是我现在回想不起来在他们之间有过任何针对政治的讨论。我那时也不注意这些，因为这是杰米第一次出国旅行，他对周边发生的事情充满了好奇。我们去了非洲独立大会，参观了伦敦温莎城堡、威尔士的卡蒂夫城堡，还坐着摇摇晃晃的飞机去了巴黎拜访了乔利尤。当时我们还以为那架飞机是飞不过海峡的。在伦敦，杰米惊讶地发现，在伦敦的建筑里，管道都是安装在屋子外，比起美国的建筑，这样更容易修理。在巴黎，我们步行穿过整个城市时，杰米非常兴奋地欣赏着那个地方。一天在左岸散步时，我们遇到了一位来自莫桑比克的妇女。她不太会说英文，但是知道一些在她家乡西非的一些事情。好像杰米的祖先也是来自那里。1960 年，我们在特立尼达和詹姆斯及他的妻子塞尔玛待了五个星期。杰米又如以往一样，大部分时间都在户外，享受着从烤炉里新鲜烤制出来的面包，试着学会在加勒比海温和的水中游泳，看着海边渔夫将满载在大船底部的红鲷鱼以极低的价格出售，杰米感到惊讶不已。他还教当地人怎么作出南方风味的鱼。

决裂后，杰米从未对詹姆斯进行过个人攻击。谈论詹姆斯对他在“创造出新的、不同的理论观点”中所起的作用时，杰米依然对他充满敬佩之情。“没有这些观点群众运动就不可能超越造反去革命。”他说，詹姆斯的矛盾就在于“他的立足点仅局限于特立尼达，而这对于他的才能来说范围太有限了”[22]。

尽管詹姆斯专横地宣布与他断绝“所有关系，包括个人的或政治上的”，但是莱曼和弗莱缔依然如同他们二十五年来一直所做的那样，在经济上支持詹姆斯。在美国那段期间，詹姆斯实际上一直住在他们哈德逊街 629 号的房子里。他曾经是他们生活中很重要的一部分。莱曼的兄弟在“二战”时去世了。有时，詹姆斯似乎是在填补这个空缺。他们是小 C. L. R. 詹姆斯的教父、教母，小 C. L. R. 詹姆斯是詹姆斯和康斯坦斯在 1949 年所生的孩子。尤其是弗莱缔和詹姆斯保持着密切的联系。詹姆斯曾经和弗莱缔分享了他对康斯坦斯的爱慕之情，他给弗莱缔介绍贝多芬，而弗莱缔则给他介绍爵士乐。

在斗争中，与詹姆斯站在同一战线的那些同志在许多年里依然发挥着作用，他们称他们的组织为“面对现实”，由马丁·格莱博曼担任领导的责任。詹姆斯想让组织继续工作下去，但是在 1970 年，马丁认为它已经不能发挥它的作用了，尽管他到现在为止基本还是坚持詹姆斯对工人阶级的观点，并且还为捍卫他们的立场写了许多的文章。马丁在汽车厂工作了许多年。在离开工厂后，他在韦恩州立大学的成人学院教授美国研究，1989 年他作为名誉教授在该学院退休。他是詹姆斯在美国的文学代表，创立了贝维科出版社，负责复印、分发由詹姆斯或其他“约翰逊—福里斯特派”成员所写的书籍和宣传册。马丁和我一直也保持联系，这是因为他不会让政治上的合作与分裂影响到对个人的态度，还因为我们都对纠正历史记录感兴趣。我现在全靠在韦恩国家劳工档案馆中格莱博曼的文件来核实我的记忆。因为那段时期我几乎扔掉了所有的文件。同时，在美国，对于任何对詹姆斯的活动和合作伙伴感兴趣的人来说，这些文件都是非常有价值的。

与詹姆斯决裂可以说是对我的一种解放。我们之间的关系那时已变得越来越令人不愉快了。他那封劝说我不要嫁给杰米的信，其措词的粗鲁让我感到惊讶和难过。从 1954 年到 1957 年与他在伦敦的工作更像是一份任务。他的观点，尽管依然是充满睿智，但其抽象的程度也越来越让我感到吃惊，因为他的理论不是源于在任何地方或任何时间所进行的斗争。在底特律居住一段时间后，看到工人与黑人们之间的不同，同时也意识到他们都需要进行斗争来改变他们自己，我觉得詹姆斯为运动的自发性举行的那些庆祝活动多少有点理想主义和浪漫主义。它们让我回忆起黑格尔曾经的警告：要防止尝试“像手枪中打出的子弹一样陷入绝对化”，运动是需要付出劳动、耐心的，并且还要遭到其他人的反对。在非洲和西印度群岛举行的国家独立运动规模越来越大，而领导这些运动的年轻人们曾经还受到詹姆斯的保护，并且在学识和演讲才能上完全不能和他相比。我开始在想是否是因为他觉得自己生不逢时，早生了二十年，感觉很沮丧，所以才对他们批评或指手画脚。1956 年，莱曼在詹姆斯的要求下去伦敦，和他讨论组织问题。回来的时候，莱曼说那次拜访简直就是一场灾难；詹姆斯根本听不进去任何不同于他的观点。1960 年,凯瑟琳·高·艾伯利陪我们去特立尼达时,她是第一次遇见詹姆斯。她觉得他非常专横、自私,第二天早上她就离开他的房子。[23]而且也就是在那一次的拜访中,尽管在总理办公室的比尔·威廉姆斯根本没有作出任何答复,詹姆斯似乎完全不管这一切,一天中就有好几次给他寄去指示。看到这些真让人觉得痛苦。这些已经是非常令人烦恼了。但我已经学会了在这个男权世界里,依据意识形态上相同的或不同的见解,而不是个人的感受,来作出组织决策。所以,我甚至是对自己都没有说出自己的感受。现在,不仅因为在意识形态上不同,而且还因为拒绝接受作出民主决议的过程,詹姆斯断绝了与我的来往,这倒让我从中解脱出来。实际上,在工人党和社会主义工人党内部,我们一直都是坚持民主决议,而这也是反对斯大林主义的组织引以为自豪的部分。

多年来,我没有向任何人谈及这次的决裂。莱曼、弗莱缔、杰米和我常会充满敬爱之情地谈到詹姆斯,只是对他离开美国后所经历的孤独和衰落感到非常遗憾[24]。在底特律,我们忙于组织各种政治运动,和我们一起工作的同事们根本不知道詹姆斯,也对他不感兴趣。自从 1989 年他去世后,家庭手工业的兴起也都是几年以前的事情了。1986 年,我被邀请去伦敦,给他们介绍在詹姆斯第一次旅居美国的几年里,我与他合作的情况。演讲伊始,我真心诚意地说:

> 我非常高兴能够和大家一起向 C. L. R. 詹姆斯表示敬意。在 20 世纪的最后二十五年里,我们在政治道路上发生了分歧,但我依然非常珍惜我们在一起工作的那些年,因为就是在那段时间里,我对人类发展进程规律形成了自己的革命哲

学，这是我取得的一个很大的进步。

一直到1993年，当我被邀请参加布朗大学举行的有关C. L. R. 詹姆斯的国际会议上，我这才觉得是时候谈论那次的决裂，并将它公布于众。[25]

在决裂之后，我把杰米手稿的一份复印件送给了平·范瑞，他是加利福尼亚圣芭芭拉民主制度研究中心的副校长。中心是他和罗伯特·哈钦斯共同创办的。早些时候，我还把《统一战线》的一些文章寄给过平·范瑞，他把这些做成一些剪报。我当时是不知道的，但平·范瑞在他写的《陷入丰饶角》的文章中警告说："完全满足工业革命需求的工作理念以及经济理论是不足以符合科学革命的条件的。"[26]当发现杰米根据他在克莱斯勒工厂工作的经历得出类似的结论时，平·范瑞觉得也非常高兴。于是，他和《每月回顾》编辑里奥·休勃曼、保罗·斯维奇取得了联系，他们决定出版杰米的手稿。

从那时起，我们会定期跟平·范瑞联系。平·范瑞在底特律距我们家不远的地方出生、长大，其父亲曾经是派卡德工厂的厂主。平·范瑞非常关注城市的未来发展。所以，我们总是随时告诉他我们在底特律进行的斗争，让他了解有关我们正在努力地使黑人运动超越"融合还是分离"的争论、为改善人类关系的革命性转换而做的斗争，以及了解技术革命所必需的工作理念。平·范瑞不仅关心技术对社会带来的影响，而且积极参与为争取解除核武器以及种族正义所进行的斗争，不厌其烦地接受、发布有关各种运动中的人们和发展的信息。他是一位思想家，也非常有远见，他总是建议并且鼓励所有有勇气和想象力的人去向传统智慧挑战。他和他的妻子卡罗尔，以随时准备支持所有有革新性的、相对未知的事业而著称。在三十多年里，我们相互交换的剪报和便签肯定有好几千。[27]杰米曾经是“自动控制、武器及人权三重革命特委会”的成员，特委会是平·范瑞在J·罗伯特·奥本海默的帮助下，于1964年在普林斯顿组建的。1976年，我们在英国的布兰斯科姆海滩和范瑞及卡罗尔待了一个星期，当时，在那里的大约有二十多个平·范瑞的老朋友（POF）[28]，其中有我敬仰已久的几个人：有远见的建筑师及城市规划者刘易斯·曼福特、著有42卷《中华科学文明史》的李约瑟、英国文化历史学家以及END（欧洲解除核武器组织）的主要发言人E. P. 汤姆森。80年代初的运动让戈尔巴乔夫觉得他可以开始采取行动解除核武器，因为在欧洲和美国的公众不能接受反对苏联的罗纳德·里根以及公司所采取的军事侵略政策。

80年代中期，平·范瑞曾经是EXPRO（和平探索项目）的分析员。这个组织会定期召集一些学者和行动主义者们，寻求一种和平制度以代替我们当前的战争制度。80年代末，谢·豪威尔和我一同参加了这个组织，与他们分享了我们在底特律和母亲们、姐妹们以及祖父母们一起进行的斗争经历。我们希望通过组织抗议活动，收回我们的街道，重建我们的社区，重拾对生活的向往，来建立一个和平制度。[29]

在我的收藏中有几本是我最为珍惜的书，其中有平·范瑞的藏书的复印件，书上面都有各自作者的签名。[30]在他最喜欢的（也是我最喜欢的）出版物之中，有八页纸的周刊《头脑》。杂志就当前工作、教育及环境中的一些实际紧急问题所提出的各种观点进行比较。1948—1999年期间，我们的朋友，亨利·盖革几乎都是手工操作这些工作的（没有使用打印机）。《头脑》是美国最早发表E. F. 舒马赫有关“佛教经济”文章的杂志，舒马赫也是《小的是美好的》的作者。[31]

《美国革命》一书所带来的反响远远超出我们的预想。奥西·戴维斯在1993年杰米纪念会上对这本书是这样总结的：

> 这本书已经闯入了我的生活。我逐字逐句地阅读它，它让我敞开胸怀，开拓思维。我用各种方式去理解这本书。在我看这本书时，我会说："是的，当然是这样的，阿门。即使是我可能曾经想到过那些。"这本书让大量的思想变成简单的概念，读完这本书，让我觉得重获新生。我似乎看到了斗争的一束曙光。我充满了力量，精神百倍，这本书是让我重返到斗争中去的那面旗帜。鲁比和我将这本书的拷贝全部买下，然后将它们邮寄给所有民权斗争的领导人，像马丁·路德、马尔科姆·X、惠特尼·杨。我们认为，所有人都应该拥有这本书，因为它能够给他们提供重生的机会。

奥西和鲁比，作为影视演员和作家，四十多年来已经成为美国黑人生活的一部分了。《美国革命》将他们带进了我们的生活。在底特律和缅因州，他们总是来看望我们。1982年，为对外公开播映的"与奥西和鲁比在一起"系列剧录制节目，KERA在菲尔德街我们家的起居室里拍摄了一段生动的四人谈话。他们是"底特律夏天"的项目合作者。这个项目是我们于1992年发起的，奥西为这个项目作出了许多有益的事情，而鲁比同样也为SOSAD（拯救我们的儿子和女儿们）组织做了许多事情。

让我们吃惊的是，杰米收到伯特兰·罗素（他是世界有名的哲学家和和平运动家）于1963年8月20日写的一封信，信上说："我最近读完了您出色的作品《美国革命》，并且书中所反映出的力量和洞察力深深地打动了我。”信中还问杰米怎样看待这样问题——美国白人是否“将理解——黑鬼们(信中确实使用这样的词)叛乱是因为在接下来的几十年里人类的生存很有可能按照或不能按照美国人的政治和社会行为进行下去”。在9月5日,杰米写了一封很长的回复,其中说道:“到目前为止,除了学生之外,在白人中还没有哪个社会力量让‘黑鬼们’会去尊重。在游行中虽然有一小部分白人,但这一点也没有改变这种状况。”罗素在9月18日的回信中提出了更多的问题,12月22日杰米则在更长的信中回答了这些问题。同时,罗素给11月21日在纽约市举行的市政厅会议发去了一份电报,安排杰米在会议上发表演讲,警告黑人不要使用暴力。在会议上,作为回应,杰米说,“我非常希望我们的叛乱问题能够用和平的方式来解决”,但是“在美国制度和美国民族中存在的问题和积怨由来已久,所以罗素警告说,要阻止的事情只有在美国黑人作为自由人流浪街头时才会发生”。在杰米12月22日的回信中,他重述了在会上讲的东西,然后很有耐心地向罗素解释说,在美国,一直以来所讲的民主实际上对于“成千上万的黑鬼”来说已经成为了法西斯主义。那封信的结尾是这样的:

> 我相信这是你的责任,当然我也相信这同时也是我的责任,去意识到和记录这些,这样,在未来,语言就不会使斗争变得混淆不清,而是去澄清它。我认为这就是哲学家们所应该努力弄清楚的事情。因为即使是美国的‘黑鬼们’仍然认为他们是为民主而战,而实际上民主正是他们所应该反对的。

在杰米和罗素之间的交流,可以说,它成为60年代的缩影——阿拉巴马出生的汽车工人杰米·博格斯向那个时代西方最著名的哲学家伯特兰·罗素解释了哲学家们的责任。

在接下来的几年里,《美国革命》被译成法语、意大利语、日语、加泰隆尼亚语以及葡萄牙语出版。到目前为止,对那些平民运动家们来说它依然是一本引人入胜的书,因为虽然是个人的经历,但却非常具有政治意义,非常现实同时又非常有远见。书中引言部分的第一段完全展示出了杰米总是能够看到问题核心的天赋:

> 对于每个问题,都有两个不同的看法,但只有一个是正确的。我信仰民主,但我不相信过于民主。也就是说,我相信每个人都有权力拥有自己的观点,但我不相信他可以对此表现出虚伪或狡猾,我认为我有义务去与那些错误观点作斗争并纠正它们。

不久后,杰米开始收到一些要他写文章和演讲的邀请,他总是努力去做,不过从未耽误过他在克莱斯勒工厂里的工作。例如,在1963年11月肯尼迪被刺杀的前一天,杰米在市政厅演讲后就飞往纽约,然后在子夜又飞回来,这样他就可以在第二天早上六点钟去工厂上班。在他所做的演讲中,杰米提出了要为"黑人力量"作斗争的需要,而在此之后,1966年的密西西比游行示威中,威利·里各斯和斯托克利·卡迈克尔提出的激进口号使得"黑人力量"广为人知。不过,杰米并没有成为公众人物,他是那种"不能成为皇帝的人"。例如,1967年,当斯托克利去黑色玛丹娜神社演讲的时候,那些护送他去讲坛的保镖中就有杰米。而且让人意想不到的是,斯托克利过去总是会定期叫他去。在我家大厅中有他的一张照片,他抱着双臂,非常有爱心地低头看着年轻的杰米。

与詹姆斯的决裂,使我不再有阻止自己将政治生活和个人生活扎根在底特律的障碍了。在接近十年里,我一直和杰米争执个不停,但同时又从他身上学到了不少东西。在这个过程中,我不断找到了自信,因为我觉得是生活在自己的信念中,而不只是谈论它们。我逐渐从现实中形成自己的观点,而不仅是来自书本。我为每一次的选举投票,这是我以前作为激进分子最不屑做的事情。我不再是个游荡在这个国家的人,而是它的公民。底特律已经成为我的家,一个我觉得要对其负责的地方和城市。在饱读了《美国革命》,并在其理论观点的武装下,我觉得自己已经为政治运动做好了准备。

第五章
“这个城市是黑人的土地”

王平

20 世纪 60 年代初，“black”（黑色）这个单词是个带有侮辱性的词汇。如果你称某个人“black”，你就准备打架吧。60 年代末，如果你不把自己看成是“black”，那么你就会被别人称为“汤姆叔叔”或者是“夹心饼干”（外黑内白）。21 岁或更年轻的底特律人只知道一位黑人市长、一位黑人中学负责人、一位黑人警察局长和一个主要由黑人组成的市政府。他们并不知道，在 1967 年底特律爆发运动之前，如果有人提出让黑人管理这个城市而不是白人的话，会让人觉得是件很怪异的事情。

在 60 年代，底特律的黑人们发起运动，并接管了这个城市，使其成为他们的领地。他们不再仅仅只是提出抗议。他们正在努力通过减少白人的人数，尤其是那些人数占绝大多数的白人警察势力，来掌控这个城市。这种势力，实际上就像是职业军队一样，他们日常工作就是叫黑人站住，然后搜查他们的身体。市长刘易斯·米日阿尼积极鼓励这种行为，他因在 1960 年提出要对“黑鬼犯罪”采取“镇压”的手段而激怒了整个黑人社区。1961 年，杰罗姆·卡瓦纳福（他是一位没有参加过公众活动的律师）在竞选中击败了米日阿尼，其中黑人的选票起到了关键作用。这让黑人们初次意识到自己在政治上所具有的潜在力量。竞选中，米日阿尼称卡瓦纳福是“黑鬼的候选人”，因为他参加竞选是为了“黑鬼的平等权利”。

然而，在1961年，没有人谈论“黑人力量”。要花上十年的实践和理论斗争，再加上1967年的反抗，才能建立这种观点。为了创建“黑人力量”运动，拥有不同背景、持有不同观点的人们必须在一起工作，大多数人都会忽视或尽力去减少彼此间的差异，因为我们都有危机感，同时也因为在为这个公共事业奋斗时我们都觉得自己的人性在升华。我要感谢上天，因为在黑人运动开始的几年前，我就自己作出了嫁给杰米的决定。因为如此，我现在能够拥有每天深入到黑人运动的特权。二十年以前，当我参加华盛顿示威游行时，还只是个刚刚涉足政治领域的新手。那场运动持续了不到一年的时间。现在我觉得自己就像个还没有演出的戏剧演员。对于黑人掌权运动没有目标，也不知道该会如何发展或者是会持续多久，但我相信我们正朝着正确的方向发展，而且在每一天、每个星期、每年我都感觉到自己在成长。

我现在还记得那个十年，期间涌现了许多运动，每个运动虽有不同之处，相互之间却有着千丝万缕的联系。大多数时间我都在工作，刚开始在律师办公室当秘书，然后在一所小学当老师。不过，我主要的兴趣还是组织和参与各种游行示威活动。几乎每天晚上我都会去参加会议。杰米叫我是“会议疯子”，不过他也差不多。我喜欢去参加各种会议，到现在还是这样。参与者之间可以进行交流，各种类型的人能够聚集在一起，统一采取一个行动，然后一起工作一段时间。一直到最后，原来在某个时期似乎不是很重要的不同之处渐渐变成对立。这样的工作方式让我感到非常兴奋,也让我充满活力。杰米对他所参与的活动非常挑剔,部分是因为他每天早上要五点钟起床,然后去克莱斯勒工厂上班,还有部分原因是因为在出版《美国革命》之后,他还要为如《解放者》、《黑人文摘》、《革命》、《每月回顾》等国家性的杂志撰写文章,拟定"黑人力量"的定义,鼓励黑人去做更多的事情,而不仅仅是黑人代替白人来担任负责人。

50 年代,没有杰米的陪同,我很少参加社区会议,而且通常也只是去听他们讲或问些问题。这些年来,我一直在这个城市里工作,并且和杰米的朋友以及《统一战线》的读者经常有来往,开始觉得自己可以有些东西与人分享,开始对于"我们"以及在联邦警察局的记录里"美籍华人"这些称呼感觉到舒服。

在底特律"黑人政治力量"的领导人中,阿尔伯特·B. 克拉格神父、理查德和米尔顿·亨利兄弟以及爱德华·沃恩是其中最吸引公众眼球的人物。杰米与我和这四位领导人的工作关系非常密切,但我们总是尽量避免成为公众人物,因为我们有着完全不同的政治目标。

克拉格那时五十多岁,是他们中年纪最大的。他的社区居民和同事都叫他"神父"。1967 年反抗运动之后,他创建的"黑人基督教民族运动"中的成员会称他为"杰瑞莫其"。[①]我还是叫他"克拉格"或"神父克拉格"。他是传统底特律家庭中的长子,一直生活在西区太尔曼地区。这是那些浅肤色杰出人物的世外桃源,他们是这个城市的常住居民,而不是最近的那些南部移民。他的父亲是底特律"接受医院"第一位"有色"医生。克拉格有三个兄弟:亨利是位律师,刘易斯是医生,休是印刷工人。休的印刷店在斯格顿街上一座建筑里,在同一座建筑里,穿过大堂就是刘易斯的办公室。他还有一个妹妹艾迪斯,她是位教师。神父一家人的关系非常亲近。母亲克拉格是一家之长，她看上去有点像罗斯·肯尼迪，非常苗条，也很漂亮。刘易斯和休仍然和她住在一起。神父克拉格离婚后，每晚都会和他的母亲、兄弟们一起吃饭。同时，神父的前任妻子多丽丝也是他两个女儿的母亲，嫁给了他的弟弟亨利，据妹妹芭芭拉说，她“无法忍受离开克拉格家族”。神父克拉格会在夏天的晚上待在亨利和多丽丝的家里，回顾上个星期的发展，并策划下一周的工作，有时我也会加入他们。

克拉格有着粉红色的皮肤、蓝色的眼睛和一头浅棕色、接近金黄色的头发。他是个充满活力、极具魅力的演讲家（白人认为他是蛊惑民心的政客），他的语速非常快。有一次，一位电视新闻记者告诉我说，在电视节目中，五秒钟内克拉格说话的字数比普通人五分钟内说话的字数都要多。当事情变得白热化时，他从不会去让事情冷却下来。他对那些劝他不要那样做的人的回答是，过去许多年来里，他都是一直尝试着通过让权力阶层的人对他的人民的要求作出让步来缓和事情。他的小女儿玻尔是60年代出生的，住在亚特兰大，现在是著名的剧作家和作家。我记得，她和她的姐姐一起坐在教堂的前座，全神贯注地聆听她们的父亲剖析种族主义的种种罪行。她学习非常好。在她《与魔鬼相处》的书中，她像父亲反对种族主义一样，勇敢地与性别主义做着斗争。[2]

理查德·亨利和米尔顿·亨利来自一个古老的费城家族。他们的父亲是个传道士。米尔顿在“二战”时期当过飞行员，后来是位出色的、成功的律师。作为马尔科姆的好朋友，显然他总是非常能够利用斗争给他带来的机遇，用智慧打败权力机构。他几乎以图片和录音带记录了每一件事情。现在，米尔顿是一位长老派的传道士。

理查德·亨利是位技师，与一些和他一样三十多岁的年轻人们在底特律军工厂工作。和这些年轻人一起,米尔顿和理查德组织了 GOAL(“高等领导小组”)。理查德天生就是个政治评论家。放下帽子,他就能开一场新闻发布会,有时候在现场就能创建一个新组织。一天,在一个聚集了许多媒体的群众集会上,他宣布新非共和国(RNA)成立,并将自己更名为“伊万里兄弟”,而米尔顿更名为“盖迪兄弟”。在马尔科姆被刺杀的几个月后,由 GOAL 组织的这次会议,虽然不是很肯定,但我想可能是为了纪念他的诞辰。毫无疑问的是,理查德已经为创建 RNA 准备了一段时间了。但我现在回想起来,那是个众多新闻记者不能错过的良机。目前,理查德在南部的一个大学里教书。

爱德华·沃恩是位商人,他在德克斯特街区经营着底特律首家黑人书店。在 1967 年反抗运动之前,只有在这家店里,你才能买到黑人文学书籍。现在,他是密歇根州的代表,最近宣布要参加下次底特律市长的竞选。

我是在 1962 年一次辩论中第一次遇到神父克拉格的。底特律教育董事会发起了增加教育税的运动,教师联合会以及白人教师和黑人教师都支持这个变化。克拉格反对增加费用,因为他说,底特律的公立学校不是在教育我们的孩子。给他们更多的钱,但他们却瞧不起我们的孩子,这简直就是一种罪恶。在 50 年代末、60 年代初,底特律的学校开始陷入已经持续多年并不断恶化的危机中。现在的公立学校制度是为中产阶级家庭的孩子服务的,他们将来要上大学并从事收入很高的职业。60 年代,在白人都迁移到郊区时,大多数黑人孩子就变成了市区学生的主体了。这样学校就成了他们的场所,好让他们每天离开街道六个小时。作为一名教师,我自己也发现了这一点。在教师休息室,白人教师们公开地说,黑人孩子不是人。一个红头发的妇女过去常说,她家的狗在课堂里学到的东西比她的学生都要多。黑人教师也好不到哪里去。教书对她们来说不过是份工作而已。三点钟,他们就会离开市中心,然后就回到住的地方去。在那里所有的人都享受着玩桥牌、喝苏格兰酒、滑雪的中产阶级生活。作为一个没有经验的代课教师,我是不会和他们争论的。白天,我尽力地让我的学生们学到东西,尤其是拼写和算术;晚上,我就会去参加关于增加教育税的讨论,其中,克拉格严厉地批判着制度和它的支持者。当他驳倒那些辩词时,参见会议的教师、家长和管理者们都感到非常尴尬,而在会上鼎力支持他的是有七个孩子的母亲海伦·凯利。海伦是位皮肤黝黑的妇女,她的体格和缺乏礼仪就足以给那些反对者们构成威胁。她总是会对你大声地叫嚷,一直到你作出同样的反应或坐回自己座位、尴尬地无地自容。在1967年反抗运动之后,海伦是"新底特律"的社区代表,她开始梳着时尚的非洲式发型,改头换面,并且几乎总是可以看见她带着公文包。

我非常赞同克拉格和海伦的观点,更多的钱并不是教育危机的解决办法,要提高学生的自尊心就需要教孩子们黑人历史以及在学校中要有黑人校长。所以我开始和他们一起参加会议,偶然也去克拉格的教堂,我还阅读《插图新闻》,那是一种粉红色的新闻通讯,由克拉格编辑,然后由他弟弟休印刷出来,放在全镇的百货商店和教堂里免费提供给成千上万的黑人们。通讯是印刷在新闻纸上的,附有许多的图片,还有许多简短生动的小文章,通讯上还留有许多的空白处,就好像它是在地下室里拼凑出来似的。但《插图新闻》却正是发动底层人民运动所需要的新闻简讯的典范。

克拉格的"中心公理教堂"位于林荫大道以北林伍德街7625号,从林伍德街8450号C. L. 富兰克林创建的新圣地浸信会教堂往下走也可以到。教堂是在哈思汀街区被拆除后搬到那里去的,拆除街区是为了修建克莱斯勒高速公路。教堂的成员主要是由来自南部较为年长的黑人组成的。杰米的一位表(堂)姐妹艾琳是教堂委员会的成员。我会定期开车送她去教堂。在林伍德街北部几个街区以外就是 NO. 1 穆斯林清真寺,那里吸引着在城内长大的年轻黑人。60 年代,从林荫大道到戴维森大街,林伍德街区四分之一英里的范围内宗教组织为底特律"黑人力量"运动提供了绝大多数的宗教领导人。那里曾经是一个充满活力的商业区,街道两旁有教堂、超市、干洗店、公寓和旅馆。但现在,那个地方已经成了荒地。黑色玛丹娜神社和新圣地浸信会依然还在原来的地方,NO. 1 穆斯林清真寺已经迁到西北区怀俄明 14880 号。林伍德林荫大道现在已更名为 C. L. 富兰克林林荫大道。不过除了神社和新圣地,那里还有许多空地和已经毁坏的建筑。这些都是在 1967 年黑人反抗运动中遭烧毁或抢夺的结果。

中心公理会开始是基督教宗派联合礼拜堂的成员之一。与普利茅斯公理会教派(市议会议员尼古拉斯·胡德还做过它的牧师)一样,它的教徒曾经主要是由中产阶级有色人种组成。不过,随着这个城市里的人们对克拉格駷武政策的了解,教徒中的黑人越来越多。除了在星期天的一些常规的工作,礼拜堂还是举行众多会议的中心,吸引着许多像罗素·布朗(民主党选举州代表的常任候选人)、威廉姆·贝尔(共和党)等这样颇有抱负的政治家。

黑人牧师们,作为一个整体,毫无疑问在这个国家里是最具有天赋的演说家。每个人都有各自不同的风格。到现在为止,全世界的人都非常熟悉马丁·路德·金的演讲风格,激情洋溢、纵横捭阖,总是能唤起人们对"乐土"的梦想。和马尔科姆一样,克拉格的演讲则是评析性的,更具煽动性。克拉格会告诉他的教徒,领导受压迫阶级是件很难的事情,因为他们不习惯承担自己做决定或组织并发展他们自己观点的义务。相反,他们总是去寻找救世主。在奴隶制度统治时期,黑人牧师们向人们传授旧约圣经中的《出埃及记》,告诉人们靠万能的上帝获取自由。为了给城市中的黑人教徒们创立宗教信仰制度,克拉格决定发展新约的主题。例如,举行黑人革命或像“黑人救世主”(西蒙·金邦古)一样,一个城镇接着一个城镇、一个城市接着一个城市地去组织运动和机构,去建设这个国家。克拉格警告他的教徒们“大声叫嚷是不能够建立国家的”,黑人们“依然还是分开的、个体的,各自只是为各自的那点声望,为各自想要的东西”。克拉格说,他的核心组织成员就好像耶稣的十二门徒,有像彼得那样否定他的观点的,有像犹大那样为三十块银币就出卖耶稣的人物。他的教徒们可以看着自己在街道上进行斗争。但是,当他说黑人群众就有“撕毁事物”的巨大力量时,他们却笑着离开了。克拉格常会说服他们采取更有纪律性的斗争,召开政治决策会议,参加教会组织。[3]那些建立团结、发展策略的革命组织者们为底特律,这个诞生劳工运动的城市,树立了良好的榜样。

在社区斗争中,克拉格通过自己的说教和领导,一步一步地将中心公理会教派发展成了黑人政治力量以及黑人基督教徒民族主义运动的中心。直到 1966 年,教派的社会作用已经完全改变了,于是更名为黑色玛丹娜神社。

在 1962 年和 1963 年,我们非常喜欢由米尔顿·亨利想出来的一系列行动。例如,有一次,由于技工训练学校招收的黑人学生太少,我们在学校设置了帮工纠察队。当时由于非常吵,也很混乱,最后收到了五美元的交通罚单。于是,米尔顿为这五美元的罚单在法庭上进行辩论,并且还召集了许多的目击证人,最后伍兹法官不得不撤销那个案子。(为了给法庭留下印象,我当时穿了

C. L. R. 詹姆斯和塞尔玛在伦敦为庆祝我 1967 年 42 岁生日专门定制的套装。我到现在偶尔还穿它。)还有一次,我们在旧镇大楼的台阶上举行周六大会,可是警察却不允许我们使用麦克风。在两点钟的时候,杰米站在大楼前的台阶上,两边都有带着头盔的保镖,米尔顿就爬上楼顶用麦克风说话。楼下的警察不知道发生了什么事情,也不知道怎样进入这栋大门已锁的建筑,只好围绕着它跑。他们当时和滑稽剧里那些"启斯东警察"("Keystone Cops")一样好笑。我们对他们嘲笑说:"他下次就会在水上走了。"

在这个期间,我开始研究"伊斯兰民族"(NOI)。马尔科姆开办了 NOI 组织的报纸《穆罕默德讲话》。每个星期,组织中的一个成员就会把报纸放在门边。威尔弗雷德部长,他是马尔科姆的哥哥,他一直都是一位说话非常温和的绅士。我邀请了他在我们的房子里举行会议,给我和其他人解释"伊斯兰民族"所代表的东西。我和凯瑟琳·高·艾伯利一同参加了在一个旧奥林匹亚体育馆举行的大型 NOI 会议,会上伊莱贾·穆罕默德发表了主要讲话,而马尔科姆也做了演讲。在圣芭芭拉民主制度研究中心召开的专题研究圆桌会议上,平·范瑞要请我发言。我说并不是所有的黑人都赞同融合,许多黑人通过"伊斯兰民族"组织这个载体,承担了重新定义他们自己的义务和责任。我所说的让参加会议的所有白人听众惊讶不已。我还认为,NOI 的黑人支持者们实际上标志着我们正进入一个新的时代——"辩证人文主义"时期。这个时期要求我们必须要定义它对人所具有的含义。中心的主席罗伯特·哈钦斯主持了这次会议。他建议与会者不要马上作出回应,而是要花一点时间思考这个问题。[4]

1963 年是一个转折点,底特律逐渐意识到它已经成为北部黑人运动的先锋阵地。其他地方也逐渐了解了底特律进行的运动。

1963年5月,在伯明翰,布尔·康纳用高压水龙头和警犬对付黑人妇女和青年。他的这种暴行在全国电视节目上播出后,全国的人民群众都感到非常愤怒。作为回应,全美汽车工人联合会和CORE(争取种族平等大会)立即在底特律市中心召开户外抗议会议。参加会议的人不过五十人左右,冷冷清清,我们中的有些人就开始大声地说:"我们需要克拉格!我们需要克拉格!"克拉格的做法和平时一样,他说:"这次的会议真让人觉得耻辱。会议的组织者们应该为他们自己感到羞愧。我们应该与成千上万的群众一起到伍德沃德大道去举行游行示威,这样,那些警察才会害怕露脸!"

那天晚上,我们开始以小组的形式召开会议,为克拉格提出的在伍德沃德大道举行游行示威作出计划。克拉格和C.L.富兰克林神父就在街道上组成了底特律人权会议(DCHR)。正是这个组织要求进行游行示威的。DCHR每个星期在整个城市的各个不同教堂里召开会议,为这次群众集会做准备。在大河大道詹姆斯·戴尔·瑞澳的一个建筑物里设立了几个总部,汤尼·布朗是协调人,他现在是《黑人日报》的总裁。马丁·路德·金同意领导这次的游行示威运动。6月23日这一天,大约有二十五万人参加了在伍德沃德大道为争取自由而举行的游行示威活动,人数远远超过两个月之后在华盛顿举行的示威游行,马丁·路德·金就是在那次的游行中发表了著名演讲——《我有一个梦想》。弗林特、庞蒂亚克等其他密歇根城市都派出了代表团。在伍德沃德大道的两旁,不断有群众参加到游行示威的队伍中去。一直到1995年的百万群众游行示威也没有哪一次的规模超过这次运动。

游行队伍在底特律河边的科博大厅旁结束的时候,克拉格做了激情澎湃的演讲。他鼓励底特律的人们联合抵制购买百货公司的商品，除非他们雇佣黑人经理以及部门负责人。他的演讲很具有鼓动性，就在接下来的那个星期一，尽管我们在百货商店里只有两三个人的纠察队，但这足以说服那些到商店购物的人们转身而去。只在一个星期内，百货商店协会就准备与我们进行协商。与杰米一样，克拉格在这种策略性的做法上简直就是天才。他们俩都非常清楚，在每一次的游行、每一次的示威运动中，都必须总结出一些特别的东西来，这是人们必须要做的事情。否则的话，你所做的无非是让人们失去工作，让他们失去力量，因为你没有提供他们区别事物的方法，因此他们也就不能发现他们自己的力量。

同时，在年轻人和街上混的人们中间，对警察职业军队的愤怒和不满也在不断加深。“自由”组织成员像查尔斯·约翰逊、约翰·威廉姆斯、贝克将军以及约翰·沃森等人，他们为这些人说出了他们心中的愤怒。这些年轻人多数是来自工人阶级家庭，在二十几岁的时候就参与了社会工人党的活动，常常会去考虑和谈论帝国主义、种族主义、工人阶级以及革命社会力量。他们后来成为黑人工人革命同盟的核心力量。在这段时间里，他们也会偶尔与RAM（这是由马克思·斯坦福领导的“革命运动”组织）合作。为参加革命运动，马克思·斯坦福没有完成大学教育。在武装自卫队的武力支持以及由罗伯特·威廉姆斯和马尔科姆·X提出的“采取所有必要手段”的理论支持下，来自弗吉尼亚的他在全国各地组织运动。在底特律，他住在我们家里，从杰米那里学习、吸收对资本主义和资本主义所进行的革命分析。1962年至1965年2月他在纽约的时候，总是定期地与马尔科姆见面，这让他能够时刻了解学生非暴力合作委员会（SNCC）以及其他青年组织的发展动态，并且他可以得到RAM的文件，文件回顾并密切关注马尔科姆转型的整个过程——从以一个把白人当成魔鬼的宗教民族主义者，转变成一位将对全世界资本主义制度进行的反抗运动看成是黑人的主要敌人的国际主义政治家。1962 年，当马克思·斯坦福问马尔科姆是否愿意加入“伊斯兰民族”组织时，马尔科姆拒绝了，他说：“我可以在‘民族’之外为尊贵的伊莱贾·穆罕默德做更多的事。”[5]

跟“自由”组织的年轻人一样，马克思·斯坦福的阶级背景与克拉格家族及亨利家族是完全不同的。他们的朋友和合作人多数都是中产阶级。他们总是穿着西装、打着领带出席会议。杰米只有在安排他做主讲人或在会议中做专题讨论小组成员时才那样穿着。否则的话，他平时总是穿着运动衫，毛衣或牛津背心。马克思大部分时间都是在组织街头青年进行运动，他总是穿着牛仔衣、白色运动鞋，看上去就像个反政府主义者，而且非常具有威胁性。有好几次当地管辖区的警察给我打电话，说他们在路边遇上他，他说认识我，让我去辨认一下。现在，马克思是在国会大学以及俄亥俄州克利夫兰凯霍加社区学院讲授政治科学，也是“本地 100 美国州、县和市职工联盟”的成员之一。

在这场和平的伍德沃德大道游行示威结束的几周后，底特律隐约看到了年轻人对底特律警察的愤怒不断升级。一个白人警察在底特律市中心埃德蒙地杀死了一位名叫辛西娅·斯科特的妓女，事件激起了五千名底特律人的愤怒，其中多数是年轻人，他们涌向了在宝毕恩 1300 号的警察总部。他们围绕着建筑物一遍一遍地喊着，“抓住杀人犯警察！抓住杀人犯警察！”而那些警察们用身体顶住门和窗户，他们打算开枪射击闯入者。人数越来越多，情绪也越来越激动，其情形就好像我们马上就要遭遇一场血腥大屠杀一样。克拉格、米尔顿和我商量了一下，然后决定让示威者们到埃德蒙地附近的一个拐角处，辛西娅·斯科特就是在那里被害的。几个月后，正当我们给基层领导会议的成员发出邀请函的时候，一位有着白领工作的黑人妇女透露说，她永远不会原谅我们的，因为是我们阻止他们向那栋建筑进攻。她说，一些人，其中包括她自己，会因此而被杀害，但如果他们能够带上几个警察一同走，也值得。他们怎么才能徒手做到他们所想的呢，我不知道。但是，她随时准备在用身体与警察进行对抗的斗争中牺牲自己的生命，这本身足以说明了她压抑已久的愤怒的程度之深。因此，四年后，警察对“瞎猪”（Blind Pig，一间下班后营业的酒吧）进行的突袭检查很自然成为了“底特律反抗运动”的导火索。

在6月23日的游行示威之前，DCHR（底特律人权会议）就已经让国家黑人领导人在11月第八周至第十周来底特律，参加一个黑人最高领导人会议。自1955年起，我就已经认识富兰克林神父了。当时我们在一起策划“肯尼亚星期天”时，他告诉我，他希望在底特律建立政治社区，帮助那些来自南方的黑人们学会处理城市生活中的孤独和个人主义。6月初的时候，富兰克林知道我将要去波士顿，于是要我从东海岸邀请一些人来参加这次的最高领导人会晤。然而就在10月23日，也就是在事先安排的会议时间之前的三个星期，富兰克林突然告诉克拉格说，他不想与东部的激进分子、社会主义者以及所有支持自卫原则的人有任何瓜葛，并且除非克拉格也摆脱这些人，否则他也不想和克拉格有任何关系。

富兰克林态度大转变源于民族运动发展的结果以及民族压力。整个夏天，肯尼迪政府竭尽一切努力压制不断升级的黑人运动。春天，在伯明翰不断有群众示威游行运动，也不断有群众被逮捕。在这之后，整个南部的群众自发运动逐渐变得暴力起来。学生非暴力合作委员会的年轻活动家们越来越不能忍受政府向当地白人的妥协政策以及它不能保护那些主张武力斗争的黑人。有些成员开始对马丁·路德·金的非暴力政策表示质疑。为了安抚他们,肯尼迪总统承认了6月11日的“黑人革命”的存在,并呼吁所有的公民参与,帮助它实现目标。与此同时,FBI却在窃听金的私生活,政府以揭露他的私生活来做威胁,试图以此来牵制金。南部白人的暴力行为让全国的基层群众感到愤怒,6月23日大规模的游行示威运动也极大地鼓励了他们,这些人开始谈论华盛顿举行的游行示威带来的结果。正如在马尔科姆在“给草根群众的信”以及他《自传》中所说的那样,“它让华盛顿特区的白人权力机构吓坏了”⑥,所以白宫召集了黑人民族领导人,并给他们提供金钱,让他们来控制游行。马尔科姆在1963年8月28日将其称为“华盛顿滑稽剧”。约翰·刘易斯在那个时候是学生非暴力合作委员会的主席,刚刚从乔治亚、密西西比和阿拉巴马的战场上回来。在那里成百上千的黑人以及他们白人学生同盟因为试图为黑人争取投票权力正受到攻击甚至被谋杀。他被迫在他的演讲中删除有关革命运动以及革命力量的部分,尤其是不能说出这一句:“我们将不再依靠总统、司法部或议会,我们将自己来掌控事情的发展,并在所有国家机构之外,建立我们自己的权力机构,这样才能并且将会保证我们的胜利。”他还指示那些示威者们只用官方许可的标牌,只唱一首“我们将克服”的歌。因此,许多合作委员会的普通群众拒绝参加那些游行。⑦

同时,因为感觉到在为华盛顿游行示威运动做准备的过程中的那种紧张形势,以及为了给独立黑人运动提供集结地点,退伍军人康拉德·林恩和威廉·沃斯(也是我们的朋友)在游行示威的那天号召建立一个由黑人组成的“当今自由党”。林恩是位激进的公民自由和公民权利律师,曾经在1947年参加了首次从弗吉尼亚州的里士满到田纳西州的孟菲斯的“自由乘车”运动,他还是罗伯特·威廉姆斯的律师。[8]沃斯是《巴尔的摩的非洲裔美国人》记者,也是1936—1937年度"尼曼记者奖学金"获得者(为嘉奖和培养杰出新闻工作者而设立的)。在捍卫新闻自由中所表现出的无畏让他与众不同。其中还包括他曾违反1957年美国对中国实行的旅行禁令,在那里生活了41天(为此他被吊销了护照)。为了拍纪录片,他没带护照就跟踪报道了"古巴猪湾事件",等等。黑人独立运动的发展前景让民主党感到十分害怕。在号召建立"当今自由党"之后,肯尼迪曾两次告诫媒体——白人与黑人之间在政治上的分歧将会是"致命的"。

底特律人权会议解散背后有几个政治组织,就是他们组织了6月23日的游行示威。我现在还非常清楚地记得当时分裂的情景。那天晚上,米尔顿和我在某人家的地下室里,为建立全部由黑人组成的"国际贸易联合会"准备一份演讲开场白,这时克拉格突然带来了富兰克林发出最后通牒的消息,他自己拒绝接受富兰克林提出的有关继续合作的条件。米尔顿当时马上作出的反应非常典型:"如果这是他们想要的方式,谁会在意呢?在同一个周末我们将会有自己的组织,我们将会邀请马尔科姆来做演讲。"

这就是我们所做的。米尔顿负责联系马尔科姆,马尔科姆已经获得了穆罕默德先生的许可,而我们准备在富兰克林召开最高领导人会议的同一周召开草根领导人会议。我们做了一些安排:在"凯利先生"(是在切尼街的一个鸡尾酒吧)组织了研习会议,在14街的所罗王浸信会教堂召开星期天集会(马尔科姆做演讲人)。在研习会上,我们讨论并计划组织一些活动:在圣诞节举行联合抵制行动,以此来抗议9月发生的伯明翰教堂爆炸事件(那起爆炸案夺走了四位小女孩的生命);在全国范围内联合抵制购买通用汽车公司的产品;发起建立"当今自由党"的运动。马里兰州剑桥地区斗争领导人格罗莉雅·理查德森参加了我们的会议，并且说，比起在一家市中心旅馆里举行的最高领导人会议，我们的会议生动、有趣得多。在会议中，有几次大家发表了完全不同的意见，也进行了激烈的讨论。杰米和我极力支持圣诞节联合抵制运动；由于GOAL（高等领导小组）成员已经开始设计、销售附有黑人主题和人物的圣诞卡片的商业活动，他们坚决反对联合抵制行动。但是在全体会议上，我们最后还是采用了所有建议的活动，选举杰米为主席、我为秘书。

在11 月10 日星期天群众集会上，参加的人数有三千人之多。绝大多数人并不是穆斯林。我想这就是为什么马尔科姆，一个对台下听众十分敏感的人，那天所做的演讲与他任何时候的都不同。在演讲的开头，他将“黑人革命”（这里要与“黑鬼革命”相比较）放置在其他为争取土地所进行的革命的历史条件中，并引用了华盛顿游行示威的例子；然后作出他著名的阶级划分：在房间里服务的黑奴们已经成为他们主人家庭中的一员；而在田地里干活的黑奴们根本不想和主人有任何瓜葛。还是和平常一样，他首先对尊贵的穆罕默德先生表示效忠，然后他突然改变平时的风格，身体倾向在座的听众，开始他自己所说的那种“在你我之间的即兴式闲聊”。与他在“即兴式的、实事求是的闲聊”中所表现出来的激情和紧迫感相比，他对穆罕默德的赞辞就显得十分的形式化和机械。在主席台上，我对坐在身边的克拉格神父低声地说：“马尔科姆将会离开穆罕默德先生。”11 月10 日，也就是在肯尼迪总统被刺的前两周，穆罕默德停止了马尔科姆的权力，因为他说：“诅咒像鸡一样，是会回巢栖息的（害人反害己）。”在那个时候，我根本不知道马尔科姆向穆罕默德对NOI 组织中的年轻妇女的行为举止提出了质疑，但是20 年出席政治会议的经历让我能够感觉得到他演说风格的变化，这显示着一场激进政治变化即将发生。

在马尔科姆的演讲结束后，刚当选草根领导人集会主席的杰米发表集体募捐讲话。那简直就是场灾难。从人数众多、激情洋溢的听众中，他所募捐到的钱只有131美元。之后，我们总是毫不留情地取笑他说，他这个"骗子牧师"应该收更多的钱。

在1993年出版的《统一战线》中，我总结了草根领导人集会的意义：

> 北方的黑人革命不到六个月。刚开始时，在伯明翰发起的运动只不过是对南方表示同情，但现在，北方的"黑鬼们"的不满使它形成了自己的哲学和策略……
>
> 参加这个集会的大部分是二三十岁的年轻男士和女士，他们中多数人是在北部大城市里出生、成长的普通工厂和办公室的工人、教师、青年的专业人士、学生，他们都具有工人阶级背景……
>
> 比起南方来说，北方黑人革命更直接地面临着经济问题。在南方，"黑鬼们"仍然在为平等的公民居住权以及选举投票权而斗争。为获得这些权利，群众力量将会参与到运动中来。但是在北方，"黑鬼们"已经获得了这些权力，至少从官方上来说是这样的。因此，他们是否还要工作、为什么要工作、是否他们要投票、为什么要投票——这些问题都成为非常关键的问题。

集会上，马尔科姆·X和克拉格非常清楚地陈述了这些问题。"黑鬼革命"和"黑人革命"并不是同一回事。自由的白人们是可以接受'黑鬼革命'的，因为那只不过是将黑人们纳入到这个腐败的白人社会中去。但是‘黑人革命’却是要为掌管这片‘土地’(获得经济来源)而斗争,而且还要为此采取一切必要的措施。

在为“当今自由党”做演讲时,克拉格从政治斗争的角度也得出同样的结论。他解释说:“如果‘黑鬼们’仅仅只是为民主党或共和党选举投票的话,他们是在浪费他们的选票,因为这些实质上是由白人组织的政党,是为了将‘黑鬼们’保留在他们自己的地方,乞求获得特许权。但是,通过为建立由黑人组成的政党投票,他们就能让自己处于一个独立的、拥有控制权的地位,这样就能够迫使白人与他们进行协商。”

在1963年快接近尾声时,我感觉黑人运动发生了完全的改变。人们曾经为生活在这个国家的黑人公民权利发起运动、在6月23日底特律伍德沃德大街举行游行示威,对通过斗争运动创造黑人未来充满了希望。现在,这些希望却完全被在城市里长大的年轻黑人们的无助和沮丧所代替。我完全相信,我们正处于转折阶段。于是在那年的圣诞节,我送朋友两张唱片作为礼物,一张是在1962年发行的《天堂与地狱之间》,唱片的作曲、作词者是小奥斯卡·布朗;另一张是《白人的天堂是黑人的地狱》,由路易斯·X完成(现在他众所周知的名字是法拉坎),我是在1963年第一次听到这首歌的。[9]

《天堂与地狱之间》这个唱片集风格非常活跃,也非常性感,充满了有趣的内容;同时,它揭示了黑人的艰苦生活以及艰辛的工作。甚至是根据格温多林·布鲁克斯的诗改写的《哀歌(浅肤色的黑人男孩)》也有着节奏欢快的布鲁斯风格。《山姆的生活》表达了这样的希望:

我知道一个伙计,

大家都叫他山姆。
他付出的永远比他得到的多。
但如果你去听:“是的,先生;是的,女士。”
我将告诉你山姆是怎样生活的。

山姆的生活不是你所希望的。
山姆的生活就是再洗一个脏碟子。
山姆的生活就是还有一层楼要擦,
给别人收割庄稼。
山姆的生活就是每天都劳作。
除了麻烦,没有其他的事情可以这样的容易。
山姆的生活就是疲劳的肌肉,疼痛的背,
向上帝祈祷,面对现实。
事实是他的生活
有太多的痛苦和遗憾。

但是山姆非常勇敢,他仍然拥有一首明天的歌,一个明天的希望。

山姆的生活就是拥有明亮眼睛的女儿和儿子
拼命地工作,
为了让他们比山姆和我更好的机遇。
我相信他能做到
因为我信任山姆。

相比而言,《白人的天堂是黑人的地狱》旋律非常优美,由路易斯·X弹奏和演唱的。歌曲毫无掩饰地表达了对黑人传教士误导者和白人的痛恨和敌意。这里我提供了一些章节:

为什么我们被称为黑鬼?

为什么我们聋了,哑了,瞎了?

为什么每个人都取得进步

然而我们似乎被落下了?

为什么我们要受到这样的对待?

为什么我们的状况是这样的?

要夺去我们的名字,我们的语言,我们的文化,我们的上帝和我们的信仰?

在美国我们所有的宗教教育都是传教士给我们的,

他告诉我们去往天堂的路。

那就是我们现在不能享受的,但却可以在我们死后享受到。

在我们活着的这些年里,

一无所有,除了地狱,折磨,和焦虑。

但是那位传教士告诉我们有一个天堂,那里充满奢侈的物质,

这些东西就是我们看到的,现在白人和传教士所拥有的。

所以我的朋友们可以坦然面对。

你的天堂和地狱就在这里,就在这个地球上。

当白人来到美国时,

他告诉印第安人,我是你的白人兄弟。

他说:"印第安人,我教你最好的东西。"

但是相反,他把印第安赶到了遥远的西部。

带着他的白人女人,带着他的酒,
棍棒和谎言,他偷走了美国。
这个国家原来的主人,
被关在了保留区里。
所以我的朋友们,这不难说,
白人的天堂是黑人的地狱。

他需要有人在土地上工作。
他的背太娇弱,他需要你,黑人。
于是他委托约翰·霍金斯先生犯下让人无法原谅的罪行。
带走那些生来自由的人,
他被卖给奴隶主。
他以商品被出售,
给他身体上标上价格。
噢,我的朋友,不难看出。
白人的天堂就是黑人的地狱。

当奴隶主想要做运动时,
他将会给我们的父母带来最残酷的事实。
将他们绑在火刑柱上烧死,将他们吊在树上,完全漠视我们父母们的乞求。
即使你是位怀孕的黑人妇女,你还是要去犁地,
像一匹马,一只狗,甚至是一头牛。
他用他恶毒的种子填满你的子宫,
你必须抚养他有一半白人血统的孩子。

噢，我的朋友，不难看出。
白人的天堂就是黑人的地狱。

所谓的黑奴让你打开眼界。
各地的黑人愤然而起。
他将那位白人踢出亚洲，
并且也将被踢出非洲。
用尽所有的力量和呼吸，
他大声地喊道，“要么给予我自由，要么就杀死我！”
整个黑人世界将要依靠你们，
看到所谓黑鬼要做的事情。
所以，我的朋友们，不难看出，
我们的团结将会给白人一个地狱。

1964年，这种痛苦和愤怒开始在北方的几个社区里爆发。然后在1965年，洛杉矶在瓦茨区爆发了“烧掉，烧掉”暴乱。

同时，在底特律，我们继续组织黑人社区为争取政治力量作斗争，这是防止无果的暴力行动最好的途径。自从参与了“草根领导人集会”，人们都叫我“组织者”。[10]所以在集会的两三个星期后，克拉格和乔·巴伦找到了我，让我成为全部由黑人组成的“密歇根当今自由党”的协调人。为了在选举中获胜，我们必须在规定的时间里，在这个州的11个县中收集到一万一千多的签名选票，也就是每个县至少要有一千张。我非常高兴地接受了这个挑战。这样，我就能开着我们那辆新的红色福特，与乔·巴伦、克里斯·奥斯顿以及其他人一起走遍整个州，同时还能了解那些像密歇根一样拥有大量黑人人口的城市，如马斯基根市、大溪城、弗林特市、庞蒂亚克市，当然还有许多黑人人口不多的城市。在那里，我们几乎要得到每一位黑人的投票。在那个时期，这样做并非易事。当我们要他们的签名时，他们回答总是，“我不想参与任何全部由黑人组成的活动”。不过即使是这样，我们还是得到足以在密歇根选举中获胜的投票，而在其他州，在是否允许白人参与这个问题上，发生了严重的分歧，以至于组织者甚至连请愿书都还没有准备好。通过在全州进行了“当今自由党”的竞选活动，我们遇到了巴巴瑞亚和吉姆·杰克逊。他们后来成为我们终生的挚友和同志。吉姆是马斯基根的一位按摩医师，儿时住在马萨诸塞州的斯普林菲尔德市，他是克拉格神父在当地一个教堂组织青年小组时参与到运动中来的。

在我们获得参与选举的许可后，马上列出了一个完整的候选人名单，并且将这份带有候选人照片的名单公布在《插图新闻》上。克拉格神父竞选州长，马斯基根的杰克逊医生是我们组织竞选副总督的候选人。而我自己则是某个教育办公室的候选人。在9月，竞选的前两个月，米尔顿·亨利进行了一次自由讨论。罗伯特·肯尼迪决定利用《美国宪法》规定——上面说，候选人在本人参加竞选时必须居住在参加竞选的州内——竞选纽约的参议员。米尔顿建议说，我们给还在埃及开罗的马尔科姆打电话，让他以“今日自由党”的名义为密歇根的参议员投票。我们这样做了，不过，他还是婉言拒绝了我们。

大选的那个晚上，报道显示“今日自由党”获得了成千上万的投票。听到这个消息，让我们感到非常高兴。后来，我们被告知那是个技术上的错误，我们只得到了二千五百份投票。有些人怀疑，我们已经成为种族歧视阴谋的受害者。不过，在1994年秋天，也就是在瓦茨区发生暴乱前，黑人依然还生活在受到不公待遇的社区里,所以我对这样的结果并没有感到十分惊讶。

1964 年,“革命运动(RAM)”组织中有一半的成员在我们家的地下室待了一个星期,准备出版《黑人美国》。到现在,尽管这本杂志不是很有名,但这依然是介绍在“黑人力量运动”中运用的理论观点的最好杂志。杂志的封面是马克思·斯坦福用炭笔画的复制品,原作现在还挂在我们家起居室里。这份杂志用了六页纸来引用革命民族主义创始人的观点,其中包括马库斯·加维、伊莱贾·穆罕默德、W. E. B. 杜·波依斯、罗伯特·威廉姆斯、马尔科姆·X、哈罗德·克鲁兹、神父克拉格、马克思·斯坦福以及詹姆斯·博格斯。而且还全篇引用了马克思·斯坦福、杰米、罗兰德·斯耐林斯(后来更名为阿斯卡斯·图尔)、唐·弗里曼、查克·约翰逊等人所写的文章,以及一首由罗兰德写的名为《火之歌》的诗歌和一封名为《向英勇好战的越南兄弟们致意》的信。

在我们家的地下室为 RAM 的兄弟们提供住宿是件非常头疼的事情。他们会整晚地讨论,全然没有想到杰米需要很好的睡眠。因为他需要在早上五点钟起床,然后去克莱斯勒工厂上班。当杰米责怪他们缺乏基本的技术技能时,他们则总是说他们才不会在意那些东西,这些是在革命成功之后非洲的兄弟们需要关注的。在那些日子里,人们对非洲总是会有些错觉。有一天晚上,因涉及了一位警察的事件而逃跑的年轻人来到我们的房子里,向我们询问怎样才能够在非洲找到礼拜堂。

在《黑人美国》出版之后,我们和马尔科姆一起驱车前往纽约参加一个由马克思·斯坦福主持的会议。我们的目的则是希望马尔科姆在与穆罕默德先生脱离关系之后能够和我们一起建立一个组织来为“黑人权力”而斗争。我们是在哈莱姆的一家咖啡店遇上他的,在场的还有来自《第三世界妇女报》的比尔·沃西和帕特丽夏·鲁宾逊。他们当时并不是以记者的身份出现的，而是以朋友和同志的身份。我们都非常准时。会面一开始，马克思就说，那些严肃对待为黑人争取更好的生存条件而斗争的人们有义务行动准时，并且不能够违反法律，即使是像违规停车、闯红灯这样简单的事情。他还说，那些以种族主义为借口做些不负责任的社会行为的家伙对待斗争的态度并不是很严肃。他说他需要一定的时间来考虑我们的要求，并且建议我们派一个人去他那天晚上办公的地方，那时他就会给出答案。我就是那个得到答案的人。那就是我们必须继续向前迈步，在没有他的情况下建立那个组织，因为他认为自己不过是个传福音者。就我个人而言，马尔科姆留给我的印象是，他是个思想解放、有思想的人。但我也感觉到，在政治上他非常孤独，而且并不确定他将要做什么，以及他将在哪里进行运动。

1964 年，马尔科姆在底特律做了好几次演讲。其中在一次会议上的演讲名为《投票还是子弹》。当时的听众比较少，大约只有一两百人，他还是用以往的演讲风格，当他责备人们缺乏战斗精神、完全接受白人的价值观时，他的那些听众立刻感觉到了不安，同时也会心一笑。1965 年 2 月 14 日，邀请他在可容纳两千人的福特会堂举行的会上发表演说。正好那天早上，他在纽约艾尔姆赫斯特的房子被炸毁。在我们等他出现时，我在大厅里问米尔顿·亨利，马尔科姆是否能如期赴约。他说："马尔科姆死了。"他的意思是马尔科姆肯定累死了。而我只是从字面意思理解，我当时的感觉糟透了。最后，他终于出现在讲台上，并且开始漫谈起来，于是大多数人，也包括我自己开始向会堂外散去，因为这真让人感到痛苦。

2 月 21 日，也就是在接下来的那个星期天，马尔科姆在纽约市奥杜邦联谊厅演讲时被枪杀。帕特丽夏·鲁宾逊打电话告诉了我们这个消息。我们刚从 CORE 组织的游行示威回来。示威是在牧师莱·休特所在的教堂外举行的,他当时指责年轻黑人们过于好斗。那个冬天最寒冷的暴风雪开始了。米尔顿飞往纽约参加有电视台直播的葬礼。星期五晚上,在东区的格拉希厄特的一个大厅里,我们和包括理查德·亨利、雷金纳德·威尔逊、格温多林·玛丽特在内的其他人一起组织了底特律马尔科姆的追悼会。天气非常冷,雪也很深,所以只有 50 个人来,不过我们都宣誓说,要建立起马尔科姆认为很有必要的组织。在他被刺杀之后,我们和帕特丽夏·鲁宾逊、比尔·沃西等人一起研究,如果有可能,是否能邀请伯特兰·罗素、让·保罗·萨特,组成一个国际会议来调查马尔科姆的被杀事件,或让 CIA、FBI 也参与调查,但最后还是决定放弃这些想法。

几个月后,一些从华盛顿特区、费城、芝加哥、克里夫兰以及纽约来的代表在我们房子的地下室里和我们一起建立了“黑人力量组织”。我们没有邀请克拉格、沃恩以及亨利兄弟来参加会议。尽管我们没有谈起过这些,而且我们还在一起工作,不过我们都开始感觉到我们之间的不同。当你参与了斗争,而且这种斗争很有可能会具有影响力,通常的做法是尽量减少差异,而不是扩大这种差异,并且允许他们顺其自然地发展。而另一方面,如果你不能影响事件的发展,就像在 20 世纪 30 年代斯大林主义与托洛斯基主义之间就苏联政策而进行的争辩那样,差异很有可能导致残酷的流血事件。

同时,在有电视直播的马尔科姆的葬礼上,有上千名群众,还有即将成为领导的黑人,其中一些还只有十几岁,他们常会用“马尔科姆曾经说过”开始他们的演讲,每个人都希望将马尔科姆简化成肤浅的政治标语来继承他的衣钵。这很让人担忧。如果马尔科姆还活着，我想他一定会像每一位伟大的领导人那样继续向前发展，而不是止步不前。在他生命中的最后一年里，他提出的问题要远远多于他得到的答案。[11]在他被刺后，比尔·沃西常说，马尔科姆在与穆罕默德先生决裂之后的那一年里，如果不是去周游全国和世界，而是和我们一起在底特律进行组织研究的话，那么就会对现在的运动要有益得多。

在1965年的夏天和秋天，我和克拉格一起在为“不再为市议会举行运动”的组织工作。那个时候，底特律的人口中已经有一半是黑人了，但是只有一个由白人权力机构选出的黑人市政会委员。我们想，如果让选民们“重重地”投上一票，我们就能选出更多的黑人。但是这个策略并没有奏效。1967年的暴乱彻底改变了这一状况，现在的市政会里有六个黑人和三个白人，也就是说在这个城市里有了更多的不同种族的代表。

同时，杰米一直还在写书、演讲。1970年每月回顾出版社出版的《种族主义和阶级斗争：一位工人的摘记》中重印了他在这个时期的大多数作品。在这些文章中，你可以看到杰米正在努力地让那些黑人斗士们赋予“黑人力量”更深的意义，其中包含了阶级问题以及重新组织美国社会革命。在这些日子里，白人们常会问“黑人力量”怎样不同于白人力量，多数的黑人会说，“它不会比白人力量更糟糕”，似乎只有白人才会问这样愚蠢的问题。杰米对那些参与运动的黑人们非常耐心，也非常尊重，在马尔科姆去世后尤其是这样，他总是尝试着拓宽他们的视野，努力地让人们意识到，现在需要的不是提出“分裂还是合并”的问题，而是要将问题提升到更高的层面，那就是社会结构的改变，尤其是要抓住这样的问题——我们要怎样在自动化的社会中生存下去。

在《种族主义和阶级斗争》中最为重要的文章中，有一篇名为“城市是黑人的土地”。其中解释了“黑人政治力量”应该怎样重新组建城市中的经济，让黑人们很快成为社会主体。在 1965 年，杰米和我一起在做这方面的研究，那时他还接受了摩根州立大学的邀请。[12]由于当时他还得去上班，所以由我去巴尔的摩演讲。这是我第一次在黑人大学里遇上那些教职员工，他们就餐时的礼仪让我惊讶不已。大家对我的演讲反映非常热烈。到现在为止，还有人告诉我说那篇文章和那个标题对他们来说非常有意义。奥西·戴维斯在杰米的纪念会上这样说道：

> 在那个时候，我们不仅将土地看成是权力和财富的来源，而且它还是获得身份的来源。我们认为在这个国家里，我们应该拥有一些土地，并且要求政府必须给予我们黑人一些土地，这样我们就可以在这些土地上建立起自己的工厂、社区，这样就可以过着与世无争的生活。可是，当遇到这本书时，我的心灵被再一次打开。文章的标题很简单，“这个城市是黑人的土地”。我不再认为我们必须走出去，然后在某些“上帝”的领域里树立起自己的旗帜，而且也不再沉迷于自己的这种浪漫想法。我们必须要为有意义的事情进行斗争，在那一时刻，那一时期，直到现在，我们城市进行的斗争是最激烈的。所以这个城市确实是黑人的土地。

就在这个时期，《纽约邮报》专栏作者——可能是吉米·布雷斯林或默里·肯普顿——写到，在底特律发生的事情将会在整个国家产生强有力的影响，因为不仅是运动家，而且是理论家都参与这场本土斗争。

在1967年初，杰米和我在底特律组建了“市中心组织委员会”，通过政治教育及运动实践，培养普通同志成为领导者。我们在黑色玛丹娜神社召开会议，克拉格被任命为主席，杰米为副主席。不过，克拉格则对组织“黑人基督教民族主义运动”更感兴趣，他很少参加会议，所以实际上是杰米领导这个组织。吉姆·霍克(即詹姆斯·霍克)是我们的朋友，也是通用汽车工厂的工人。他承担了组织对西尔斯进行联合抵制运动，因为它限制黑人商人的销售量。为了让社区能够掌握对学校的控制权，我们将组织由学生组成的“市中心学生联合会”以及由家长组成的“市中心家长委员会”。杰米也开始探索在“黑人政治力量”下警察所应该起到的新作用，正如他以往的做法一样，他开始研究在城市社会中警察的历史。

1967年7月，城市里的气氛越来越紧张，我们决定驱车前往洛杉矶，带上杰米十几岁的女儿以及另一个孩子，和弗莱缔和莱曼·潘恩夫妇一起去度假。在离开底特律之前，吉米建议“市中心组织委员会”的成员们说，如果爆发运动，他们最好是不要参与。暴乱很快就发生了。6月20日，星期天，在回家的路上，我们和平·范瑞一家在圣芭芭拉过夜，我们从录音机中了解到，底特律发生暴乱，整个城市陷入一片火海之中，其中就包括迈克街区(就在我们家附近)。当然我们也不能为之做些什么，因为路上还要开车好几天才能赶到底特律，所以我们决定继续前往旧金山的计划，并且和康尼·威廉姆斯一起待在黑什伯里的旅馆里。当我们回到底特律时，才知道《黑人起义》的作者路易斯·罗马克斯在《底特律新闻》上写了一篇文章，指出组织这次暴乱的六个人是：牧师克拉格、亨利兄弟、爱德华·沃恩、格蕾斯和詹姆斯·博格斯。

就在我们回到底特律时，包括司法部长办公室的约翰·多尔、亨利·福特二世等在内的所有显贵们都在黑色玛丹娜神社演说，当然也有许多的听众。在那里，如果想去认识克拉格，就必须要经过比佛利·威廉姆森的检查，这是位个子很高，令人害怕的黑人。在社区里，每个人都称自己是“黑人”（使用了英文中的“black”就是黑皮肤的意思，表明他们为自己的肤色赶到骄傲），相互见面时往往会用“黑人的力量”去握手。当那些人称杰米为“兄弟”，并伸出手要与他握手时，杰米常会缩回手，平静但非常坚决地说：“我不知道这种兄弟关系将会持续多久。”到那个时候，我已经非常了解杰米，毕竟我们在一起十四年了。但是，当这股黑色浪潮席卷了他的周围时，他依然还能坚定自如地表达自己的忠实想法，这还是让我惊讶不已。

为了报道底特律暴乱给全国带来的影响，NBC（国家广播电台）策划了一次一个小时的专题讨论，邀请我们几个到录音棚录影。尽管米尔顿打电话极力要我们也一起去，但杰米和我还是婉言拒绝了。正如我们所料，那次的专题节目将暴乱说成是一次阴谋。

暴乱发生之后的一个星期，在底特律组织的成员，包括小约瑟夫（哈德逊百货商店主席），克莱斯勒和福特汽车公司的行政官员，以及汽车工会的领导人，宣布了“新底特律”的成立。“新底特律”是准备承担重建底特律的一个组织机构。就在成立“新底特律”的前一天，在市—县大楼的会议厅内举行了一次大会。期间，克拉格宣布说：“我们就是新的黑人组织！新底特律将会听从我们的指挥！”[13]他呼吁黑人们来组织它。在现场，由这个城市里来自不同组织和派别的代表组成了“全市公民行动委员会”（CCAC）。这些人中有想参加选举进入行政办公室的；有想参加武装斗争的；有想组织黑人工人运动的；有仅仅是为给他们自己找份工资更高的工作；也有想在这城市里某个地方建立自己的地盘的。不久后，CCAC 得到媒体的充分注意，也得到了资金，这样每个人的动机发生了冲突，组织也就随之崩溃了。

有段时间我在 CCAC 工作，为它的电台发送新闻。与此同时，我们也组织了两次会议来探讨社区对学校的控制，以及怎样才能将公立教育转型：一次是名为“学校的社区管理”的会议，底特律公立学校管理层所有重要的人物都来参加了；另一次是“黑人教师工作室”会议，参加的有普雷斯顿·威尔考克斯和罗蒂·迈克伊，他们刚刚参与了纽约市布碌仑区奥新希尔地段进行的斗争，另外还有上百名的教师。当我们来为他们注册时，他们在门外已经等得不耐烦了。但很快，我们就发现他们来的目的更多的是为了更能够被选上并成为教育董事会的成员，而并不是为社区争取对学校的管理作出斗争。比如，在克拉格会众中有一位成员参与了董事会的竞选，他告诉记者说，尽管他在“市中心家长委员会”以及“黑人教师工作室”组织前宣布他支持社区对学校的管理，但他参加竞选并不是为了这个目的。当我们在“市中心组织委员会”会议上提出这个问题时，克拉格说这个问题并不重要。杰米则要求召开一次会议，这样会员们可以对这样的问题进行讨论并作出决定。而克拉格并不感兴趣，我们离开了会议，而且从此再也没有在一起工作过。

尽管我为克拉格工作了六年，但就此我们之间也就彻底地断绝了关系。此时，在这个国家里，骚乱不断发生。1968 年 4 月 4 日，马丁·路德·金被刺杀，他的死最终证明了美国之梦的破灭，在全国各地上百的城市里，出现了像底特律暴乱的群众运动。就在金的暗杀事件之后，措词激昂的革命演讲以及拿起枪进行自卫的画面吸引着成千名年轻的黑人加入或组织“黑豹党”的分部，他们深信对金的刺杀是美国白人对黑人进行大规模屠杀的开始。在底特律，社区里的人们在地下室储存食物来防止白人的突袭。同时，UHURU（史瓦希里语，“自由”的意思）的兄弟姐妹们出版了他们自己的报纸，名为《城市之声》，杰米为其中的一个专栏写文章，这个专栏还翻印了 C. L. R. 詹姆斯的演讲稿。他们将一些工厂里的黑人汽车工人组织起来，建立 DRUM（道奇革命联合工人组织）、FRUM（福特革命联合工人组织）等等，这些组织构成了“革命黑人工人同盟”。

显然，一个时期已经快结束了，杰米和我不再知道该往哪里发展，我们该做什么。所以，当罗伯特·吉尔马可邀请杰米在罗马、比萨、佛罗伦萨、特伦托以及米兰的大学生做一周的巡回演讲时，我们非常乐意地接受了邀请。罗伯特是一位意大利电视制片人和出版商。他曾组织出版了意大利版的《美国革命》，并且还准备出版意大利版本的《种族主义和阶级斗争》。杰米的巡回演讲将会有助于书的销售。

1968 年 6 月初去意大利的路上，我们在巴黎待了几天，住在威廉·加登勒·史密斯的公寓里。他是一位美国小说家，当时为法新社工作。[14]看到年轻人们将巴黎的广告牌烧掉，和史密斯的一些朋友在媒体上交流，这让我们似乎又感觉到了 6 月的那场暴动。我们从巴黎坐了一个晚上的火车来到了罗马。在罗马，意大利学生也是一片骚动，我们不得不走过警察设置的路障才能进入大学，学生们都被隔在那里。意大利学生对“黑人力量”运动非常感兴趣，许多人都读过意大利版本的《美国革命》，上千人都来听杰米的演讲，尽管很少有人听得懂他的阿拉巴马口音。在特伦托，杰米很吃不惯意大利油腻的食物，他生了病，所以我只好代替他演讲。这次巡回演讲正处于当地运动的高峰期，我们只是在旅馆里进进出出，根本没有时间欣赏当地的风景,也没有机会同那些基层群众聊天。

此后,我们飞往几内亚首都科纳克里,和克瓦米·恩克鲁玛待了一个星期,然后在6月底回到美国。当我们来到底特律的飞机场时,我不知道在我们面前的将会是什么,但我知道的就是那将会与即将结束的这十年时间里所发生的完全不同。

第六章
超越叛乱

玉平

在 1968 年 6 月我们回到美国后，我完全清楚地感受到杰米和我之间关系的变化。我们依然非常不一样。例如，在底特律国际飞机场，杰米可以轻松经过移民海关口，而他们却要仔细地检查我，他们这样做是因为要防止亚裔人携带毒品过关。不过十五年来我们生活、工作在一起，我们关注、聆听的东西渐渐一致起来。

我们所听到的、看到的就是美国人开始思考、谈论并很想了解他们两百年来从未有过的革命。马丁・路德・金和肯尼迪的遇刺事件，越来越多的人反对向越南动用军队，1967—1968 年发生的黑人反抗运动，这些都让美国人感觉到这个社会已经发生了巨大的变化。旧的信念在瓦解，现存的机构不再发挥作用，许多人（人数甚至比 30 年代大萧条时期还要多）都在寻找他们自己思考以及行动的新方法。

在菲尔德大街附近，我们所看到的是“杰米式的男孩们”成为反叛者，他们有意识地，同时也是非常自豪地与白人美国的行政机构和立法机构作斗争。他们再也不愿意忍受曾习以为常的种族主义，意识到一直以来他们都是技术发展的牺牲品，不断进行的斗争让他们不再是一个可以被忽视的群体。年轻的黑人们形成一股新生的街头力量,而且正逐渐对白人权力构成威胁。但不幸的是,掠夺显然已经成为新起运动的一种方式,并且消费主义在我们的文化中已根深蒂固,犯罪成为成千上万的人的生活方式。例如,哈维·蒂尔林是"杰米式男孩"的一名成员,是在我们居住的鲍得温街对面长大的。就在我们回来后不久,他来到我们家,给我们看他刚偷到并准备出售的珠宝首饰。他在1985年被一名警察打死,我在他葬礼上的悼词实际上也适合给其他像他这样的人。就在他被杀死的前一天,他还从我这儿借走了《马尔科姆的自传》。下面就是我在悼词中所写的内容:

> 像大多数坐在这里的人一样,我从哈维还是孩子时就了解他了。尤其是1967年暴乱之后,他的生活变得非常混乱。暴乱中太多的抢夺让哈维和他的朋友们都渐渐将它作为他们的生活方式。一件接着一件做,不久他就被送到了杰克逊。
>
> 从监狱里释放出来的哈维花了一些时间来重整自己生活,而且在最近的几个月确实非常努力。他到处找工作。这么多年来一直和其他犯人关在一起,于是他开始想要一个真正生活。但是当他凑足了一个星期的租金时,他的房东太太却要一个月的抵押金。于是他决定回到学校去学一些技能回来。然后,就是在上个星期,他花了一个星期的时间为隔壁的男人修理走廊,却只得到了11美元。
>
> 我并不知道在警察开枪打死他的那个晚上到底发生了什么,但无论当时在做什么,哈维都不应该死因为——他没有枪。
>
> 但是哈维并没有白死。在南非,社区的人们已经知道该

如何利用葬礼让社区变得更加强大。

哈维并不想当一名市长或银行行长。他所想要的就是工作,成为一名受到我们社区尊重的人。所以,我们许多在外努力的年轻人尝试做正确的事情,但每次都沮丧而归。我们应该组成社区帮助团体,让我们的人民摆脱监狱之苦。如果只顾及自己的生活,那么就听不到他们呼救的声音。不论他们的生或死对我们都很重要。

在格温多林·布鲁克斯的诗中,提到:

我们都能成为对方的成就,
我们都应相互关心对方,
我们不可分开,都对对方很重要。[①]

休伊·牛顿总是带着黑色贝雷帽、穿着黑色皮夹克坐在像王座的椅子上,一只手拿着枪,一只手拿着矛——他的形象让许多年轻黑人着迷。不论是去参加黑豹党还是在全国各地建立黑豹党分支,他们都急切渴望学到理论,采取行动。他们正在寻找一种能为之付出生命、能为他们革命运动指明方向的事业。仅在 1968 年 6 月,黑豹党在纽约就招募了将近八百人,到 1969 年,他们在 45 个城市里建立了分部。[②]

那些曾经在 60 年代具有战斗精神的个人或组织中,没有一个能够意识到这种转变,也没有意识到自我毁灭正在那些街头力量中传播。他们都忙着自己的事情——实现他们自己某个理论;为某个职务相互竞争(那其实只是白人权力机构为颠覆运动而预留出来的);准备竞选某个政治机构;或者是为他们自己做些生意。

像其他人一样,黑豹党的创始人们还没有对这场充满抱负的革命做好准备。即使是他们曾想这样做，但是他们没有时间创造革命哲学和理论，抑或是一个机构和项目来负责培养那些成千上万站在门外等候的人们。所以他们几乎是一字未改地借用了毛泽东的“红宝书”，根本没有区分哪些是适合中国的（或者说是革命成功后的形式），哪些是适合美国的（或者说是潜在的革命形式）。那些已经不耐烦的成员以及被派来破坏组织的奸细都在迫使黑豹党与警察进行城市战争，于是最终导致了这个组织的解散。无数党员在突袭中被杀死，或者被警察开枪打死。在斗争的压力下，许多人开始吸毒、酗酒。[3]

现在，将近三十年后，尽管有上百人像哈维那样死于街头暴力，或死于毒品，或死在监狱里，这股街头力量甚至比 1968 年的规模还要大。当然它现在也更加绝望，因为越来越多的工作向海外输出，其他人都将他们看成是牺牲品，甚至连他们自己也是这样想的。同时，不再有牺牲精神，也不再有 60 年代或 70 年代对自己的那份自信——正是这份自信让上千的街头年轻黑人把自己看成是革命力量，并加入黑豹党。那就是为什么如今这些年轻黑人以及越来越多的其他人更需要（甚至比过去的那些年里更需要）一些活动让他们的生活更具社会意义和历史意义。除非能够满足这种需求，否则无论这个国家的经济和技术如何发展，它的社会以及道德都将会继续腐坏下去。

1968 年初，杰米和我开始集中精力面对这种挑战。要做到这些，首先就是要在理论上能够区别暴乱和革命。在 1968 年之前，我们从事了 58 年的激进运动，从未觉得有必要进行这样的区分。但现在，激进分子正支持、鼓励那些由于绝望而加入黑豹党的年轻人们进行暴乱活动，即使其结果显然只会是场灾难，并且最终导致道德败坏。这些年轻人准备好领导革命了吗？如果是，是什么样的革命呢？如果不是，为什么呢？

为了研究这些问题，我们就需要从底特律不断发展的事物中解脱出来。所以在 1968 年，我们决定和在缅因州撒顿岛旧时的同志弗莱缔、莱曼夫妇一起度假。在莱曼还是孩子时，他就经常在那里度暑假。在度假屋里——因为农民们在岛上工作时，孩子们就在这里上学，所以他们称之为学校屋——我们四个人的聊天涉及的方面很广。也就是从那时开始，这已成为一种习惯。每年夏天我们都会进行这种聊天，即使当 1978 年莱曼去世，1993 年杰米去世之后也是这样——不过聊天的内容当然没有像在 60 年代末、70 年代初那样紧迫。在 1979 年，沙朗·豪威尔，她更为人知的名字是希尔（音译），也经常加入我们的谈话。她来自宾夕法尼亚州南格林斯博格威尔士一个挖煤工人的家庭。在公民权利斗争运动、反战运动以及妇女权力运动中摸爬滚打许多年之后，1977 年，她成为底特律第一位加入我们组织的欧裔美国人并且很快成为我们行动中主要的参与者。她是我所知道的人中最聪明的一个，有很强的幽默感、冷静、坚毅，而且总是自愿去做任何她要做的事情。在杰米还在世的时候，我们总是形影不离。她是杰米在撒顿岛的钓鱼伙伴，是我在底特律看电影的伙伴。从 1980 年起，她成为了奥克兰大学传媒专业教授。

莱曼、弗莱缔、杰米和我是奇怪的四人组合—— 一个是在阿拉巴马出生的美籍非洲人，一个是美籍新英格兰人，一个是美籍犹太人，还有一个是美籍华人。莱曼，高个子、消瘦、蓝眼睛、薄嘴唇，看上去像 WSP，他曾经是该组织的成员。还是孩提时代，他就在缅因州和洛克菲勒兄弟一起玩耍、一起航海（那时和他一样，他们每星期有 10 美分的零花钱）。1922 年从哈佛大学毕业之后，他成为了建筑师。经济大萧条时期，他加入了激进运动，而且从那时起，他就将他的智慧和财力投入到这场运动中去了。

莱曼和杰米有着很特别的关系。他们都非常痛恨这个国家所做的事情以及正在做的事情,但同时,他们又非常清楚地宣称他们是美国革命者,他们想改变这个国家是因为他们很爱这个国家。他们两个让我想起新英格兰废除奴隶制度主张者温德尔·菲利普斯,以及由原来的奴隶身份转而成为废除奴隶制度的领导者弗雷德里克·道格拉斯(他的自传已经成为每位美国人的必读书籍)。在我 1963—1964 年编辑的杂志《统一战线》里,杰米和莱曼各自所写的专栏并列着。莱曼的专栏名为"痛苦总在快乐之前",而杰米的名为"它的含义"。

弗莱缔曾经当过女服务员、舞蹈演员,以及一位艺术家的模特。1928 年,当她在纽约的服饰街区开始组织运动时,只有 16 岁,而且她还参加了 1930 年 A. J. 马秀组织的"进步劳工行动会"会议。在 30 年代初,她参加了为"妇女工人"开办的"布林莫尔夏日学校",专门为基层妇女工人提供涉猎很广的通识教育。[4]在 1936 年,她成为托洛斯基主义运动的一分子,那时"进步劳工行动会"已经更名为美国工人党,并且与美国共产主义同盟合并为工人党。在 30 年代中期,莱曼加入激进运动不久便和她在一起了。

在前一章中,我已经讲述了弗莱缔与 C. L. R. 詹姆斯之间的亲密关系。弗莱缔认识激进运动中的每一个人,他们所有人似乎都在哈德逊街 629 号集会过,后来在潘恩一家搬到洛杉矶后,就在他们霍尔盖特广场的家里集会。在这两处的集会上,她就像是一位领头上司。她只比我大 3 岁,但当我在 40 年代初加入这场运动时,弗莱缔把我看成是微不足道的知识分子(当然我那时也是这样的),她会告诉我怎样穿衣服,怎样行事,对其他人,她也是这样做的。不过,有时她也会认为我当时所从事的政治工作很重要,所以会让我在办公室里工作,这样便于我全天参与政治运动。

潘恩家美丽的环境充分地体现了弗莱缔的天赋。这些年来,起初在格林威治村哈德逊629号大街,后来在洛杉矶卡奇诺人社区的霍尔盖特广场,她安排过好几百形形色色的人们在这些地方集会。在每个社区里,包括撒顿的一个社区,主要由在大学工作的人们的家庭组成,要是有什么问题,那里的每个人都会跟她联系。弗莱缔是位幸存者。自从50年代以来,她的结核病发作了两次,现在只剩下了一个肺。但是在1996年夏天的那个学校里,她依然还是一位非常出色的女主人。

我们之间的交谈从不会提前计划。在吃晚饭的时候或在餐后喝茶时间,我们就会有许多的问题和想法,莱曼的尤其很多,就好像是一座突然爆发的火山似的。在刚开始的两年里,我并没有记录下我们的交谈,但是从1970年开始,我就会准备一个卡式录音机,随时记录讨论的内容。回到底特律,我就会将录音内容记录下来,开始是用速记的方法,后来就用打字机记录。然后,在重新编辑后用复印机复印出来,给十几位朋友和同志传看。在1978年出版这些谈话后,有些读者抱怨说,他们弄不清楚是谁说了什么。作为负责编辑的我,当时是刻意模糊这些的,因为我觉得这些谈话实际上是一种集体活动,多年来参与斗争的经历,和詹姆斯一起工作、后来又与他痛苦分裂的经历,以及作为运动活动家不同的生活背景,这些都对其内容带来一定的影响。有时,人类学家凯瑟琳·高也会加入我们的活动。她对家庭和国家的发展与衰落非常感兴趣。她的话几乎是原封未动地记录在《三重革命》第三章里。⑤

不过我不可能在这些记录中再现出当时谈话中的情景。在撒顿岛上的那种平静、和谐的氛围中,谈话中总是渗透着一种紧迫感,因为我们都感觉得到在底特律、洛杉矶、奥克兰、费城以及全国各地的年轻人们正在为他们的生活而战。探讨复杂的哲学问题、追求社会发展中各阶段所创造的真理的那份激情和愉悦直到现在依然是无价之宝。我依然还记得莱曼总是会提出这样的问题:革命的目的是什么?是为了重建时间感?为了在必要和选择中创建新的关系?我们能认为人的社会性决定他的意识吗?一个工人或黑人能因为他的阶级性或因为他处于社会最底层而免罪吗?因为白人们或贵族们的观点和贡献会不会因为他们的阶级根源而被否定呢?还是会在人类进步的基础上来判断他们的观点和行为,而不是他们的阶级性呢?需要和思想之间的关系是什么?群众和革命主义者之间的关系是什么?对他们自己和社会的幻想中有哪一些可以将反叛转换为革命呢?

杰米总是会不厌其烦地说,仅从母亲的子宫里出来并不就意味着你是一个人。他坚持认为要成为人就必须要学会自己作出选择。他还提到,马尔科姆已经将他自己从一位行动家转化成一个人,并已经准备为他自己的生活和他的人民的生活承担起责任。怎样才能将街头反叛者如哈维这样的人转换成像马尔科姆那样的领导者呢?杰米常会耐心地解释说,黑人们已经能够为更高层的人类关系创造出一场运动,这是一种在其他大多数人中并不享有或并不认同的关系,因为他们在多年的压迫下保留了他们自己的人性。这就是为什么在很长一段时间以后,尽管存在着各种不同的观点和分歧,这个社会似乎还是发展到了一个新的台阶。然而在20世纪70年代,虽然大多数黑人们的物质生活得到了极大的改善,我们看到的却是,在白人和黑人之间、黑人和黑人之间的相互勒索敲诈,整个国家都在失去人性。为什么会这样?是因为我们开始将自由看成是“做你自己的事情”,将黑人看成是“受压迫的群众”而不是看成能够作出有道德的选择的人类呢?还是因为现在那些宣称自己是黑人领袖的人们受到愤怒的街头黑人势力的斥责和挑战(就像马尔科姆过去常做的那样)的威胁呢?我们需要怎样的哲学跳跃才能将这场运动回归到人的轨迹上呢?我们自己在思考革命时需要作出怎样的改变才能成为革命主义者呢?群众有需要;而革命主义者则必须要有思想。他们不能仅仅依靠群众的需求和他们的自发性。当我们彻夜交谈时,尤其是在 1968 年到 1974 年期间,我所感受到的完全可以和在布林莫尔时第一次感受到的那种释放相媲美。那个时候,研究黑格尔哲学理论让我认识到自己从事的斗争已经成为人类进化历程中不可分割的一部分。在我的思想里,革命的唯物主义理念(主要是对物质、财产和权力的再分配)正在从道德和精神层面上得到丰富和充实。

我们不仅仅是在谈话。白天,弗莱缔和杰米总是会去做维护房屋的事情,给窗边填上泥灰、砍柴火、清除黄蜂巢。杰米常常会整理“他”的那条小路。那条大约有四分之一英里的小路从房子一直延续到海滩,他会用鹅卵石去填补或弄平它,这样装满行李或百货的独轮车就可以自由地上上下下了。莱曼的肺气肿病让他不能做许多的体力活动。当弗莱缔在工作的时候,我常常会读东西给他听。几乎每天下午,我们都会绕过或穿过小岛去拣一些蘑菇或蔓越莓,还有苹果什么的,要么就会去看鹗的巢。这个岛只有半英里宽、一英里长,岛上没有汽车,而且因为道路太不平了,所以连自行车都没有。在假期里至少有一次,我们用蚝做大杂烩,每每低潮来临时,两个人半小时的功夫就可以在海滩上拾到一百多个。偶尔出海捕鱼还可以捕到不少的鲭鱼。这里的海水很凉,游泳次数并不是很多,我们每次都会在脚踝、膝盖和手肘上擦上凡士林来防止冻伤。

我们在谈到爵士乐时,总是会认为它是美国黑人独创出来的,这是因为他们在这个国家的经历就是苦难与希望并存，自由的音乐说你今天可以和昨天不同。不过，我们不仅只是谈论它。我们通常会一遍又一遍地听自己所钟爱的唱片，尤其是艾灵顿“公爵”的《第一次神圣的音乐会》、埃罗尔·加纳的《海边音乐会》、伦纳德·伯恩斯坦的《群众》以及奥斯卡·彼得森的《人类的兄弟情》。在假期的最后一晚，烤箱里还烘烤着酥饼、炉上烧着焯龙虾的水，我们会去播放《屋上提琴手》（音乐剧）的影片，尤其喜欢听其中的“传统”、“如果我是个有钱人”，以及“给生活”等音乐片断。然后在吃完龙虾后，我们又会讲起老故事，例如在三四十年以前当弗莱缔在撒顿与她的那些亲戚们住在一起时是如何了解普通城市市民的生活的；或者是像在龙虾过多时，因为不再愿意每天都吃龙虾，一些仆人们在街上罢工等等一些陈年旧事。然后在第二天早晨，我们就会驱车赶回底特律，在路上，会在卡罗尔和平·范瑞夫妇家过夜，庆祝我们一年一度的重聚。

为了澄清反叛和革命的根本不同，我们就必须要紧紧抓住马克思对革命过程的定义或实质。马克思的著作是写于 19 世纪后半叶，那时正处于社会发展过程中的人们将科学当成是未来的信仰，马克思决定创造“科学社会主义”理论，也就是说，要为一个社会的成就发展一系列社会运动法则，这些法则应该如同物理科学那样的精准，因此也就不包括道德、选择或政治。在马克思著作的许多篇章里，尤其是在他早期写的《1844 年经济学—哲学手稿》中，你可以体会到，马克思对于资本主义将我们所有的关系都转化成经济或商品关系所感受的愤怒。但是激进主义分子从他那里学到的却主要是经济决定论。唯一重要的是物质基础——其他都是上层建筑。革命是不可避免的，因为它是资本主义赖以发展的法则中所固有的。因此，在《资本论》“资本积累的历史趋势”的著名篇章中，马克思坚持认为工人阶级是具有纪律性的、团结的，并且是由资本生产过程的机制本身组织起来的阶级。所以，工人们没有必要改变他们自己，创建社会主义所必须要做的事情就是反抗和打破阻止已经社会化的劳工表明自己身份的资本主义外壳。

一个多世纪以来，马克思主义激进分子们一直都运用着这样的理论分析，深信他们唯一的作用就是通过剖析资本主义罪恶，激起工人们的愤怒和斗争意志，让他们采取行动，这样他们就能剥去资本主义外壳，从而促进社会主义社会的出现。当俄国工人们在革命之后并没有展现出他们的社会主义品质时，他们就会对我们说，那是因为这场社会主义革命是在一个落后的国家发生的，在这个国家里，工人阶级只占少数。在像美国这样高度发达的资本主义国家里，马克思的分析将会得到充分的验证。几乎没有人敢对这样的预测提出质疑。如果你这样做，就说明你不再相信工人阶级，并且准备“离开运动”。

在《美国革命》中，杰米向马克思对像美国这样发达国家的预测提出了挑战。为了发动美国革命，他坚持认为，所有的美国人，包括工人和黑人，或最受压迫的人们，都将必须作出政治上和道德上的选择。也许对于同样也是黑人的杰米来说，要求白人工人转型很容易，但他对黑人们也提出了同样的要求。他还坚持认为，仅仅作为在美国的受压迫阶级还不足以使你具有革命性，就好比你刚从母亲的子宫里出来并不意味着你就是一个人一样。那些对压迫者充满仇恨和愤怒的人们或者那些只看到“你们还是他们”的人们的行为只能算得上是反叛而不是革命。因为压迫者的价值观已经内化成为这些受压迫者们的价值观了。因此，任何一个获得权力的组织，不论他们曾经受到怎样的压迫，如果不能正视他们所内化的价值观，并有意识地采用不同的价值观的话，他们的行为就与那些曾经压迫过他们的人们的行为没有什么不同。正是因为美国是个技术非常发达的国家，正是因为它所发展的经济机制不仅满足了我们的需求，而且也给予我们所想要的，所以如果我们不对需求和所想要的进行区别，并作出负责的选择的话，我们是不可能进行革命的。杰米过去总是说，美国人只有在“他们意识到他们最大的需求不再是生产物质商品，而是创造政治时，他们才能在人类中占有一席之地”。显然，杰米强调在道德、政治上作出选择的需求与马克思主义强调经济发展是完全不同的。杰米的这种敢于重新定义政治和经济之间的关系，以及敢于在如此深奥的哲学层面向马克思发出挑战，最终激怒了 C. L. R. 詹姆斯，并且与 1962 年断绝了与我们的所有关系。

1956 年，莱曼拜访了在伦敦的 C. L. R. 詹姆斯，他们之间发生了不愉快，从那以后的十二年来，他一直与马克思的经济决定论进行抗争。其中，他认识到了那种一直指导着几代激进分子（也包括他自己）的力量，也认识到我们不能仅仅去否定马克思对革命的定义和预想，而应该用一个同等有力、同等重要的革命新哲学理论来代替它。莱曼将这个哲学称之为“辩证人文主义”，以此来对比马克思主义的辩证唯物主义。如果这些受资本主义剥削的受压迫阶级不一定具有革命主义性质，而如果革命代表着人类向一个更为人性的新阶段的跃进，那么革命主义者们所起到的作用与激进分子的作用就有着本质上的不同。不能仅仅为了让受压迫的群众起来反抗而碰触他们的痛处以激起愤怒。在认识到高度发展的资本主义体制——从生产线上大批生产出商品——对我们（不仅包括受压迫阶级，而且还包括恶棍）人性的破坏，革命主义者们有责任采取策略来将我们自己以及被压迫的受害者们转换成具有人类特有的、更为高级的品质：创造力、社会意识、自我意识、政治社会责任感。

这是区别反叛和革命的根本。反叛是革命发展的一个阶段,但是它不是革命。不过它是个很重要的阶段,因为它象征着受压迫者们的奋起反抗。反叛打破了原本维系整个制度的纽带,并且对它的合法性以及对现存各机构所假想的永久性提出了质疑。反叛会搅乱社会,却不能为进行革命以及建立一个社会新秩序提供所必需的东西。要改变或转变这个世界,他们就必须改变自己。

我们的交谈就这样一年接着一年地进行着,对我们原本所接受的马克思主义猜想一层一层地进行剖析,当然我们这样做并不是对马克思个人的攻击,也不是为离开运动找借口,而是为了弄清楚进行革命是为了推动人类发展的进程而斗争,这不仅是要与外部敌人作斗争,而且还要与内部的敌人作斗争。

当我们进入 20 世纪末时,马克思的经济决定论以及他所认为的政治、道德仅仅是上层建筑的理论不再像过去那样有感染力了。当我们更加了解世界其他地方时,已经意识到其他文化是不会接受将精神和物质分割开,而且这种观点已深入到欧洲人的思想中。可以说,坚持“个人的就是政治的”妇女运动的兴起重创了那种严格地将主观和客观一分为二的理论(始于 17 世纪并对马克思思想产生影响的笛卡尔哲学理性主义)。苏联体系的瓦解让信奉马克思主义的组织感到了困惑;那些现在仍然主要关注如何激起受压迫阶级的斗志、依旧相信马克思预测的激进分子们对于目前所进行的斗争已经变得不那么重要了。

然而在 60 年代末和 70 年代初,多数自由主义者和激进分子们正在欢欣鼓舞地将“黑豹党”推崇为革命先锋。而我们对此深表怀疑,因为作为“黑豹党”群众基础的哈维们都是我们的朋友和邻居。1962 年与 C. L. R. 詹姆斯的决裂也暗示了反叛与革命的区别，之所以不是很明确地表现出来只是因为 C. L. R. 詹姆斯拒绝讨论他自己的看法。[6]因为我们相信要改变这个世界就必须要改变我们自己，中国的毛泽东、越南的胡志明以及几内亚比绍的阿米尔卡·卡布拉尔提出的理论深深地鼓舞着我们，他们虽然称自己为马克思列宁主义者，但实际上却一直在为革命努力发展并实施“在斗争中建立”的策略，而这种策略远远超越了马克思和列宁。在 1917 年的革命中，布尔什维克政党首先掌握了国家的权力，在革命结束后，就面临着如何将工人和农民转化为具有政治敏感性和社会责任感的公民的问题。毛泽东、胡志明和卡布拉尔努力在经济不发达、工人只占少数的社会中进行革命，并且从列宁和布尔什维克所面临的革命后问题中总结经验，他们充分认识到在掌握国家权力之前，革命斗争应该不仅仅是发动群众同外部敌人进行斗争；同时，还应该创建一些机构和项目来将群众转化成为“新男性和新女性”。因此，在他们被迫放弃一些城市给国民党之后，根据经济的选择性原则，中国共产党在偏远的延安地区建立了革命根据地，来抵抗军国主义和冒险主义，并继续不断实施批评和自我批评。阿米尔卡·卡布拉尔是几内亚比绍革命的领导人，他一直敦促他的成员们“反对军国主义倾向，使得每个战士成为我们党的典范……不讲假话。无论什么时候都要揭穿假话。不掩盖如何困难、错误和失败。不宣言如何轻而易举取得的胜利”。正如他所说的那样：“经验已经向我们说明了，在每天所进行的斗争中，同我们自己所做的斗争，同我们自己的缺点所做的斗争——无论敌人给我们带来的困难有多大——无论是对现在的人们，还是对未来的人们，都将是最困难的。”[7]

在毛泽东、胡志明、卡布拉尔对公民社会力量转型所采取的政策是否成功的问题上，每个人的观点都会不同。但是毫无疑问的是，他们三个人都将为转型所做的斗争看成是革命过程中不可分割的一部分。交谈中，他们的措施无疑给予了我们许多的灵感。到现在为止，我还一直在学习毛泽东思想，依然惊叹于他的胆识，正是因为这份勇敢，他才会接受创建十亿“新男性和新女性”的挑战。我总是不断重复地阅读《毛泽东著作选集》中自己喜欢的文章，由于翻阅得过于频繁，以至于我的那本选集都散了架了。[⑧]

不过在那个时候，我们是不知道这些的。在马丁·路德·金生命中的最后两年里，他同样提出了这样的问题——如何超越反叛，进行真正的革命。金的领导也是建立在对人类进行转型的需求的基础之上的。但是1965年夏天的瓦茨暴乱、1966年密西西比“黑人力量”的游行示威、越南战争，以及1967年的反叛——这一切都让他痛苦地意识到必须要超越民权运动。他坚信，继续反叛的唯一结果就是不断导致社会混乱，他勇敢地提出了非暴力革命运动——这种运动是将反对被他称为“三大巨人”的种族主义、物质主义和军国主义的革命价值观同抵抗那些剥夺上百人口的权力、使他们一贫如洗的权力机构的革命结合起来。他同样也意识到需要超越技术进步（“我们有了导弹，也是受到误导的人”）。金超越了传统的资本主义和共产主义（资本主义过于“以我为中心”，太个人主义、太物质；而共产主义过于集体化，过于国家主义），他探索了一系列的策略，这些策略将使得那些在“我们濒临死亡的城市”里的年轻人投入到“直接自我转型以及社会转型的行动”中去。同时，充分意识到，美国和整个世界正处在具有重大历史意义的转变阶段，他也一直在努力创造一场新运动，当然这将意味着在FBI的监视下，每年要做三四百场演讲，并且还因反对越南战争，而得不到最亲近的同事们的支持。因此，在被刺杀的前一晚，他的一篇名为《最终自由》的演讲明显表达出了那种失落和沮丧。如果不是在壮年时期就倒下了，那么他将会如何发展呢？当然我们将再也无法知道这一切了。不过和马尔科姆一样，他已经充分地表现出作为一位革命领导人所应具有的重要品质之一，那就是，当现实发生改变时，通过学习自身经历以及其他人的经历，能够不断改变、提升自己的能力。[9]

我们将革命过程重新理解为转型的过程。因此，缅因州谈话的重心自然就是如何作出规划，而不是反叛。不过，传统马克思主义者变得如此消极也不是偶然的。如果这些社区的新社会关系已经存在于工人阶级中，并且只需剥去资本主义外壳就能出现这种积极运动的话；如果在资本主义生产过程中，就已经存在了有纪律性、社会化并掌握了权力的工人的话，那么革命者最重要的责任就是揭示资本主义罪恶，这样，工人们就能起而反抗，并掌握国家权力。然而，如果这些进行革命的人们自身也需要转型为更具有社会责任感，能够自我批评的新型人类的话，那么，我们作为革命者的作用就是让他们投入到能够进行自我转型以及进行社会结构转型的活动中去，在理论和实践中探索并尝试解决人类生活更为复杂的基本问题，而这些问题可能是马克思从未能想象到的。什么样的经济、什么样的技术才能同时满足人类和经济的需求呢？在我们的价值观中、机构和行为中，需要什么样的转型才能将我们与自然发展的节奏和过程联系起来呢？我们需要做一些事情仅仅是因为我们能做这些事情吗？需求和想要之间的差别是什么呢？我们怎样才能满足人们的精神饥渴呢？关心意味着什么？社区和网络之间的区别是什么？社区为什么是一个革命性的观点呢？怎样开始这些社区呢？

如今，面对着不断发生的技术上的改变——这既是一种解放人类的改变，又是一种让人们更加孤独的改变，所有关于工作、家庭、社区和教育的传统观念都彻底崩溃，困扰、不确定、沮丧、愤怒、无望和害怕渗透着每个阶层的人们的心灵，这甚至比 1968 年还要严重。对于任何一个不抓住这些问题的革命组织来说，谈论革命、呼吁进行革命，都是不负责任的表现。

我们越是谈论 1968 年所发生的事情，我们越是清楚地了解到，仅是决定要提出什么样的问题，切莫说找到这些问题的答案，都要花上许多年的时间，甚至还要延续到我们死后的许多年。我们最喜欢说的就是“事情总是要花时间的”。从正在不断扩散的社会混乱的角度来说，我们又急需开始着手找到方法和途径，通过实践来发展这些观点。但是，杰米每天都要在克莱斯勒工厂工作八小时，晚上还要写作、演讲、参加会议，然后第二天早上还要在五点钟起床，在生产线上工作，如果还要他去探索这些问题的答案几乎是不可能的。

所以在 1968 年我们的第一次谈话结束之后，我们都认为杰米应该辞去他在克莱斯勒的工作——退休后如果要得到养老金就必须工作满三十年，而当时还差两年——莱曼会每个季度给我们一些数量不多的钱，这是他从最近去世的父亲那里继承的信托基金。因为都是在经济大萧条期间长大的，我和杰米总是生活得非常节约。我们家里几乎所有的家具和衣服都是从慈善义卖商店买的，而且对这样小开销的生活感到骄傲。开销小是因为家里需要的维修工作都是由杰米做的，而多数城市里的居民都付钱请其他人去做。在我们的生活中，从来没有为钱的事情而争吵过。平 · 范瑞一家人总是给我们寄支票。1977 年和 1981 年，我和杰米终于领到了社会保障金，这让生活稍微好过一些，不过我们每月得到的支票上的金额还是非常少的，因为在工资非常低的时候，我们两个人都没有工作。但是我们都感觉到在对革命的概念上我们都取得很大的进步，都希望通过实践来检验这些新的理念。

1968年我们从缅因州回到底特律时，听到的一件事就是由几个年轻武装黑人组成的、自称是“黑豹党”的小组织躲藏在底特律的房子里，准备与警察交火。我们同样也知道在1968年反叛之后，克拉格的黑色玛丹娜神社和黑人基督教民族主义运动得到迅速发展。克拉格已经更名为杰瑞莫格，并且新培养的主教们被派往在底特律以及像亚特兰大和休斯敦等城市，去主持那里的神社。教堂成员接管了在林伍德区神社旁的一个新公寓，这样他们就可以住在一起了。克拉格的目标是能够成为当地政治的一股力量。随着黑色玛丹娜神社和黑人基督教民族主义运动的成员不断增加，他很有可能会影响选举，甚至会选举他自己组织中的成员担任市政会、底特律学校董事会、州立法机构以及国会的一些职务。

爱德华·沃恩当时正在离神社不远的林伍德街区上组织一个联合商店。罗素·布朗，以及其他无数的黑人们为竞选密歇根众议院代表举行游行活动。理查德·亨利（伊万里兄弟）和米尔顿·亨利（盖迪兄弟）正在组建新非洲共和国（RNA），希望能够在美国南部得到一些领土来建立一个独立的国家。他们已经与正在被流放的罗伯特·威廉姆斯取得联系，邀请他回家担任RNA的总统。罗伯特、梅布尔和他们的两个儿子在1961年就被迫离开这个国家，在以后的十二年间，首先是待在了古巴，然后是到了中华人民共和国。在为美国黑人的斗争中，他们得到了国际上的支持。[10]

“自由”组织成员，像贝克将军、约翰·瓦特生、约翰·威廉姆斯，以及迈克·哈姆林和肯·库克瑞，着手将汽车工人组织成为黑人工人革命联盟，该联盟是由DRUM（道奇革命联合工人组织）、FRUM（福特革命联合工人组织）以及其他工人组织组成，它的成立不仅是对管理，而且是对国家官僚主义提出了挑战。在道奇工厂外，成员们和来自社区的支持者们打着手鼓，要求厂方领导选举一位黑人工厂经理和黑人厂医，并支付相同的工资和就业机会，而在工厂内部的白人们不得不开动机器，以盖住手鼓的声音，以及他们自己的耳朵。在韦恩州立大学，黑人工人革命联盟的成员们正准备接管《南区》（学生日报），并在刊头上宣称“一个有阶级意识的工人抵得上一百位学生”[11]。

曾经在“黑人力量”组织以及城市组织委员会和我们共过事的人们很快写信问到，我们打算做什么，他们应该怎么做。丹·奥尔德里奇曾参加过学生非暴力合作委员会（SNCC），也与我们取得联系。他以前就听说我们拜访过他非常敬佩的恩克鲁玛。在当地，他和那些在1968年反叛之后希望通过寻求某种方式以便更加积极投入到政治运动中去的年轻人们有些联系。丹在离我们家不远的迈克大道上有份工作，那份工作让他有很多空闲时间。于是，在大部分时间里，他都是从我们这里得到信息和观点。

在这些发展之上，我们决定编写《黑人革命党宣言》，其目的就是领导年轻黑人们超越叛乱，努力向革命运动发展或者让革命者们摆脱叛乱。

为了实现这个目的，这个政党就应该：

1）确定不通过革命是不能实现黑人自由的，而在美国，黑人革命的目标——与所有革命目标一样，不分肤色和人种——获取权力，以实现在社会的经济体制、社会体制和政治体制中带来根本的变化的目标；

2）在举行运动之前，要建立并保持这个国家（这是一个世界上科技最为发达，政治上、社会上最为反对革命的国家）里整个社会的黑人革命的革命性人道主义目标；

3）为实现这些目标，在过去的斗争、牺牲以及成就的基础上；在过去的错误和挫折基础上，学习如何更有效地为未来的成功而斗争，并制定革命性策略和培养革命领导人。

1969年4月，在由底特律的社区机构各宗教基金会召开的全国黑人经济发展大会上，我们发表了《黑人革命党宣言》。会上，杰米是主题发言人之一。他的题目是“黑人资本主义的神话和荒谬”。[12]《黑人革命党宣言》封皮的色调是黑色和金色，对比非常明显，是由费城的同志比尔·戴维斯和詹姆斯·麦克范顿设计的，封皮上的一只黑色的手托起整个世界，与已经普遍看成是“黑人力量”标志的黑色拳头相对应。在《黑人革命党宣言》中所提出的策略也与当时在会议上由前SNCC组织者詹姆斯·福尔曼在《黑人革命党宣言》中提出的观点形成鲜明的对比，他要求白人教堂为黑人项目提供五亿美元的赞助。我们的《黑人革命党宣言》要求黑人们从整个社会的利益出发承担起发起革命运动的重大责任，重新组织这个国家的各个机构。相反，《黑人宣言》将黑人退回到过去那种利用白人自由主义者的罪恶来收取赔偿金的哀求者的地位。

我将永远不会忘记在会议上福尔曼发表他的《黑人宣言》的情景。那次会议并不是大会的常规部分，它更像是行动家的秘密会议。杰米因为头疼回家了。当向这个小房间里的五十位或更多的人提出五亿美元的要求时，可以看到有些听众瞪着眼睛、喘着气，某些人在说“15美元，嗯……”。我感到厌恶极了——在我心里突然想到了“白人天堂”那几句话，给人的身体标上价格“世界上最惨无人道的罪恶”——我举起了手，觉得自己有话要说，但在别人还没有来得及注意我时，又放下了手，对自己说谨慎是勇猛的一部分。我不知道如果杰米当时在会上,他会说些什么。当人们后来问他对《黑人宣言》怎么看,他并没有对它说出任何攻击的话。那不是他的风格。而他的回答是,他一直认为黑人运动从美国白人那里要求并得到的钱越多,那么更多的人就会被收买,就会变得屈服。他坚持认为,黑人最需要的东西并不是钱而是在政治上的发展,以便准备承担领导革命的艰巨责任。就个人而言,我几乎不会参与这种赔偿金的讨论,因为我所经历的是,当美国黑人们要求赔偿金的时候,他们讨论的不是未来而是过去,在中世纪死去的成千上万的生命以及万恶的奴隶制度。而这些都是你不可能争辩的东西。

《黑人革命党宣言》是杰米和我共同创作的,所以在不同的章节,风格有明显的不同。但没有人说什么,我认为没有人会在意,因为在那个时候,人们往往将我们看成是一个团队。最后,《黑人革命党宣言》重印了5次,每次都有5000册。许多年轻人都会自豪地把它放在马甲的口袋里,因为对于他们来说这就是黑人的骄傲和力量的象征。丹·奥尔德里奇根据《黑人革命党宣言》组成了一支年轻的黑人小组,并称它为“全民非洲人联合会”。一年以后,小组解散了。丹最后加入了科尔曼·杨的管理机构,去神学院当一名传教士。

1970年,在密歇根大学底特律分校里,杰米和我做了“关于革命”的一系列讲座。弗兰克·乔伊斯那时是“人民反对种族主义”的组织者,后来就一直担任汽车工人联合会的公共关系主任。是他安排这些讲座的,并且在我们做讲座时,和我们一同坐在台上。在这些讲座中,我们强调了反叛和革命之间的差别,并且追溯了自从俄国革命以来在理论上所取得的发展,以及正像中国、越南和几内亚比绍等国家那样,在革命本身实践上所取得的进步。

同时,我们开始利用《黑人革命党宣言》将底特律和在其他城市里与我们有联系的黑人斗士们团结在一起,他们准备接受必要的纪律和政治教育,将自己培养成为革命领导人,这样他们就能超越反叛、发动黑人斗争运动。我们的目的就是,在当地建立起与黑人们已经知道的机构类型完全不同的组织。黑人社区已经习惯了像强调法律和竞选斗争的全国有色人种促进会那样比较松散的机构。他们也非常熟悉黑人教堂,那里的黑人妇女们从属于男人,做的都是吉米·西金斯(意思是"普通的")的工作,那里的每个人都会跟随这位魅力领袖。而这些几乎是原封未动地被引入到"黑人力量"运动中。相比之下,我们的目标是建立一种组织,在这个组织中妇女享有与男人同等的地位,每位成员都将发展成为理论及实践领导者,参与创造新的理论,随时准备着领导社区斗争。

我们决定不依赖政府或者基金会提供的基金,我们要建立一个靠会员缴纳会费以及作品销售来自给自足的组织。严格规定会员仅限于吸收那些通过一段时间的革命学习以及熟悉过程并自愿接受该组织的哲学思想、方法论以及机构特色的人们;要准时召开会议;会议每一步骤都要忠实地记录在案,这样成员们就可以逐渐培养历史责任感。组织的工作由三个部分组成:(1)内部政治发展,包括方法论的不断更新;(2)通过公开演讲和发表出版物来宣传或推动理论观点;(3)计划和组织外部斗争。

为了执行这三个任务,每个当地组织将有三个委员会组成:政治教育委员会、宣传委员会以及项目委员会。中心委员会将由从每个委员会中选举的一位或两位代表组成。每年,会员们将会聚集在一起召开会议,以绝对多数通过的方式决定它下一年的计划或者就是我们所说的"政治路线"。在决议之后,所有成员都必须按照民主集中制的原则执行这个"路线"。会议缺席将意味着自动退出该组织。

我们采取了一些特殊措施来确保所有这些当地机构是由本地人组成的。每个地方机构的创建会议都必须要有分析该城市历史的创建文件。每个地方机构的政治路线必须以该机构所处城市的特定环境和成员构成为基础。例如,费城分部在它的政治路线中常会包括柔道或其他武术的训练。锡拉库撒分部对纽约的捕鱼业和污染做了非常出色的陈述。

这个机构主要是由比尔·戴维斯创建的,他是一位来自费城,并非常了解都市生活的教师,一直都在参与各种信仰马克思主义的组织。不过,现在看来它似乎过于严格,过于追求先锋政党的运作方式——这是列宁在革命前俄国创建的一种方式,并且中国、越南、几内亚比绍也或多或少地借用了这种模式。例如,不允许成员在投票中缺席,因为这有可能使得人们变得优柔寡断,而这对杰米来说是最难以忍受的政治错误。不过,要理解我们坚持这条政治路线的原因,你需要想象自己是生活在 60 年代末或 70 年代初底特律或费城的黑人社区里。不再被当作资本主义生产过程中的生产者所需要,但又被开发成为消费者,于是,街道上的年轻人就处于一种永无停止的叛乱的状态,索要、抢夺财物、公然反抗,进一步加深了整个社区的危机感和不安全感。此外,那时的黑人们唯一有组织的形式是那些如全国有色人种促进会、社会代理和(或)黑人教堂。同时,像“黑豹党”那样的组织将他们自己分为国防部、教育部、商业部等等,就好像黑人们已经掌管了国家权力似的。而相比之下,我们的组织的创建目的是为了强调义务、责任以及每位成员都要转型成为社区在理论上及组织领导上可以依靠的人。

在这种极度困惑和无序的状态中,多数组织都比较草率和随意,人们对我们这个要求组织纪律和统一的意识形态的团体还是感到非常满意的。参加这个组织的规定是相当严格的。不过,用这些规定来严格要求自己,我们感觉到自己变成了更具人性的人类,并且拥有更具创造性、富有政治意识和社会责任感的生活模式,这是不同于叛乱的革命所能带来的。在我们的首次出版物中有一本名为《令人敬畏的革命领导责任》的小册子,在册子的封皮上画有列宁、卡斯特罗、卡布拉尔、恩克鲁玛、胡志明、毛泽东的素描像。肯尼·斯诺德格拉斯为册子的第3次印刷版写了前言,当他参加底特律分部的时候还只有十几岁。"令人敬畏"这个单词是他的口头禅。在前言的结尾部分,他这样写道:

> 必须让我们参与政治的方法更具哲学性。我们不仅要对整个制度作斗争,而且对我们自己的弱点——如个人主义、性别歧视、理想主义、机会主义和冒险主义等——作斗争。只有当黑人们能够对自己的弱点作斗争时,我们才能领导斗争来废除这个旧式的腐败社会,并建立一个新的、更具有人性的社会。

现在回想起来,对于我来说,尽管我们没有错误判断局势的迫切性,但我们高估了仍然存在于黑人运动中的革命力量。70年代中期,根据《黑人革命党宣言》中的思想,我们组织了四个小组,包括:底特律的"倡导者"、费城的"示范者"、马斯基根的"提升政治意识委员会",以及纽约市的"政治发展委员会"。除了我以外,这些组织中的成员都仅限于美籍非裔人,因为建立这些组织的目的就是要形成一个能够将街区叛乱的黑人队伍转型为革命者的组织。上百甚至是上千名正处于二三十岁的这些黑人们读过我们的文学作品,参加过我们的公共会议,并且能与我们的观点产生共鸣。但是多数人觉得他们应该利用得到的新的就业机会或者应该为以后的谋生去读书,他们看不到自己正在承担那个时代的义务,并拥有成为领导人所具有的能量。

同时,我们策划的项目中实际采取行动的还不是很多,不能吸引那些曾经迷恋"黑豹党"、手上拥有足够时间的年轻人。例如,在一个人可以申请成为领导人之前,会要求他或她参加每周一次的"革命研究小组"的活动。小组活动伊始,主要研究《黑人革命党宣言》,然后是进行六次会议,主要是研究有关革命与进化、辩证法与革命,以及研究在俄国、中国、越南、几内亚比绍所进行的革命。如果你在完成参与"革命研究小组"活动之后申请会员资格的话,还必须参加这六次会议,以及后来一整天的熟悉程序,将你介绍给机构,并熟悉当地的政治路线。希尔过去常开玩笑说,成为会员所要花费的时间一只大象都出生了。在底特律,会议是在市中心我们的娱乐室里举行的。墙壁上,并排贴有毛泽东、胡志明和卡布拉尔的格言,还有一张写有"'二战'以来,我们就已经意识到这位'老人'——只讲究消费,纯粹的技术,以及物质主义的人类——肯定会死去的。但我们的问题是还没有出现更好的人来代替他的位置"[13]。

在这些活动中,同志们不断加深了对革命的理解,同时,革命主义者的身份也感染着他们,因此,我们组织的产出是相当惊人的。十多本报告书(每本价格是 10 美分)以及同样数量的宣传册(每本价格是 50 美分到 1 美元不等),多数都是由会员写的。在这些出版物中,作者们都是用一种直接、有力的方式提出他们的观点,并且每位读者都能很容易地读懂它们。每本报告书都提到了当前的危机,并有一个非常清楚的框架。第一部分非常生动地描写了危机,这样,社区里的每个人都能清楚地看到这些危机。第二部分解释了我们怎样解决这些问题。结尾部分提出了一些社区的人们能够靠他们自己进行的活动。每份报告书对于读者来说都是一种挑战,因为这需要超越作为受害者的道德规范。正是这种道德规范一直以来阻碍我们在道德和社会上作出决定,而这些决定对我们自己的生存和在社区的健康发展是非常必要的。他们的分析和建议到现在为止依然是非常有效和具有挑战性的。[14]

其中,最受欢迎的报告书名为《在我们人民群众中的罪行》。我们之所以决定这样的书名而不是《人民群众中的罪行》,是因为我们想摆脱那种将群众客体化的激进倾向。在这份报告书结尾部分提出了一些建议,其中包括呼吁社区中的每个人和他们的邻居、家人以及同事共同发誓不去购买违禁物品或偷来的东西。书中提到:

> 因此,在实践中,可以教育我们的社区(其中也包括罪犯),让他们了解到我们将不再忍受不人道的、反社会的行为。

在那个年代,提出并出版这样的申明是需要很大的勇气的,因为那时的黑人们常常会将种族歧视当作他们犯罪的借口,同时其他人也害怕对这些人(往往是他们的亲人)提出这样的要求。这份报告书翻印了7次,每次印刷都有5000册。吉姆·艾穆瑞在肯塔基州列克星敦市得到了这本书,并与我们取得了联系。接着,我们之间就开始了长达二十多年的同志关系。

《我们自己有着什么样的价值呢?》表达了我们对妇女问题的独特方法。在叛乱之后,黑人民族主义者们说服许多的年轻女孩去怀孕,他们的理由是如果有更多的黑人孩子出生,那么在与白人的协商中他们就会有更多的力量。因此,“越来越多的女孩,从12岁开始,有了性关系并怀了孩子”。在结尾部分,我们敦促每个年轻女孩：

> 要有意识地不要被那些把她仅仅看成是性物或怀孩子的器官的男人撇开腿；不要为那些不准备为他们自己的孩子承担起抚养责任的男人们怀孩子；不要为了满足任何男人的自私或贪婪而成为社会福利的救济对象。

这份报告书是黑人运动中对性别主义一种直接并且必要的挑战。我们从致力于这种问题的小组那里得到许多的订单。后来，还出版了有关妇女运动的三本册子：《妇女和新世界》、《妇女和建立新美国的运动》、《超越社会女权主义》。

由几位纽约的同志编写的《超越福利》已经大大超越了那个时代。报告书的开头描写了那些接受福利的人们贫困的生活以及靠在福利制度中谋取利益的贫民窟的房东、商人和社工等特权阶层。结尾部分提出，通过敦促接受福利的人们不要为得到更多的钱去作斗争，而是要为得到更多的重建我们社区所必要的工作机会作斗争，要为得到与其他工人同样的工资作出斗争。

最受欢迎的三本册子是：《你、我和健康的新视野》、《教育政府》、《但是关于工人呢?》。第一本册子是由我们在马斯基根的同志编写的，册子揭露了当前的制度给美国人所带来的“不健康”。册子结尾呼吁社区的人们不要依赖于那些通过从越来越无助的人们、从病人们的医疗和住院中谋利的医疗行业制度。相反，我们应该通过改变生活方式、让我们的邻居们更健康、在周边种植更多的树、开辟更多的花园等方式，来取回对我们的身体健康和我们自己的控制权。

《教育政府》将教育问题与“这个城市是黑人的土地”联系起

来。册子中说到，我们的学校制度就是为了让人们适应当前的经济和政治制度，让绝大多数人成为劳工，让极少数成为政府的掌权者。我们需要的是一个能够让绝大多数人学会管理的教育系统。在《每月回顾》以及《哈佛大学教育回顾》中刊登了我的一次演讲，这个小册子就是根据那次的演讲内容写的，后来宣传册被翻印了三次。[15]

《但是关于工人呢?》是由詹姆斯·霍克和詹姆斯·博格斯编写的。册子开头描写到，在劳工运动还只是社区一部分时就已经表现出充满活力的一面；同时，还描写了在它开始与成员的经济利益有关时，便失去了生命力的一面。为了他们自己的生存以及这个国家的生存，在册子中，呼吁工人们不要把自己看成是为他们自己要求更多东西的工人，而是要作为公民去承担责任，并且作为人类去抓住在生产过程中由技术革命所带来的有关工作、家庭和社区的新问题。1974 年，这本册子也将里克·费尔德曼(福特汽车工人)吸引到我们的圈子里来。他到现在还在用它来教育工厂里的工人们，他在这个工厂里工作了将近二十年，并且成为工厂委员会委员。

我们还对当前事件进行编写、分发小传单。针对中东地区环球航空公司的劫机事件，我们出版的宣传单仍然保留到现在。题目是“我们必须打破痛苦的循环”，上面写到，“我们之所以容易受到恐怖主义分子的攻击是源于美国支持第三世界反革命的恐怖主义——而这将继续下去，除非我们美国人民，能够很清楚地将自己与我们政府的种族主义——恐怖分子政策隔离开”。每当圣诞节来临时，我们就会分发名为“我们应怎样度过假日”的宣传单，呼吁每位读者花些时间在家庭里或周边建立一些人际关系，而不是疯狂购物；通过参加或支持那些主张核裁军的运动，为地球和平作出斗争；“朋友之间相互交换礼物，让那些缺乏食物、衣物等基本生活物资的人们共同分享我们的财富，无论多少”。作为 1973 年石油危机的回应，我们发表了名为《能源危机和你》的报告书，其中提到能源危机给我们提供了难得的机会——让美国人民觉得必须要为建立新社会而作出斗争。我们说，这样的社会不可能由如今的美国人民建立起来（那时的美国人当然和现在的美国人不同），他们“总是想要更多的东西——不论我们是否需要它们：抓住每一次可能逃避要承担为社会作出决定的责任的机会，我们是一个已经被不断发展的资本主义果实破坏的民族”。

在内部发展的项目中，我们对于革命理论和实践很关键的主题进行了非常广泛的讨论：例如，怎样辩证地去思考，也就是说，要意识到现实是不断变化的，因此曾经是进步的观点和范例有可能成为反动的观点；必须要超越“理性主义”，并要将历史理解为从现代和未来的角度对过去的诠释；怎样将“经济看成是智慧的一个分支”，也就是说，要意识到人类经济对人类发展的重要作用。泽维尔·尼古拉斯（尼克）、伊拉斯奥·刘易斯以及恩肯其·左拉的参与让这些活动更为丰富多彩。尼克写的《美国革命的问题：与詹姆斯·博格斯的谈话》于 1976 年由“黑人世界协会”出版。他现在在塔斯克基学院教书。伊拉斯奥是位底特律警察。左拉在毕业后马上加入了我们的组织，是个有十年会龄的成员，她现在是一个获得过大奖的公共电台播音员。最近，当我问她，我们的组织活动对她来说意味着什么时，她在信中是这样回答的：

> 十年后，我仍然拥有这些法宝：同我们自己的缺点作斗争是最困难的事情。只追求真实的或理想的，为改变世界而改变我们自己。经济或技术的发展之后，在社会、政治、精神或

人类的根本上就会取得发展吗？绝对不会。美国？爱他们就去改变他们。为革命而活总要比为革命而死要好。每年的交谈是我最渴望的事情。周末，与外界断绝关系，潜心谈论我们的政治之年，回顾并检验我们的"路线"，并为那些通过讨论以及投票决定的来年将要实施的决议做好准备，决定我们中由谁来担任领导职务。这一切都让人觉得自己是能够"作出决定"的，正如我们所说的，即使是正处于"混乱凶兽"的腹中。

在一系列的宣传中，渐渐形成了宣传的历史观以及将宣传视为说服式教育的理念。我们分析了"口头文字和书面文字的意义"，区分了革命宣传与革命之间相互宣传的不同成分，研究了大量的演讲和大量的序言，并且还练习为各类社区组织写序。肯尼·斯诺德格拉斯非常关注我们对宣传的深入分析，尤其是在他读完希特勒的《我的奋斗》之后。他和我的意见总是不一致，杰米也总是对他的性别主义发出挑战。但是肯尼还是那种"杰米式的男孩"，他非常渴望能够承担起革命领导责任，和其他年轻人一样对"黑豹党"很着迷。在对杰米的悼词中，他将自己与杰米之间的关系描述为一种父亲与儿子、老师与学生的关系。

编写、出版、销售这些报告书和宣传小册子，并建立这些工作室是需要时间和组织纪律的。但对于我们所做的事情以及对我们打破黑人组织传统做法的方式，同志们都觉得非常骄傲。会议总是会准时开，而不是要等到人们来了以后才开（"黑人的时间"）。我们自给自足；我们不必恳求或依赖政府给的钱或基本的救济金。每个当地分部制定的会费和文学作品的销售收入可以完全支持我们出版那些文稿。领导层不再很神秘。组织结构是有意识地让每个人都参与到我们的项目、文学、思想观点的创造中去,并激励他们承担起领导的艰巨责任。所有人都会有每一份文件的复本。在小组中,我们决定将列宁的“每位厨师都能管理”的理念投入实践中去,证明“黑人力量”就是黑色政权。相比之下,不仅是黑人组织,而且传统的激进组织,他们的观点和路线都是从上至下的,没有比这更精明的了。[16]同志们需要哲学地去思考、辩证地去思考,对复杂的问题进行讨论和争辩,向他们的朋友和同事用有意义的方式去解释这些观点。到现在,人们还总是就一些时事话题向他们咨询。

1974 年,《每月回顾》出版社出版了我们在密歇根大学底特律分校所做的《二十世纪革命和进化》讲座的“关于革命”的讲稿[17]。在最后一章《没有乐土》中谈到,许多年以来,我们将道德从政治中分割出来,将“自由理解为逃避承担我们自己和整个世界责任的理由”,将“民主视为逃避责任的仪式”,而并没有将它看成是“一种过程,并且正是靠这个过程,绝大多数的人才可以加入到政治斗争中去,而这是作出重要的政治决定所必需的”,正是因为这些原因,我们大大推迟了进化为更具有人性的人类的进程,只有意识到这一点,才真正可以说是开始了美国革命。书中这样总结:

(在我们面对外部敌人之前,)群众中有相当一部分人必须放弃将他们自己看成是受害者的想法,充分相信他们具有管理的能力。他们必须认识到这里没有乌托邦,没有最后的解决办法,没有“乐土”,人类将永远处于斗争中,因为斗争实际上是最能表现出人类创造力的。他们必须要得出这样的结论,唯一值得为之斗争的信念就是信念本身,不是相信上帝,不是相信救世主耶稣,而是对人类本身的信念,因为人类在永无止境的斗争中只有依赖他们自己才能成为更为深刻的人类。

罗恩·卡伦加曾在《黑人学者》中写过《回顾革命和进化》的文章。文章的复本以及一封信寄给了我们，信上说他像读课本似的研究了《革命和进化》这本书。他的文章非常出色地对这本书的意义做了总结。[18]卡伦加说，这本书将吸引“博格斯兄弟和姐妹”们：

> 原始的民族主义者、抽象的大非洲主义者、非洲返祖主义者、以及所有其他搜寻者们，他们想通过将革命简化为一种魔鬼信仰、传统服饰、社会倒退等方式，试图寻找某种更为简单的解决方法，但再没有人成为他们的新朋友……他们拒绝款待我们或试图掩饰这个事实：我们害怕对方，同时相互之间进行抢劫、强奸、杀戮，并且对这个社会采用卑劣的个人主义，让人们“拿走你们的，不要管别人”。他们非常直接地告诉我们，在为这个国家争取社会变革的斗争中我们之所以起到重要的作用，不是因为我们的肤色、与生俱来的善良或想象中的正直，而是因为在建设这个国家以及经济建设中我们所起到的历史和现代的作用。我们敢于否定和打击压迫者，敢于放弃所有有关分裂或简单的解决方法的幻想，并准备联合所有受压迫阶级以及进步的人们一起进行一场艰巨的、长期的斗争，而他们却对我们的这一切提出质疑。

1967 年芝加哥的一次会议上，我们第一次遇到卡伦加。1973 年被监禁后，送给杰米一份他起草的文件，杰米回信建议他：

利用时间对过去、现在进行反省，为未来作出设想，而不是为你现在的困境感到叹惜。在这里，我为你感到非常骄傲……既然你现在否定了在过去的运动和斗争中自己心中所感到的矛盾，那么就不要停止下来。继续问你自己一些难的问题，而不是普通的那种问题……从现在开始，我们必须不断地反省、纠正，设想我们将怎样让男人们和女人们走到大街上去，这是他们极不情愿做的。这是一件要求非常高的事情。

这样相互交换意见的方式是杰米与各种类型的运动分子，如卡伦加、马克思·斯坦福或者是像威廉·斯特里克兰（北方学生运动前领导人）等人之间典型的交流方式，相互提出建议、鼓励、提出疑问，这样就能保持进步，思想更为先进。

许多年来，我们一直与罗斯玛丽和文森特·哈丁夫妇保持联系，我们是在60年代中期一次反对越南战争中的示威游行中认识他们的，那时他们的孩子瑞秋和乔纳森还在蹒跚学步。60年代，哈丁一家去往南方和马丁·路德·金一起工作。70年代，文森特是亚特兰大“黑人世界协会”的主任。1981年，他去了丹佛，并成为伊利弗神学院信仰和社会转型专业的教授。作为全国知名的历史学家，他写了如《这里有条河》等多部作品，同时还是拍摄有关美国黑人自由斗争的纪录片电影制作人的长期顾问。[19]

1979年7月，哈丁一家将运动积极分子们聚集在费城外的澎德山，一起讨论“马丁·路德·金：从这里我们该往哪里去?”我现在依然能清楚地记得那次聚会，这是因为就是在那次聚会上，第一次遇上了鲍勃·摩西，我一直以来非常佩服他能够有像“密西西比自由夏天”那样的组织。1964年，因为意识到在运动中，学生能够将它推向更高水平，同时还意识到只要黑人们还在拿他们的生命冒险，这个国家就还会对这些斗争置若罔闻，摩西召集北方的学生们来到密西西比，参与"投票者注册"游行示威运动。其中有大量的年轻人自愿参加。当他们还在为危险任务接受训练时，詹姆斯·切尼、迈克尔·施沃纳、安德鲁·古德曼在费城被残酷地杀害了。摩西知道，这会让年轻人感到怀疑和害怕，于是他将他们召集在一起说，任何不想继续下去的人都不会被认为是懦夫的；对于那些选择留下来的人，他所能承诺的就是他会站在他们一边的。结果，没有一个人放弃。"密西西比自由夏天"将南方民权斗争推向高潮，迫使美国国会将草根运动积极分子已经获得的权利写入了法律中。

我第一次遇上摩西并不是很顺利。70 年代多数时间里，他和家人都是在坦桑尼亚度过的，当时的总统是朱利叶斯·尼雷尔。那个国家对我来说遥不可及。例如，有一晚，已经安排吉米·卡特做关于这个国家精神危机的演讲（现在他的这篇演讲稿非常有名），我问是否可以推迟这次安排的会议，这样我们就可以去听这位总统的演讲。摩西对此作出评价的方式是那种当时黑人民族主义者所特有的方式，对于黑人来说，它足以让所有提出在美国所发生的事情要远比在非洲发生的事情更为重要的人感到惭愧。"尼雷尔，"他说，"曾经是我的总统"。从那时起，鲍勃和他的家人就定居在美国，他找到一种给城市里的孩子们教代数的非常有效的方法，这样他们就有可能去竞争由现在的电脑技术所带来的工作。

参加澎德山聚会的还有比尔·萨瑟兰，他多年担任驻非洲"美国友人服务委员会"代表。萨瑟兰曾陪同 C. L. R. 詹姆斯去拜访尼雷尔，说服他参加坦桑尼亚组织 1976 年第六次"大非洲大会"。一天下午，他向杰米和我生动地描绘了从美国来的代表们所感到的困惑。尽管由于生物上的遗传类似,他们将自己看成与非洲的领导人们有着如同兄弟姐妹般的关系以及同志关系,但是这些领导者中有些已经成为国家的领导人,而有一些,像安迪·艾明(乌干达总统),并不比恶棍好多少。

在参加澎德山聚会的前几个星期,杰米、吉姆·霍克和我已就信仰问题谈论了好几次。霍克对信仰和教堂问题的观点和杰米的非常类似。不过,最近在他工作将近三十年的通用汽车厂里,他和一个不去教堂但经常读圣经的黑人取得联系。自从 1967 年叛乱以后,霍克说,他觉得很难和工厂里的大多数黑人工人谈话,因为他们将自己看成是“比你更高贵的”人,拒绝区分正确和错误,认为所有事情都是白人的错。相比之下,这位圣经读者“真的觉得他在与自己以及其他人作斗争”。

霍克的故事让我有机会区别教堂和信仰之间的差别,并将信仰看成是在岁月的流逝中人类创造的某种东西,帮助我们理解我们在这个宇宙的位置,赋予我们继续在内心深处进行正确与错误斗争的力量。我说,每个人都需要不断通过对机会主义和贪婪作斗争来升华人性,我们需要宗教的激情,而不仅仅是政治观点,因为我们真的是在谈论着我们的灵魂。让我感到高兴的是,杰米并没有用他以往争辩时那种暴躁的语气来反对我对信仰的捍卫。1993 年 10 月 23 日,在杰米的纪念会上,文森特将杰米描述为一位受人尊重的人道主义者:“他让我最为敬重的是他看到了我们身上神圣的一面。他看到我们确实充满神力。即使他说话不太被人理解时,他也知道我们有能力去创造、去爱、去想一些想不到的观点、去看到看不见的东西。他知道我们是神圣的,我们拥有巨大力量去斗争、改变自己、改变整个世界。”[20]

《革命和进化》的出版让年轻白人们开始注意我们,他们正处于民权斗争和反越南战争的运动之中，他们不再认同资本主义的价值观，并开始寻找其他的选择。70 年代初，许多年轻人感觉到他们的行动缺少理论基础，于是开始参加全国各地开设的革命研究小组，研究马克思列宁主义理论和第三世界革命，希望通过这些研究，能够创造或发现一种哲学或理论系统来指导他们的实践。我们的观点——尤其是其中对革命与叛乱之间的区别、辩证思维和革命之间的关系，以及认为在美国主要的矛盾是经济和技术过度发展与人类和社会发展滞后之间的矛盾——深深地吸引着其中一些年轻人。

这些人想成为我们组织中的一部分，因为我们是唯一一个严肃对待马克思基本观点，并需要超越这些观点的组织。但我们还是一直努力培养黑人革命领导力量，我们不相信那些生活在黑人社区之外的人们能够体会到这种急迫性或有机会接触到街头力量。所以，我们鼓励他们分开组织，例如，在底特律、里克·费尔德曼、约翰·格鲁查拉，以及其他人就组成了一个名为“选择”的组织。

然而，在 1976 年 11 月黑人们加入了这个选举吉米·卡特为主席的联合组织之后，我们认为黑人们，如劳工和妇女，已经成为这个以自我利益为主的组织的一部分，失去了他们在道德上的地位。因此，黑人运动以及本来可以在黑人领导的指挥下可能进行的黑人革命已经走向尽头。[21]街头黑人力量每天都在增加，也每天都感到绝望。但是，为保留这种趋势，黑人们仍将在他们的历史和不平等待遇的基础上继续一种新的运动，而我们现在面临的挑战就是为这场革命创造一个更关注于人性的理论和策略。基于这个新的现实，我们开始着手创建“美国革命全国组织”(NOAR)，最后在全国各城市里组成以白人和黑人构成的新的当地小组，如：雪城、波士顿、列克星敦、湾区、肯塔基、密尔沃基、西雅图西海岸和波特兰等。

在组织内部的激烈讨论中提出了招募白人成员的问题。争论点并不是在于白人和黑人是否能够相处，而是在于讨论黑人革命是否还有意义。这不是个抽象的政治问题。绝大多数同志是在黑人运动中形成了他们的政治意识的。他们的生活和希望紧系其中，所以对他们来说，很难承认已经出现新的矛盾，并有必要创造新的观点和运动。当杰米坚持说黑人运动已经死亡时，你可以看见他们脸上的痛苦。正如黑人运动代替了劳工运动，它现在需要被其他的运动代替。而如果我们试图忽视身边的这个现实，忽视我们就在那里的现实，它将依旧存在，并会继续发展下去，而我们则与这一切没有任何关系了。所幸的是，我们一直以来都在努力坚持辩证地去思考问题。否则的话，关于是否招募白人成员的话题是很容易导致组织分裂的。

每年的 8 月，我们都会去缅因州度假，继续自 1968 年以来进行的谈论，不过话题不再关注于旧观点的改变，而是更加关注于为未来作出计划，例如什么是社区，我们应该怎样去建设它？1974 年，在美国托洛茨基主义领导人詹姆斯·坎隆去世后，我们就他的领导与马克斯·沙赫特曼、C. L. R. 詹姆斯的领导进行对比，这多少感觉有点像是对我们与 C. L. R. 詹姆斯一起工作的一种回顾。[22]

同时，莱曼的健康状况也每况愈下。1968 年，他常常沿着小岛散步，然后走到船屋，但到了 1975 年，他会吸着氧气，在床上一直躺到傍晚。他的病让我们感到非常担忧。在霍尔盖特广场和家庭学校的所有工作都压在了弗莱缔的肩上。莱曼在可以坐起来的几个小时里，最想做的事情就是讨论未来。他过去常说，唯一让他感到有活力的事情就是参加我们 8 月份的讨论。而弗莱缔希望他能够锻炼身体。吃饭时，她会坚持让他专心吃饭，不要说话，当然这会引起在场的我们或其他人强烈的反对，因为这会让我们坐在那里却不知道做什么。1977 年的谈话后，我们回到了底特律，那时，显然莱曼快要不行了。他对我说的最后的话是："继续下去。"在秋天回到洛杉矶之后，他多数时间是待在洛杉矶的医院里，身上插满了管子。

同时，里克·费尔德曼以及一群曾和他一起积极参与反对越南战争的年轻人（同时他们也都读过《革命和进化》）与南区出版社策划出版了《在缅因州的谈话》，序是里克写的。这样，在 1978 年春天，当莱曼几乎没有意识地躺在医院里时，我们把他的手放在刚出版的书上。

1978 年 7 月 1 日的早上，弗莱缔给在底特律的我们打电话说她刚从医院把他接回家里，如果我们还想最后再看看他的话，就得马上过去。就在我们那天晚上到达洛杉矶时，他已经被送到火葬场去了。弗莱缔告诉我们就在她给我们打电话不久后，她在唱片机上播放了约瑟夫·拉蒂夫的《回家》，那时莱曼喊了一声"老鼠"（这是他对弗莱缔的一个的昵称），然后就去世了。7 月 4 日，大约有 50 名同志、朋友、邻居聚在霍尔盖特广场。弗莱缔在聚会上谈到她和莱曼共度的好时光，也谈到他们之间的一些摩擦。莱曼的儿子迈克尔·潘恩唱了一首《从海上归来的水手》。希尔·朗，曾经是"约翰逊派"成员，谈到莱曼永无休止的祝酒词时，我们都笑了。从广场对面走过来的一位长者埃内斯托·巴里奥，谈到了莱曼曾是位非常好的邻居。刘易斯·苏祖克，来自旧金山的艺术家，制作了一个祝酒卷，内容是我写的，然后弗莱缔贴上了莱曼的照片。卷上的内容包括了里克·费尔德曼在《在缅因州的谈话》中写的简介：

致莱曼·潘恩

出生于1901年11月18日

逝于1978年7月1日。

今天,7月4日,我们聚集在一起为你祝酒。

许多年前,你的先辈们为这个大地带来了一个新的国度,

并为所有人生来平等、自由而奋斗。

在过去的四十年里,你一直都在努力让这个理想成为现实。

是你让我们意识到自由是需要发挥每个人特有的能力来作出的政治选择。

莱曼,感谢你总是诅咒这个世界。

在底特律,我们举行了一个小型的悼念会。尼克做了开场白:

"我想说的是

一位勇敢的美国人去世了。

不论这是多大的损失,我们都得到了更多的东西。

因为我们认识了莱曼·潘恩。

我们是他播下的种子。

从我们这里可以听到他的理想。

他敢于诅咒这个世界

就因为这个

我们聚集在一起庆祝他生命的结束，同时也庆祝一个新里程的开始。”

此后，我们继续着在缅因州的谈话，杰米和我同时还在大学给学生演讲。我演讲的内容常与教育、美国人、自治以及妇女运动(这个主题渐渐地对我和组织越来越重要)有关。1980 年，谢·豪威尔、弗莱缔·潘恩、维维安·霍(曾经是“约翰逊派”，也为瓦萨女校毕业生)和我参加了瓦萨学院“妇女历史学家专题讨论会”。这次会议让我深刻认识到妇女运动对这个国家在知识分子层面上的影响。全国有上百个研讨小组，每个小组都有二到四个主持人，讨论的话题也相当广泛。我们和维维安的几个朋友一起组成一个小组，参加不同的讨论小组。我现在还记得其中一个讨论亚裔美籍人历史的讨论组。飞利浦在讨论中发表了一个有关意大利和波兰妇女在芝加哥常与在舞厅里认识的菲律宾男人结婚的原因。在他之后，由一位蓝眼睛、金发的明尼苏达州妇女读了一份关于移民到这个国家的中国人的财富和家庭的文章。我当时也在小组中进行了一场激烈的争论。争论的主题是，因为妇女运动最重要的贡献之一就是它对科学理性主义的评论，所以我们应该提出在十年中停止科学研究，这样这个世界就能紧紧抓住一个基本的问题，那就是——知道怎么去做并有力量去做，我们就应该做。我最喜欢的一篇文章是斯坦霍克的《燃烧的岁月：历史上的关键时刻》。文章中指出 16 世纪和 17 世纪英国当权者(也包括像弗朗西斯·培根这样的哲学家)利用政治迫害，没收村民的土地，用知识分子名流的科学理性主义来代替妇女本身具有的知识。[23]

同时，由于社区的腐化，越来越多的学生高中时就辍学了，整天在街上游荡，看到这些，我不再谈论用教育来管理，而是更多关注建立一个既能满足这些年轻人的需求，又能满足我们社区需求的制度。我提出，不要将学校当成是促进个人职业发展的机构，学校应该是将孩子们培养成有责任感的公民的地方——通过让他们参与以社区为中心的各种活动，例如在社区花园里种植树木、帮助准备社区学校和社区的食物、开辟运动场、清理社区周边和小河的卫生等。在这个过程中，我们的孩子们将会从实践中学习——这通常是学习的最好方法。当他们工作时，将会很自然地学习到社会责任感和合作精神，同时也会学到各种技能，以及获得解决真正问题的办法。

在70年代初，杰米的演讲强调了黑人运动要超越叛乱、民族主义以及“辩证思维”的必要性。在杰米的悼念会上，奥西·戴维斯回忆了其中这样一次演讲：

> 我记得他当时在哥伦比亚大学，鲁比和我坐在听众席上。他谈论了我们对非洲的爱。在非洲大陆上进行的自由运动对在这里进行的运动产生了极大的影响。当时我们非常感动，于是我们改变了自己的发型，穿上了花哨的短袖套衫（尤指黑人风格的套衫）。我们认为在非洲的每一件事情都是金色的、美丽的，直到他们把我们从非洲带到这里。詹姆斯·博格斯谈到了非洲、这里的文化和这里的国家，也提到了非洲的领导者和统治者，以及一些伟大的国王。最后他激动地说：“即使是一位非洲国王，他也是狗娘养的。”突然，我感觉到心灵的震撼。短袖套衫和发型对我来说意义变得完全不同了。绝不是因为这些让我感到羞愧。但詹姆斯说，当你向后或向前看，并且看到真理时，你就会宣布那绝对是真理。

在平·范瑞的推荐下，杰米将他重新编辑过的《超越叛乱》演讲文稿寄给了《纽约时报》，文章后来刊登在报纸的专栏版上。[24]

杰米在1972年底特律大学的"黑人意识大会"的演讲非常重要，因为它预见了重建城市将成为80年代和90年代我们最为关注的中心。在这篇演讲中，杰米警告说，当城市各种机构，其中包括学校和市政府分崩瓦解时，黑人们正接管了他们，"除非我们努力为转变'工作'和城市的理念而斗争，否则的话，我们的城市将继续衰败下去，我们的年轻人将感到越来越无助和绝望，我们将过着朝不保夕的生活。"他接着说：

> 我们必须要面临这样的挑战：建立一个城市——在这里，人们通过相互之间提供服务而联系在一起；在这里，人们可以一起作出有利于这个社区的决定；在这里，不是创造利润以便将技术推广到城市之外的地方，而是各分散的社区应该决定怎样处理剩余产品，人们应该记住我们所有的决定的目的是让我们的人们，尤其是年轻人，能够为社区的建设贡献出他们的精力、想象力和创造力。

演讲同样也提出，要对美国的学校进行彻底地改变，杰米说，美国的学校已经成为一种为五千万的人们提供工作的产业：

> 一直以来我们都设想，学校培养年轻人是为了他们未来的工作，而实际上我们知道这些工作都在不断地被技术所代替，这种状况还要持续多久？现在的学校实际上是为了教师、管理者和监护人提供工作，我们还要欺骗自己多久？只有能够面对这个现实时，我们才能进行这场艰巨的、为教育重新定

> 义基本功能的斗争——确定在未来,“学习”的目的不仅仅为了工作、就业或为了获取权力,学校不仅仅是为教师提供工作,它应该有更高的目的。所有未来的学习都必须是为了满足社区服务、城市管理以及国家统治的目的。[25]

从70年代初开始,接近二十年的时间里,每年的11月,杰米和我都会在密歇根大学建筑系詹姆斯·切弗关于城市设计和社会变化的课上演讲。切弗在1968年阅读了《黑人革命党宣言》之后,来拜访我们。我们和他的学生主要讨论了社区建设和公民权问题。通常,杰米会做开场演讲,而我则负责回答问题。在1976年总统选举的几天后,杰米在切弗的班上做了一次演讲。根据那次的演讲,杰米编写的名为《对公民的新的诠释》的小册子,其中包括这样的内容:

> 在全世界进行革命的时代里,一个伟大的革命创立了这个国家,因为它将男人和女人重新定义为能够自治的人类,例如是公民而不是臣民。换句话说,他们愿意对自己提出要求,而不是成为将自己看成是受害者、只对别人提出要求的群众。这个国家还只是处在婴儿时期。如今,绝大多数美国人的先祖都不是二百年前创立这个国家并建立了政治和社会模式的那几百万人,这些模式如今给我们带来了危机。现在黑人的先祖曾经在这里——即使他们的劳动建立了促进这个国家迅速发展的基础设施,他们还是被排除在政治和社会体制之外。因此,现在生活在美国的人们并没有真正经历过能够建立所有伟大国家的革命。那种政治和更为人性的经历就在我们所有人的面前!

就在我们忙着建立组织、编写小册子、做演讲的时候,在整个世界和美国正迅速发生着变化。在70年代,交通通讯的迅速发展以及整体生产过程分化成许多零部件生产,这使得公司更容易放弃原来的工厂和城市,搬到其他地方去,或者到世界其他地方去,只要那里有更廉价的劳动力,对社会或环境的影响有更少的规定。公司正在放弃城市,并且(或)正在敲诈政府,要求政府减少赋税以及其他的让步,所以对于市政当局来说,要提供正常的城市服务变得越来越难了。

科尔曼·杨是位魅力领袖以及政治家,他曾经在1973年当选为底特律第一位黑人市长。他对这种发展毫无准备。当他当选为市长时,底特律人面临的主要矛盾是种族歧视,尤其以STRESS(全称为"阻止抢劫,享受安全的街道")为代表。这个宣称是减少街道犯罪的骗人制度在过去的25年里导致了22个人的死亡,所有人都是黑人。在当市长初期,他就解散了STRESS组织,指派了一位黑人警察特派员。他采取坚定的措施,改变了警察局以及其他部门明显存在种族歧视的成员构成,这一切为这个城市带来了新的希望。

与此同时,杨开始说服底特律的大财团,抑或被他们说服,因为正如他在一次与史达·特科的访谈中说的那样:

> 我认识到在美国真正奏效的是利润。如果要避免底特律的枯竭,我们就必须构建一个让商人们创造利润的环境让他们得到自己的利益。他们对底特律的投资越多,我们从他们那里得到利益就会越多。这就是在美国的游戏规则。我认为明天不会有革命。还是年轻人的时候,我就是这样认为的。我认为革命是别人的事。[26]

杨没有认识到的是游戏已经发生了改变。1974年,也就是他正式就职的那一年,美国的公司正向跨国公司发展,底特律的工业体系正在缩小。70年代及80年代初,帕克－戴维斯(Parke－Davis)公司关闭了拥有两千多名雇员的制药厂;优耐陆(Uniroyal)公司关闭了它的轮胎厂,使得五千名工人失业;与汽车经营有关的商店要么关闭,要么搬迁,使得十万多名工人下岗。哈德逊的百货商店,这个底特律市中心购物的圣地,也正准备关掉灯光。

1980年,这场由于杨对公司的错误自信所导致的第一次危机终于爆发了。当时他和通用汽车公司共同宣布,这个城市将拆除整个城区,推倒1500所房屋,144商店,16间教堂,2所学校和一家在波兰镇的医院,这样通用汽车公司就能够建立一个卡迪拉克工厂,由底特律来承担清除城市以及准备工作的费用。处于危险的社区,波兰镇的邻里和黑人们团结起来,以英勇的斗争来拯救他们的社区和家园。汽车工人联合会支持杨和通用公司,因为他们承诺说新的工厂将会雇用六千名工人。拉尔夫·内德将由五名成员组成的小组派遣到波兰镇,并与那里的抗议者一起工作六个月。但是斗争最终失败了。在改造城市之后,我无法忍受驾车经过离我家不远的工地旁。它看上去像月球的表面,非常荒芜,分不清东南西北。[27]

1984年,这家新的波兰镇工厂最终建成了,这是间高度自动化的生产厂,所以只雇用了二千五百名工人,即使人数最多时,也从未超过四千人——而另一个实事是,这家新工厂代替了原来两家旧的卡迪拉克工厂,1979年招募的工人就有一万五千人。同时,在工厂下岗之后,底特律的局势非常让人绝望,杨不得不宣布紧急状况,开设了一个热线电话,这样,市民们就能够打电话来索求食物、居所或请求帮助支付公共设施使用费等等。

在波兰镇进行的斗争中，杰米和我只参加过其中的几次，“美国革命全国组织”没有参与组织抵抗。不过，我们对这场斗争的意义非常清楚。1980 年 8 月，我们发表了名为“对 GM(通用汽车)有利的对美国没有利”的宣传单，其中指出“GM 就像一个穿着闪亮盔甲的骑士来到这里，给我们的社区带来新的活力。和其他大型公司一样，GM 告诉我们说进步就是它最重要的产品。但是把我们赶出我们的家园，摧毁我们的房屋、教堂、医院，这就代表着进步吗?”宣传单上还提出:“我们还要让他们这样做多久?”宣传单上敦促人们说:“作为社区的公民、国家的公民;作为不再满足于充当奴隶或臣民的我们，应该要开始思考、讨论我们的未来。”

我们没有参与这场抵抗运动是有几个原因的。一个原因就是，当时为了建立一个全国性的组织，我们一直忙着在许多地方组织分部。但是，底特律的部分黑人同志中也有不愿意去质疑杨，因为他对任何反对党派的无情抨击极具传奇色彩，同时，他们还觉得那样做似乎背叛了黑人的团结。杰米意识到了这种不情愿，认为这个组织所需要的就是一份新美国宣言，要准确无误地表明现在必须要超越 1969 年宣言中所提出的黑人革命，要为创造新运动奠定理论基础。[28]

这份宣言，也就是我们说的《美国革命党宣言》，大部分是由我写的，在杰米和吉姆·埃利斯的合作下，于 1982 年分别以英语和西班牙语出版。此时正是里根—布什时代:跨国公司有充分的自由;美国已经成为成功者和失败者、富豪和穷光蛋的国家。

在《美国革命党宣言》的开始将资本主义称为敌人:

> 资本主义对利润的要求是无止境的，它亵渎了我们所有人类之间的关系，并将它们变成金钱关系:健康、教育、运动、

艺术和文化，甚至是性和宗教，都变成了“大宗生意”。它将“劳动”从过去人类的一种活动转变成为只为工资而做的工作，而且这种工作变得越来越乏味，也越来越稀少，因为从我们的劳动获得的利润都被投资到更加复杂的机器上去了。永无休止的技术革新抛弃了过去的经验和教训，资本主义破坏了人类赖以维系的家庭纽带——这是一种自然习得的行为基本标准和一种延续性，而正是靠这个我们才能成为人。为了鼓励我们去尊重物质而不是社会纽带，它把我们变成一个自私的个人主义和物质主义的社会，并且通过无止境的享乐追求来弥补我们生活的空虚。一味地开发地球上的自然资源，就像它开发我们人类资源一样，破坏了我们和未来几代人赖以生存的土地、河流、和空气。

《美国革命党宣言》还指出，资本主义进入了一个新阶段——跨国资本主义阶段，这比商业和垄断资本主义更具破坏性，因为它威胁着我们的社区和城市：

到目前为止，美国人能回避资本扩张所带来的破坏性，因为它主要使其他民族、其他文化遭受破坏……但现在，所有这些都有了报应。当我们接受了它失去人性的价值观，并与它合作的时候，资本主义本身正向新阶段发展，一个跨国资本主义……跨国公司不会忠心于美国或任何美国社区。它们没有义务进行美国人通过艰苦斗争而获得的革命……由于公司的兼并收购，所有的城市已经成为了废墟。

这就是为什么作为一个民族、一个国家，我们现在必须要进行第二次美国革命，废除我们自己的资本主义价值观和资本主义机构,因为是这些让我们完全失去了权力——或者说我们将同样遭受到这么多年来我们所看到的别的民族和文化遭受的家庭和社区的残缺与破坏。

作为代替跨国资本主义的革命性的选择,《美国革命党宣言》提出,要在本地的自治、更强的家庭和社区、分散经济的基础上建立"自治的新美国"的观点。为了推动这个目标,革命党必须鼓励人们开始:

组建委员会,建设由我们周边的人组成的社区。到目前为止,这也仅限于地区性(我们房间的后门和窗户都紧闭着,相互之间都提防着,其害怕程度比我们过去还是野兽时有过之而无不及)……防止犯罪委员会将规定和实施基本行为准则,如相互承诺不购买"违禁商品";接管废弃房屋委员会将根据社区制定的标准来维护这些房屋以便社区居民的使用;家庭委员会将加强、帮助父母抚养他们的孩子;接管学校委员会将接管不能为我们的孩子提供教育的学校或倒闭的学校,为我们的孩子提供继续教育;抵制停滞公共事业委员会将阻止那些私人企业打着公共服务的名号追求更高利润,以期分给股东更多分红;接管倒闭工厂委员会将组织生产、提供社区年轻人的培训和就业所必要的商品和服务;反对暴利委员将阻止在我们日常关系中越来越多的暴力解决问题的行为;就像在70年代反战运动联合美国人抵制越南战争那样,禁止所有核武器委员会将联合所有美国人反抗核武器竞赛……

只要美国革命党鼓励并帮助这些草根组织运用他们的创造力,与那些将我们相互之间变成敌人的资本主义价值观作斗争，这些组织能够成为反对资本主义敌人的强大力量。例如，为了孤立在我们社区里的犯罪分子，我们必须要与个人主义和自私作斗争，因为当我们的邻居被抢时，正是自私让我们漠不关心。

《美国革命党宣言》的结尾是号召人们在进行一场运动的同时，创建一支革命党。

《美国革命党宣言》的出版让我们的组织充满活力。杰米继续着他的巡回演讲，其中包括一次和里克·费尔德曼一起在田纳西州的演讲，以及一次与里克和凯肖·斯科特一起在路易斯安那州的演讲。谈论着"我们的国家"和"我们的社区"，在一起思考建设社区的理念和计划，聆听每个人的故事和希望，同志们找到了新的爱国主义，在他们的社区和国家里找到了新的归属感。在 1982 年 NOAR（美国革命全国组织）举行的第二次大会上（由西雅图分部来的左拉和玛吉·卡特主持），明显地表现出同志这种自我意识的增强。尤其是当约翰·格鲁查拉和伊拉斯奥·刘易斯在会上朗诵由他们共同创作的一首名为《我们是马丁和马尔科姆的孩子》的诗以及我自己于 1982 年 6 月创作的《纽约伟大的和平示威》的时候，这种感受非常强烈。诗人和城市农业家约翰，是底特律波兰后裔，在加入 NOAR 之前是"选择"组织的成员。伊拉斯奥·刘易斯是非裔美国人，他成为警察局官员，是因为他相信黑人不仅需要权力，而且需要承担权力所赋予的责任。

我们是马丁和马尔科姆的孩子
黑色、棕色、红色和白色
所以我们不能沉默

因为我们的年轻人站在街角处
20 世纪的希望与他们擦肩而过

我们是马丁和马尔科姆的孩子
我们的先祖
自豪而勇敢
不畏暴风骤雨，不畏主子们和疯子的权威

我们是马丁和马尔科姆的孩子
所以当眼中只有钱的人们从我们的脚底下挪走土地，推掉我们的社区
当五角大楼的将军们集结武器辱骂我们的灵魂，焚烧我们的地球时
我们不能沉默

我们是马丁和马尔科姆的孩子
我们生来具有的权力就是历史的创造者
我们的荣耀就是斗争
你们应该知道我们的名字，就像你们知道他们的名字一样
索杰纳、道格拉斯、约翰·布朗、加里森

我们是马丁和马尔科姆的孩子
黑色、棕色、红色、和白色
我们的权力，我们的责任
就是用新的梦想让这个世界为之颤抖

《美国革命党宣言》让底特律分部的成员们为之振奋，他们开始组建社区。一些成员组织了密歇根组织失业人员委员会（MCOU），开始为失业工人获得持续性健康保险作斗争。其他人组织了抵制停滞公共事业委员会。在MCOU未能成功联合失业工人之后，同志们开始帮助在万宝路街区的居民（MCOU曾在这里举行过街道会议）推倒那些摇摇欲坠的房屋。后来，我们 在“芝士生产线”上工作，在里根时代，那里为成千上万的美国人提供基本商品。在生产线上，我们发现年轻人和有能力的人根本就忽视那些老年人和残疾人的存在。所以，我们将他们组织成一个名为“有尊严的底特律人”的小组，并为争取再多得一天的配给日成功地发动了一次示威游行。

1984年期间，杰西·杰克逊参加了总统竞选，NOAR全国分部的成员们到处分发传单，要求白人们和黑人们抓住这次良机创造一次新的运动。我们敦促美国白人“抓住机会，参加一次杰西·杰克逊的会议。问问你自己，他提出的问题是否对你的生活和我们国家的生活很重要……比较杰西提出的人类问题与其他候选人提出的空洞且毫无挑战性的、来联系美国的问题”。我们要求美国黑人在参加杰西·杰克逊的集会后，继续为他所提出的问题而作斗争。“我们不能把问题都留给杰西”，我们说，“这样我们就能进行一场新的、超越杰西和民主党的运动，因为他提出的问题不是他或民主党所能解决的”。在里根和布什赢得11月的竞选之后，我们呼吁所有的公民要“为爱美国，而去改变它。我们的社区和我们的国家现在完全取决于我们了！”

1983年，作为底特律DOAR项目委员会成员，我和约翰·格鲁查拉、恩肯其·左拉，开始出版《觉醒》，报道我们在失业者、老年人和减少福利的受害者之中组织反对犯罪的行动。我们说：“每个伟大的运动都需要时事通讯来宣传它的活动,并鼓励其他人加入其中。"《觉醒》对城市里那些年轻人不断犯下的罪行和暴力表示了不满,并提出这样的问题:应该怎样或需要做些什么事情才能将这些年轻人组织起来参与运动。我们身边所有的年轻人在街头暴力中失去了生命或肢体,以至于许多人,其中包括杰米的两个孙子,不得不参军保住他们的性命,这对他们来说是最好的办法了。我们一直都在呼吁:"我们不能让犯罪成为平常之事。"其中一期,刊登了特利尼达·桑切斯的一首名为《让我们停止这种疯狂》的诗:

让我们站着
让我们堵住从枪口射出的子弹
让我们停止告诉孩子从枪口射出的子弹
是解决生活中的问题的唯一方法
让我们破坏那些生产毁掉孩子们的制枪工厂

后来,突然间,由于这些外部的活动,NOAR 解散了。原来被认为是可以充实组织的不同观点现在却成为关系紧张的原因。会议变得难以控制,即使我这个非常喜欢会议的人,都会找借口远离这些会议。会员们开始假借个人的原因(家庭、工作或其他什么的)辞去成员身份。但是政治问题,即使是没有说出来,仍然得不到一致的答案。其一,成员们已经履行了他们的职责,同那些支持他们观点的人们共同建立了一个组织。然而,走到社区,发起运动,则需要另一种不同的责任。另外一个潜藏的、令人担忧的问题就是组织已经作出了要超越黑人革命的决定。显然,没有人能够反驳黑人运动已经死亡的分析,但很明显,对一些黑人同志来说,要超越黑人运动，多少让他们觉得是对黑人运动的一种背叛。所以，为了给这种背叛找到替罪羊，一位同志写信说，即使“杰米曾经是黑人，但他已经成为灰色人，毫无疑问是因为他已经被黄色刷子粉刷过了”。这是第一次有人公开地对我在组织领导人中作为亚裔美籍人的身份提出质疑。当杰米读到这封信时，谢回忆说：“他当时非常生气，浑身都在发抖。”然而没有人，也包括我自己，建议说问题应该直接提出来，可能在那个时候是不太可能作出任何有成效的讨论的。有几次，我成为黑人同志讨论的话题，其不堪让我难以相信自己的耳朵。不过，其他的同志还是保持沉默。我向身后看了看希望有人能保护我，但是没有——这让我在自己参与运动的经历中第一次想知道，如果组织招募了更多的亚裔美籍成员的话，是否会有同志们来干涉。

同时，我们在组织外做的事情就是让组织更具活力。密歇根组织失业者委员会在整个社区组织活动，我们不断结识新的草根朋友，像来自万宝路街区俱乐部的斯蒂夫·汉密尔顿，以及来自“有尊严的底特律人”的日内瓦·史密斯等。但是，在组织内部，我们之间就好像是敌人似的。最糟糕的是，我们无法描述在我们自己身上所发生的事情。我们不想讨论个人，因为我们对所遵守的信念感到骄傲，而不是对个人。但是我们建立起来的信念却不能帮助我们理解成员之间关系中所发生的变化。在组织外工作的时候，我们可以自由地讨论工作，但我们相互之间却不能谈论为之付出许多时间和精力的组织。在几百个小时里，杰米、谢和我待在一起，我们不讨论 NOAR 的瓦解。到现在为止，我都不知道他们那时在想些什么，或他们怎么解释所发生的事情。也许，像我一样，在他们的心里，已经将它封闭起来绝口不谈，因为那太痛苦了。当像平·范瑞这样的朋友问我，NOAR 那时发生了什么时，我不知道该怎么说。

NOAR 从来没有正式解散。在 1985 年和 1987 年之间，它只不过由于会员的退出而变得越来越弱，或者由于参与社区活动太多，而没有时间开组织会议。会员人数也从未超过 75—100 人。但是从 1970 年我们第一次为黑人革命组织运动，到 1983—1984 年 NOAR 退出主流，这些为数不多的同志做了大量的工作。我们的同志关系是建立在自愿将生命奉献给美国社会革命性转变的运动中的基础之上的，所以非常珍贵，也充满能量。总的来说，超越叛乱、迈向革命，超越“你们的或他们的”思维方式，超越我们个人的抱怨以及仅为得到认可所进行的斗争，转而进行为整个社会思考并承担责任的斗争——这让任何一个曾经是 NOAR 会员，或了解它理念的人，都会感觉到他（她）的人性在接受这些挑战中得到升华。正是由于杰米敢于接受挑战，并承担起美国革命的领导责任，黑人社区的人们不再认为自己是受害者，他们学会了如何正确利用他们的愤怒，发现有才能的人，发现他们身上的力量，而这些原本是很有可能被荒废掉的。强调经济、技术的迅速发展与政治、人类发展的相对滞后之间的矛盾，让我们能够解决犯罪和社会福利的一些问题，并且为社区建设提出建议和积极的项目，同时在很广的范围内，包括社会、政治、文化和艺术等，探索一系列问题。因此，我们吸引了来自基层和有艺术感的人们来丰富我们和他们自己。

几乎所有曾经是 NOAR 成员的人在某些方面依然非常活跃——多数都与年轻人一起工作，或者参与保护环境的运动，或者成为艺术家。许多人到现在为止还在分享我们那时的出版物。一些人将我们会议程序修改后，帮助社区小组有选择性地制定他们的项目。在肯塔基州列克星敦市，吉姆·艾穆瑞牵头组织由退伍军人组成的“百万人行军”小组，他们称自己为 CRUCIAL（社区建设、领导再发展及统一委员会)；在加利福尼亚州的奥克兰市，丹尼斯·泰瑞开始创建电影厂，他相信电影将成为转变人们行为举止，以及在我们那些已经被暴力撕得粉碎的城市中保存友爱和保留社区的有效方式。肯尼·斯诺德格拉斯写的文章经常刊登在《密歇根新闻》和《密歇根公民》上，这两份是底特律黑人周报。威斯康星州密尔沃基市的环境保护主义者瑞克·怀利，与华特·布雷赛特共同著作了《白星眼斗士：一个有效抵抗种族歧视，并为地球而战的同盟》。[29]

当 NOAR 显然走向衰亡时，我提出一个更为正式的解散程序，这样就能对组织的缺点以及积极贡献作出评价。但没有人支持我的提议，尤其是杰米，他常将这种评估视为一种事后行为，每个人都会为失败而相互责备对方。这次，他也许是对的。其中的感受太痛苦了，毫无疑问的是，任何讨论都会最终变成痛苦的相互攻击，就像离婚的夫妻那样。

不过，几年过去，我经常问自己(我想其他经历 NOAR 这场变化的人也做着同样的事)“从草根革命领导人的发展中，从先锋政党 NOAR 的缺陷中，我们能学到什么?”如果像我认为的那样，NOAR 的机构过于内部、过于刻板、过于强调等级，并且有太多列宁主义的典范(他们都是生活在沙皇俄国这个完全不同的环境中)，那么，在利用妇女运动和其他运动的经历、始终记住“黑豹党”的经历以及 60 年代的街头反叛力量正在不断扩大、却越来越绝望的现实的同时——我们在美国是否还能创造出其他更为灵活的形式来发展草根革命领导人？我们应该发展一个机构来让某种特定社会阶层(像黑人街头力量)担任革命领导人吗？应该呼吁像那些上万名在六七十年代涌入“黑豹党”以及如今生活在我们周边的年轻人承担起革命领导人的艰巨责任吗？或者他们急需那些能够让其参与集体社区建设活动,并发展他们自己和赋予他们力量的组织和项目吗?

这些不过是在对NOAR经历的分析中所提出的问题,也许会有些帮助。来自湾区的NOAR的同志南希·沃格指出,在20世纪所发展的科学概念为建立等级性不强、不固定的新组织形式提供了一定的思路。例如,在《领导者和新科学》中,玛格丽特·威特里这样写道:

> 我们的组织不再是在官僚政治时期所盛行的那种机械式的机构。大家开始认真谈论一种更为流动、更为有机的组织机构,甚至是没有边界的组织。我们开始将组织看成是一种机制,将他们解释为"学习组织",并且认为这些组织具有某种自我更新的能力。这些都是我们对新式组织理解的一种尝试。我自己的经历说明,如果我们能够意识到组织是一种有意识的实体,拥有许多有生命体系的特质的话,那么我们就能超越普通事件给组织带来的绝望,像变化、混乱、信息超负荷,以及周而复始的行为等。[30]

现在回想起来,对NOAR的解散我可以想到许多的原因。一个明显的因素就是当杰米和我已经全身心地将一生的工作投入到运动中去的时候,多数同志正处于一个需要面临许多选择(如家庭、孩子和工作等)的年龄。将白人招募到组织中来也许也是其中的原因,因为在那个时候,白人的知识水平和组织技能要比多数黑人同志高一些。我特别能够感受得到因那几位组织创建者的种族主义所带来的紧张气氛。除了我,他们都是黑人。帕特丽夏·科曼·鹏斯在参加了"全国黑人女权主义组织"后加入了NOAR,在她的领导下,底特律分部主要从事反对这类种族主义的工作。但由于其组织的根基完全来自于黑人社区、黑人教堂以及60年代的"黑人力量或黑人民族运动",那个时期采取的模式也丝毫未动地被保留了下来。"黑人力量运动",尤其是当它被电视报道后,已经成为黑人的一种鲁莽行为。我怀疑强调产生领导人也鼓励了他们的野心,当然这种野心超越了他们个人能力,或者说超越了客观形式所带来的机遇。我可以很高兴地说,在NOAR,同龄男人之间的对立带来的那种竞争氛围,并不像当今组织中的竞争(往往是在女人之间的竞争)那样盛行。要不是杰米—— 一位在黑人革命爆发的时候,政治个性就已经形成的黑人长者——的出现,NOAR很有可能不会持续这么久。

但是NOAR解散的主要原因,我相信,是我们建立的组织已经不能再发挥它的作用了。即使我们经历了不同阶段,有着不同的名字,从本质上说来,我们的组织已经超越在60年代末的叛乱活动。我们的目标是去做"黑豹党"所不能做的事情——发展革命理论,为进行黑人运动培养革命领导人。当那场运动接近尾声时,我们努力让自己适应不断变化的形势。所以并不意外的是,我们取得的主要成就就是设计了组织内部发展项目以及出版了大量的印刷品。他们直接指出了不断变化的现实;不仅处理了出现的问题,而且还找到了问题的根源;提出了具有远见的计划;拓展了每位成员和领导人的政治意识,用恩肯其·左拉的话来说:"允许存在各种形式的思想、艺术、音乐、纪律、责任、选择等等。"相比之下,我们创造的组织形式将纠正这场运动的缺点——当黑人中产阶级都搬出城市,而留下了穷人和老人时,这场运动已经达到巅峰状态,然后开始衰败,并在70年代中期结束。一个新的领导阶层必须从尚未有明确的梦想和希望的新运动中产生。

第七章
回到中国

王平

1983年秋天的一天，清晨醒来，我在想我很快就70岁了，但还没有回到过中国。在我的一生中，“回家”总是被耽误——要么是由于内战，要么是由于中国决定走自己的道路而遭受美国的制裁。不过，在1972年尼克松总统访问中国后的十多年里，到中华人民共和国去已经成为可能，并且也逐渐变得流行起来。人们回来之后总是会说些美妙的事情，他们总是问我什么时候去。我的弟弟哈利和埃迪都回去过。但我总是推迟回去的时间，主要因为我还在忙于建设组织，同时也因为担心可能对我这些年来的政治生涯带来影响。这是否会像是打开了潘多拉的盒子呢？我会不会必须参与更多的中美友谊协会的活动呢？是否会重新唤起我曾经的愿望，能够学会说中文、读中文呢？同时，我不再年轻了。如果我回去，就必须要马上做这些事。我不想再像过去那样三个星期待在一个地方，我希望能够在一个地方停留一段时间，这样就可以自己一个人舒服地到处转转。在这段时间里，我听说有个加拿大项目，在北京语言学院（今北京语言大学：译注）学习六个星期的语言，然后再用两个星期的时间在中国旅游。我报了名，并于

1984年9月20日离开旧金山。

在读大学的时候,我就曾断断续续地学过中文,有时也参加过学习班,例如在30年代的哥伦比亚大学,70年代的底特律大学和温索尔大学。不过,多数都是在自学,因为只是在最近几年,大学才提供语言学习课程。之所以坚持学习汉语,是因为我说这种我的祖先的语言,竟不如说德语、法语或西班牙语那样自如,这着实让我感到尴尬。同时,从小就学习汉语,我对这种书写的语言非常着迷。西方的语言都是语音式的,所以如果你不知道意思,都可以尝试读出这个单词。例如,男人在法语中是“homme”,德语中是“Mensch”。而像书写的汉语是由会意字或象形文字构成的。每个单词都有独立的符号。最简单的那些汉字显示出这些文字是通过画图创造出来的。例如,“月”的汉字象征着月牙,“人”表示两条腿站着的人。更为复杂的汉字是由一个表示词汇意义的偏旁和一个表示发音的符号构成的。因此,凡是与语言有关的词汇都会包含“言”字旁,凡是与婚姻有关的都会包含一个“女”字旁,等等。普通人大约认识一千两百个汉字,每个汉字都是独立学会的。小时候,我学会了大约几十个汉字,有些非常简单,有些就相对复杂些,不过我从来没有忘记过这些汉字。

学习汉语是我做过的最难的事情,也许是我一生中最为失望的事情。我没有机会去听汉语,因为我们家不在中国城或中国人社区。在家里,我们兄弟姐妹之间,和父母之间,都是说英语。有时他们会进行一些简单的对话,不过很快又用英语来回答。更糟糕的是,当年父母和餐馆里那些从中国南方的汕头移民过来的工人们说的是粤语,与大学课堂使用的中国官方语完全不同。所以我总是很犹豫,学习粤语会对我来说更容易些,而官方语会有更广的使用范围。我常常在一段时间学习其中的一种,然后放弃,然后几个月甚至是几年之后，又开始学习另外一种。或者是对两种语言都非常绝望。最终结果就是，我积累了几十本磁带、字典、教材（都是双语的）——和一堆失败的记录。

长大以后，我曾对身为华人感到非常矛盾，有时对我的祖先感到非常骄傲，但更多的时候是忽略它，因为我很不喜欢白人对待自己华人身份的方式。在我蹒跚学步的时候，浅黄褐色的眼睛、笔直的黑发，总让人们觉得我非常“可爱”；长大以后，陌生人总是会问，“你是什么国籍?”——这让我非常困惑——就好像只有白人或从欧洲移民过来的人才有可能成为美国人。所以，为了压住他们的气焰，我会告诉他们我是在美国出生的，因此我的国籍是美国。然后，还会加上一句：“如果你想知道我的种族的话，告诉你，我的父母是从中国南方移民过来的。”在完全了解到我一生都是生活在美国，并且上的是美国大学时，他们会惊讶地叫道：“但是你的英文说得很好！”

我痛恨被看成是“异国的”。当还是孩子的时候，这就等同于“傅满洲”（音译），这是由萨克斯·儒默创造出来的一个邪恶的电影人物，代表着当时一个普遍的看法：“黄色危险”正威胁着西方文化。在读大学的时候，人们总走到面前说，我让他们想起那位来自中国富裕家庭的、卫斯理学院的毕业生，蒋介石的夫人。为了寻求对她那位独裁丈夫的帮助，以便让他得以继续对抗日本人和中国共产党，她总是在全美各地巡回演讲。每当他们这样说起，我简直想对他们大声尖叫。如果有人提出让我穿上中国服饰在聚会时谈论中国的话，我总是会拒绝参加这样的会议，因为我并不注意那些中国的事情，同时还因为我唯一拥有的中国服饰还是母亲初来这个国家时身上的那套衣服。

在 20 世纪 40 年代加入“工人党”不久后，马丁·艾伯恩为党报撰写的一篇名为《新国际》的文章深深地鼓舞了我。人生中第一次对中国做了一些研究，随后撰写了四篇文章：《中国：东方的巨人——民族革命和帝国主义》、《蒋介石的中国：国民党和阶级》、《斯大林主义下的中国：民族革命和农民反抗运动》、《日本侵略下的中国：日本和中国东部资本主义》。这几篇系列文章信息量很大，尤其对我来说是这样的。但它们缺乏激情，因为这些都是从书本、报纸和杂志上得到的，而我自己却没有相关的背景知识去评价我读到的东西。第三篇文章，《斯大林主义下的中国》，发人深省。关于共产党发动组织中国国内的农民进行革命的消息让我兴奋不已，但又不得不压抑自己的这份兴奋，因为我感觉到"工人党"是反对斯大林主义的，并且贬低农民成为革命社会力量的作用。文章最后的结尾引用了托洛茨基在1928年所说的一句话："随着无产阶级运动的兴起……现在可以认真地讨论关于农民革命的问题。"在文章中，我用"共产主义领导人"来描述毛泽东，而不是"斯大林主义领导人"。文章的标题可能是编辑给的。在这套系列文章出版之后，[①]在一次有十个同志参加的支部会议上，我谈到了这些文章。不过，没有人表示出对此感兴趣。我自己也很快又忙着做"约翰逊派"的工作去了。

直到60年代，这个国家开始可以得到有关中国所发生的事情的消息，并且还可以读到毛泽东写的文章。这让我对中国革命感到非常痴迷。我喜欢毛泽东对政治革命采用的哲学方法。非常认同他所说的：从实践中学习、与矛盾作斗争、纠正错误观点，或者纠正那些由于客观局势发生改变而变得非常主观的理论观点。在毛泽东著作中，有一篇名为《纠正党内错误观点》的文章，是我最喜欢的文章之一。这是一篇对党内的帝国主义和冒险主义的评论文章。文章之所以给我留下深刻印象不仅是因为它对"黑豹党"很实用，而且非常的中国式，同时从某种程度上它让我想起了我的父亲。[2]我想这是因为，和父亲一样，毛泽东强调政治权力机构和立法机构的基础是道德力量而不是法律力量，将善行看成是人们之间的一种关系，而不仅是个人拥有的道德品质。例如，"政治"在中国字中是由两个字构成的，发成"zhengzhi"，"政"意为"直或正确"，而"治"意为"治疗或治愈"。"仁"由两部分构成，部首表示"人"；另一个是"二"，表示的是"两个或不止一个"。在毛泽东1936年的文章中，我似乎听到了父亲的声音："最重要的事情就是要善于学习。"毛泽东认为，要成为聪明勇敢的人，"就必须要获得学习的方法……方法就是要充分了解敌我双方的情况，发现约束双方行为的法则，并在我们自己的实际操作中运用这些法则"。也就是说，通过纠正错误以及理清你与其他人之间的关系，才能在政治上得到进一步发展。

同时，我也能感受得到父亲和毛泽东之间在运用中国传统文化上的根本差异。[3]父亲的方法是儒学的。在家里的善行就是指我们要接受家长式的传统，妻子要服从丈夫，孩子要服从父亲。而毛泽东的方法是来自于社会底层人民的革命观点，即承担起为社会作出决定的义务，也就因此不是富人和权贵们的责任。所以，他总是对党内的成员提出新的问题，并鼓励中国的农民和工人们不仅同内在的局限性作斗争（这是由于他们自身在社会中的地位所带来的问题），而且还要与那些限制他们发展的掌权者作斗争，从而得以转变。毛泽东并没有将共产主义看成是乌托邦社会，而是将其视作可以通过经济发展，社会实现物质富饶之后即可达到的一个客观事物。对他来说，共产主义是一个过程，它将自我转型与结构转型结合起来——"人类有意识地重塑自己和世界"，在人类革命中创建新台阶。

20 世纪 50 年代,甚至到了 60 年代,要想了解在中国所发生的事情是相当困难的。美国权力机构大发雷霆地说,“我们把中国输给了共产党”,禁止国人到这个国家去,并采取一切严厉的措施来支持这个规定。例如,因《看杂志》的一组记者和在《巴尔地摩的非裔美籍人》工作的威廉·沃斯(我的朋友)一同在 1957 年前往中国旅行,美国政府便取消了他们的护照。

在这种情况下,和许多其他美国人一样,我非常渴望了解中国所发生的事情,于是就从菲里克斯·格林和莫德·罗素那里获得一些信息。格林是位在英国出生的记者和商人,1957 年开始去中国,撰写过几本书,[4]为公共电视台制作了几部电视纪录片。他还在美国做了几次巡回讲座,介绍新中国历史性的发展。因为他非常温文尔雅,说话带有受过良好教育的英国腔,所以那些坐在市政厅里黄色头发的女士们发现共产主义中国并不是那样可怕。对于在中国出生或拥有中国血统的人来说,他给我们讲述的事情就像是天赐之物。我将永远不会忘记这样的情景——1964 年或 1965 年,在我们家举行的一次会议上,90 岁高龄的父亲面带微笑地聆听着他的演讲。他说他可以安心死去了,因为毛泽东给那些像他出生的那个村子一样的地方带来了他梦寐以求的进步。

在底特律,我们非常期待莫德·罗素每年一次的到访。她是北加利福尼亚的本地居民,和毛泽东同年,“一战”后曾作为基督教女青年会(YWCA)的工作人员去过中国,那时的中国学生正举行反对帝国主义的示威游行。20 年代,她为中国妇女提供了文化和健康项目,鼓励她们参与政治斗争。30 年代她曾经在延安呆过。1944 年,她回到美国,但她的心留在了中国。所以,1960 年她不顾政府的禁令,再次重返中国。之后,她开始出版《远东的报告》(Far East Reporter),告知美国人中国的发展;每年春天,她都会一个人带着书籍、幻灯片，开车从纽约出发到克里夫兰、底特律、芝加哥，去任何愿意举办会议等待她到来的地方，给人们谈论中国。即使在莫德80岁时，听力和开车技术都已开始衰退，但她依然坚持这样做。有一年，在新泽西收费公路上出了车祸。但是，当她把车开到路旁发现车子损坏得并不是很严重时，便继续前行，因为在克里夫兰的小组正期待着那天晚上她给他们演讲。莫德于1989年去世，享年96岁。她去世的两年前，我还收到过她从尼加拉瓜寄来的卡片。她去那里，是为了表示对革命的支持。

1970年，黑人运动和反对越战运动极大地鼓励着亚裔美籍人，他们自发地组织起来，而我自己则是底特律"亚洲政治联盟"(APA)的创建人之一。成员只有六个，三个日本人和三个中国人，其中包括我兄弟哈利和我自己。对于普通的白人来说，也许我们长得都很像，但我们完全感受得到我们之间背景的差异。组织成员中，有美国出生的，也有亚洲出生的。待在一起不到两年，但这段时间却是我政治生涯中最享受的时光之一。我们在一起做的事情非常谨慎、朴素。大家通过研究中国历史和日本历史，从中发现对方和自己身上所具有的东西。每个月，我们都会播放像《东方红》这样的电影，电影吸引了各种亚洲人组织成的小组，尤其是那些从中国来的人。他们曾经害怕过于表露出对中国革命的兴趣，但在这里他们却可以面带微笑地在黑暗的播映室里看着祖国所发生的巨大变化。我们举行讲习班，帮助美国出生的亚洲人去发现并创造他们自己。我们还参加了在当地及全美范围内举行的反越南战争的游行示威，大声地喊着"黄色是美丽的"的口号，抨击侵略亚洲的美国种族主义和帝国主义。我们称那些没有参加反对越南战争游行示威的人为"香蕉"——外表是黄色的，但里面却是白色的。

与亚洲人一起工作同在白人社区或黑人社区里工作是完全不同的。我会定期和一些能够认同我亚裔美籍人身份并从事政治活动的人们开会,这是我生命中第一次,也是唯一的一次。这样的经历让我意识到,不论是在美国社会里,还是在从事运动的人们中,亚洲人只占其中很少的数量,直到最近才有所改变。最大的不同就是年轻人将我尊为老者。因此,1970 年纽约佩斯大学举行的"亚裔美籍人现实会议"上,作为 APA 代表,我被邀请给会议做闭幕演讲,这是我多年来参加黑人运动所从未经历过的事情。在我做即兴演讲时,发现台下多数是大学生的听众们正认真地从我参加运动的经验中吸取知识。现在,再次读那篇讲稿,对当时那种说教式的演讲,我感到非常惊讶。[5]

在组建 APA 之前,我只有两位中国朋友——一位是在伯纳德时的同学路易斯·陈,另一位是汤姆·寇克(音译)。毕业后,路易斯嫁给了一位海外社会学学生,C. K. 杨(《中国共产主义社会:家庭和农村》的作者)。结婚之后,因为路易斯丈夫受邀教学的缘故,她随同丈夫一起游历了中国、日本以及美国的许多城市。[6]1995 年参加伯纳德学院毕业生聚会之前,我们之间的联系只不过是在圣诞节时相互赠送贺卡而已。汤姆·寇克出生在中国,在 30 年代末来到美国时还只有十几岁。他的兄弟是中国共产党的一名干部。"二战"期间,他是全部由中国人组成的后勤部队的成员,我兄弟哈利,也在那里服役。他后来搬到底特律,娶了位非裔美籍人,并在福特汽车厂工作了三十多年。

在 APA 工作的经历让我与两位在中国出生的中国人成为亲密的朋友,他们是艾逊·陈(音译)和曾仲鲁(也就是路易斯·曾)。路易斯的父亲曾仲鸣,是汪精卫最器重的人。于 1939 年在河内被蒋介石派遣的杀手暗杀。他的母亲方君璧是位研究法国和中国绘画的画家。她的作品结合了西方的自然元素和中国的情感元素。法国和中国的博物馆都收藏有她的作品。在中国时，艾逖和路易斯从小在一起。1949 年后，路易斯的母亲离开中国，和三个儿子定居在法国；而艾逖的父母则带着孩子们去往台湾。因此，艾逖有着台湾女性的特征，笔直的站姿、精致的相貌，而路易斯则总是让我想起热情奔放的巴黎人。

艾逖在波士顿中国城的小学教书，获得了哥伦比亚大学硕士学位，写了许多有关美国教育和中国教育之间差异的书。她说，中国教育是以孔子的观点为基础的，相信人类具有可教育性的："人生来是非常相似的；是学习和实践让他们变得不同。"所以，中国人强调孩子们相同的方面，而不是他们不同的方面——在学习能力上及成为关心他人、具有社会责任感上个人潜力的差异。在美国，孩子从小就听到，"我可以跑得更快"或"这是我的"。在中国，重点是社会本身，孩子对自己的认知是与其他人以及在社会中他们相互之间的关系相联系的。

路易斯是位哲学家、文化历史学家、电影制片人，能说一口流利的汉语、英语和法语。在担任了 20 年的中文翻译之后，最近刚从联合国驻几内亚理事馆退休。1968 年，路易斯看了《黑人革命党宣言》后，就来拜访杰米和我。那时，他正在蒙泰斯学院（是韦恩州立大学在底特律的分院）教授哲学和文化课程。独特的背景让他能够对不同文化有着非同一般的理解。作为一个非常优秀的中国家庭的后代，他能够像中国知识分子那样去欣赏中国文化和历史。在法国，由于受到艺术家母亲的影响，他又能够像西方知识分子那样通晓西方文化。60 年代、70 年代在底特律生活、教书的经历，让他可以广泛地接触美国人；他的妻子安·赫伯特就是位美国人。在蒙泰斯学院教莎士比亚文学时，一堂被他称为"从道家思想到毛泽东思想”的课受到我们多数非裔美籍朋友和同志的欢迎。1976 年,我们和平 · 范瑞与英国的朋友们待了一个星期之后,便安排去拜访在法国的路易斯、安和他的母亲。他们带着我们参观了卢浮宫,以便让我们对西方艺术的历史发展有一个总体的了解。1986 年,我参加了 C. L. R. 詹姆斯的纪念会,然后飞往几内亚,路易斯和安带着我去了三个教堂——俄罗斯东正教教堂、罗马天主教教堂和加尔文教堂——这样我就可以对教堂建筑有一定的观感刺激。在他担任联合国翻译时,不断写信说他去了中国、非洲、中东等地,这些信件是无价之宝,因为我从中可以感受到,在过去的二十年或二十五年里这些地方发生过的变化,也能让人体会出不同文化在精神上的差异。我曾经只是抽象地知道,中国文化是在道家思想(“无为”,“万物变化无常,隐现不测”)与孔子学说(“政者,正也”)之间辩证地相互作用之下形成的。但是当路易斯让我注意中国的剑总是装饰有穗时,这让我先前的理解变得生动起来。

许多年来,我都会和我的朋友们一起分享路易斯的来信,而他们总是会问同样的问题——他们是否可以让其他人也来阅读这些信件。

1995 年,路易斯送给我一篇他写的文章《论转变中的中国:国家面临道德真空》。他非常了解在鸦片战争和太平天国运动之后,中国处于一种在思想体系上和道德上的真空状态。很少会有西方人有他那样的认识。社会混乱显然破坏了在“三纲”基础上的孔子学说的价值体系——即父为子纲、君为臣纲、夫为妻纲——以及其天命观也是认同帝王的统治的。毛泽东之所以能够领导革命斗争,就是因为他用“人命观”以及“为人民服务”的理念填补了这个空缺。这个新观点的出发点就是中国共产党发动解放运动,并获得统治管理权。

路易斯离开中国时才十几岁，他再次回国是1973年的事了。大街上刺耳的声音以及人群攒动的街道让他大吃一惊，这与书本和绘画中所展的碧蓝天空的景象是完全不同的。从那以后，他回去过十几次。1997年秋天，在回欧洲的旅途上，告诉我他此时对中国文化上所该感到的震惊：

> 3月，我去了中国。在雀巢（中国）有限公司做顾问工作。在那以后，遇上了正在香港的安。在亚洲待了一个月后，再回到日内瓦，这是个美妙的经历。到处都盛开着鲜花。没有污染、没有灰尘、也没有噪音。没有拥挤的人群，在公共场所不会大声说话，不会拥堵在商店里或市场上。公园修整得很好。城市整洁得像个玩具。这是最文明的城市生活。但，有些事情好像不太对。
>
> 亚洲一片忙碌、繁荣的景象。城市处于不断建设和拆毁的过程中。每天都有新的建筑物拔地而起——新的高速公路、新的大桥、新的火车站、新的飞机场。从基本生存迈向了消费的新阶段。人们工作的那种精力让人惊叹，人们贪婪、骄傲地看着他们的四周，大肆地吃、大肆地购买。在北京有一些乞丐。
>
> 相比之下，欧洲受到很好的控制。每一项活动都有规则。社会服务能保证没有工作的人过着体面的生活。公共基础设施受到很好的维护，不会新建很多，但也不会重建。这种生活质量是相当昂贵的。欧洲的费用非常高，所以回报很少。欧洲唯一的出路就是大大加强在其他地方的投资——像雀巢（中国）有限公司——以便补贴它的福利。在欧洲，发号施令的是跨国公司，因为他们有效率，也能够带来利润。他们极力

推崇欧洲的统一,这样欧洲就能在全球竞争中立于不败之地。

但关键是欧洲人。他们生活得很好。他们要度假。他们有环保意识。他们会坚持自己应得的权利。他们不会赌博或冒险。他们觉得受到黄色人种的威胁,并极力地抵制它。但外面的世界是非常残酷的。这么昂贵的习惯,又缺乏生机,我不知道他们怎么可能期望打败亚洲人呢。

我自己怎么看待这些?我不确定。我总是认为有数量才会有质量。但必须承认,当我看到人潮攒动的人群时,确实感到害怕。

1984年9月,我到中国时,碰巧他也在北京。所以我可以和他的朋友有一些来往。我非常希望讨论60年代末的“文化大革命”。碰巧有机会和一对年轻中国夫妇以及一些住在中国的西方人谈论这些。路易斯和我在那对夫妇的家里享受了一顿美味的晚餐。晚餐是由那位丈夫专门请了假回来准备的。他们对“文化大革命”的态度是很犹豫的。一方面,他们觉得自己的职业生涯受到了极大的影响,因为他们将不可能再得到这些年里失去的东西。同时,他们不能去痛斥革命,因为,我觉得,否定“文化大革命”的价值就意味着否定了他们三分之一生命的价值(九年)。他们非常渴望去美国学习,甚至在那里生活,不过,他们完全不了解西方生活中阴暗面。在我告诉他们美国的犯罪情况时,他们的反应是:“为什么政府不采取一些措施呢?”

伊斯雷尔·爱泼斯坦、戴维和伊莎白·柯鲁克夫妇,他们是我在中国经常拜访的几位西方人。他们都目睹了中国在新中国成立前和新中国成立后的斗争,并经历过“文化大革命”。伊斯雷尔是《中国重建》的英文版主编。伊莎白和戴维是《十里店:中国一个村庄的群众运动》(主要描写在中华人民共和国成立之后的十年中的历史)以及《杨义(音译)公社的初期》(主要描写 1958—1961 年时期的事情)的作者。[7]遇上他们,我感到很高兴,因为我从这些书中学到了许多,并将它们收藏在家中。戴维和伊莎白·柯鲁克夫妇的孩子一直是在中国生活,直到长大成人。和其他"外国专家"一样,他们现在住在友谊宾馆,我想宾馆很有可能是俄国人建造的。他们的公寓非常舒适,家具配备得也很好,还有很现代的浴室和中央空调。我们去他们那里,那间屋子非常暖和,是我来北京后第一次出汗。讨论中,他们谈论了在"文化大革命"时所遭受的艰难时刻,并一直努力对它作出一个历史评价。总的来说,他们认为这场革命有许多好的地方,例如,努力消除工人和知识分子之间的距离,但做得过于极端了。他们同样也很高兴地看到中国共产党正在承认自己的错误,并重新评估了"文化大革命"。我认为他们是非常诚恳、立场非常坚定的人,我很敬佩他们的付出。过去,我多少还是有点嫉妒他们有机会目睹这些重大历史事件。不过,还是很庆幸我没有处于他们现在的状况。

通过伊斯雷尔·爱泼斯坦,我结识了弗兰克·苏开明。他 1903 年出生在河南省北部,1927 年被派到美国学习,在哈佛大学获得硕士学位。1953 年,为了帮助建设新中国,他和他的美国妻子、女儿回到中国。他写的《现代中国史》于 1985 年出版,这本书非常精彩,因为它是以一个中国人的视角描写的——经历了三个不同的世界:半封建半殖民地中国、资本主义美国和新中国,在新中国里,这个中国人经历了建设新社会的快乐与痛苦。[8]

在北京语言学院,我和另一位学生共住一个配置齐全的宿舍里,盥洗室和蹲式厕所都在楼下的大厅。每日三餐吃的都是家庭式的饭菜,虽然我觉得比较油腻,但还是很丰盛的。每天早上,我起得很早，所以可以欣赏到日出——“东方”真的很红！课都开在上午。午饭后，我常常会坐上公共汽车或散步去周围看看，或在商店里到处转转，看看现在出售的是什么样的商品。最后两个星期，我们都是坐火车旅行的，多数都在晚上，睡在有三层铺位的床上。我们从北京出发，到西南部，最后到达重庆（“二战”时期国民党首府所在地），那里比旧金山有更多的山。然后坐了三天的船，沿着长江向东南方向走，经过武汉，最后来到广州。我感到骄傲的是，尽管自己是那个小组中最年长的，却从未生过病，而且到哪里都是自己拿着行李。不过有一次例外，那天早上，我正准备在重庆坐船，往下看着通向河边的那一百道台阶时，我吓坏了。

在中国旅行的两个月里，认识到的最重要的事情就是，我更像个美国人。身为中国人让我感到困惑，而且仍然不会说中文。没能尽早地回到中国，没能学到祖先的语言，这些都让我感到羞愧，就好像被族人（十亿人）训斥一样。同时，我也感受得到母亲最初来到异国他乡，又不会说那里的语言（其实她是不会使用任何语言读写的）时所经历的东西。

在一个人散步的时候，显然是身体语言让人们把我当成美国人的，但同时，不同于对其他美国人的是，他们可以很自在地走上前来，然后问我所有关于个人的问题——我从哪里来，我是做什么工作的，我结婚了吗，我家里有几口人。回想到30年代，当我问一个在布林莫尔大学读书的中国学生一些像这样的问题时，她很不高兴地对我说，这些问题太个人化了。我现在不敢肯定那是因为她是来自于高层社会阶级家庭呢，还是因为革命开放了一切。我尽量用我有限的中文回答着他们的问题。

聪明、精力旺盛的中国人让我想起了父亲，例如，他们使用自行车的方式，常常将自行车改成三轮车，这样就可以驮各种东西：

小孩、砖、水泥、床和家具。我惊讶于路边数量众多的小商店、用着剪刀和凳子的理发师、打磨刀具的师傅、修鞋匠、用小推车兜售着各种食物和商品的人。每到一处,我都可以看见在等公共汽车或在排队的妇女们编织着东西,就好像她们一分钟也不愿意耽搁。我从来没有看到过如此勤劳的人们。这与在英国、法国、西印度群岛或美国所看到的完全不同。

似乎人们唯一可以休息的时刻就是在他们蹲在地上——聊天、吃饭或打扑克的时候。蹲在地上显然是你在生活中最早学会的东西(有时,我的膝盖会因为不习惯使用蹲式厕所而感到非常难受)。小孩子几乎可以在任何地方蹲着撒尿,甚至是他们在公交车上也这样做。不过,令人吃惊的是,在公交车上或在街道上却没有尿味。但是在公共厕所的周边可以闻到这种难闻的味道,因为粪便是要用作肥料的,所以没有经过化学处理。在我们小组,有个加拿大人建议说,加拿大人应该出口一些可降解的尿布到中国来,这样可以发大财。我的回答是,让美国人从中国这里学会穿开裆裤的办法则更有意义。

当发现和我说话的中国人基本不了解或不关心底特律时,我感到很难过。显然对他们来说,底特律不再是世界的汽车之都了。我看到的出租车多数是来自日本或中国制造。印象深刻的还有中国人的不关心、也根本不了解美国的社会斗争。我想这多少是与中国人的那种自给自足的心态有关,当然除了唐代。难怪中国的政党从来没有建立过像 1917 年大革命之后苏联建立的“第三国际”那样的组织。中国人是从中国的利益看待这个世界的。在我读英文版的《中国日报》时,这种感受就很明显。

多数人是靠走路、自行车或公共汽车到处走动的——公交车上非常拥挤,尤其是在星期天,成千上万的人们都会到市中心去参观天安门广场、公园或去商店。你必须拼命往上挤。只有几次我坐到了座位，而且是别人看到我的白发或者是当售票员大声地说“老人”好让某个人感到不好意思时，他/她才将座位让给我的。在如此拥挤的汽车上，看到这么多的人一个劲地挤到售票员那里购票，真是让人吃惊。人们将上车和下车的地点告诉坐在票台后的售票员之后买票，在我看来，这种信用制度奏效的主要原因是车费很便宜（多数只要几分钱，很少超过一毛钱的）。如果价格更高些的话，如在底特律，有很多人想不给钱或假报他们的目的地。理想主义和物质主义在这里如此统一真让我吃惊。

公交车司机多数是妇女，她们似乎比男司机更具有道德权威，例如，叫大家让位给带小孩的乘客或老人。不过，像在这种多数时间里都非常拥挤的公交车上，是很难或根本没有空闲去做如此有礼节的事情的。

很难相信眼前所看到的，商店里出售的货品如此丰富，人们购买的食物和商品如此之多（电视机、书籍、鞋子、音响、饼干、衣服等）。我看到上千的中国人手里拎着购物袋在商店之间进进出出，就像是圣诞节前夕最后一分钟抢购的那些人们。

到处都在搞建设。水泥搅拌机就像是游行乐队一样在你左右响个不停。各种建筑物上的图案给我留下了深刻的印象——花、鸟、龙、鱼——在水泥的人行道上或在建筑周围 18 英尺金属围栏上都是这样的图案。显然，生活在这么一个拥有着许多历史古迹以及过去留下来的精美建筑的国度里，装饰和实用功能被认为是不可分割的。还让我吃惊的是，这里的脚手架是用竹子做的，因为我过去认为竹子很脆弱。

在北京，我们还参观了天坛，这是 14 世纪的建筑奇迹，精美的柱子都是由从许多英里以外运过来的木头做成的。这个建筑有着神奇的声音效果。当站在一个巨大的石圈中心的时候，你的声音可以产生回音，就好像拿着话筒一样，这是因为声波被四周环绕的石墙反射回来了。

我们还参观了北京以外的名胜古迹。我尤其记得大同、西安和大足。大同是一个煤矿镇，在日本人占领该地时，上万人因为永不停止的工作都死在煤矿里。那是个枯燥乏味的地方。西安是纺织品中心，有点像北京。它曾经是 11 个朝代的首都，有 11 所国家级或省级的大学都在这里，所以这里既有国际都市的氛围，也有一种历史的延续感。城市里的居民衣着打扮有着都市市民的风格。在唐朝，西安是通往中东丝绸之路的起始站。因此，色彩明亮的艺术品，黄色、橘色和绿色的骆驼以及其他的小塑像都是和那个朝代有关。它还有温泉，蒋介石在 1936 年被软禁的时候就曾去过那里（在逃跑的时候，他失去了几颗牙齿，也让他颜面扫地），最后被迫与中国共产党代表周恩来协商，组建联合阵线共同抗日。西安出名的另一个原因是，在 1974 年农民挖井的时候，发现了在两千多年前的秦始皇陵墓里面有上千座真人大小的兵马俑。

在大足，我们看到了佛教和尚用山边的石头雕刻成的五万尊佛像。人们告诉我们，在公元前 19 世纪，由于农民起义以及小国之间的纷战，中国变得四分五裂，佛教徒们来到这个偏远的、有大山保护的地方。从这些塑像上，我们可以看到，在佛教传入中国的几千年里，佛教是怎样逐渐“中国化”的。孔子关于家庭和国家的正确关系被融入到这些艺术品中，这让它们与在大同或寺庙里的那些沉思着的、来自极乐世界的佛教人物完全不同。

我发现，中国社会的每个层面都在试图“两条腿走路”。最为明显的例子就是中西医学的结合使用。在医院里，出售西药和中药的药房就对立设在大厅的两侧。中国人也似乎感受到只有一个孩子的家庭所带来的矛盾——一方面，孩子被宠坏了；而另一方面，为年轻人和年长的叔叔、婶婶提供不同语言词汇的生活源泉正在枯竭。同时，在我看来，中国人正在练习做艰难的选择，而这些选择将是地球上每一个人在下个世纪都要作出的选择。我们认为我们的权利是无限的，所有的可能性都属于我们或应该属于我们——这种观点是美国人滞后发展的重要部分，它将会削弱我们在未来的力量。这就让我们很难全面地去考虑问题。

我在广州待了好几天。比起北京来说，我更熟悉那里方言和食物，也感到更舒服。在餐馆里、大街上，我看到的广东人比在北京或中国其他地方的人更加外向，更加自然。尽管我还处在为学习广东话还是学习普通话而左右为难的状况中，但我想，如果让我在广东待上六个星期，而不是在北京的话，我可能最终会选择学习这里的语言了。原来打算去离广州一百英里父亲生活过的村庄看看。但是，在和我们那个小组的一位华裔加拿大人聊过之后，还是放弃了这个想法。他坐了两天的公共汽车，经过尘埃四起的马路，无数的渡轮，最后只和他的亲人待了两个小时。他还认识他们，因为在他离开的时候已经10岁了，并且一直和他们保持通信。如果去父亲的村庄的话，我甚至不知道该问谁。父母离开中国已经将近一个世纪了，而且只有父亲与他在中国的家人联系过，而他去世也接近二十年了。

11月底，我准备回美国。尽管在语言学习班上并没有取得多少进展，但是在中国到处旅行时倒是学到了不少，很高兴我已经“回去”过了。但如果以前我曾对自己更像美国人产生过怀疑的话，那么两个月的中国之行让我对自己的身份更加确信了。

回家途中，我去了火奴鲁鲁，和兄弟鲍勃及他的家人在一起享受了感恩节晚餐。当我回到底特律时，想想应该继续汉语的学习，于是联系了一位在韦恩州立大学读书的中国学生，也许他可以做我的家庭教师。但这没有什么意义。即使在北京六个星期里，每天都会花上好几个小时学习汉语，上课、下课，听磁带、练习读写，可我的语言总是不流利。我倒是找到使用汉语字典的技巧，并学会不少这种语言的结构知识，但并不是语言本身。倒是那位有可能成为我家教的大学生，他在谈论中国革命和毛泽东时的那种轻率，让我决定不再学习汉语。在中国许多的年轻干部，我觉得他们缺少尊重，而且对曾经将中国人民从日本人的侵略、国民党的统治下解放出来的牺牲和斗争漠不关心。他们谈到让自己变得更富有时的那种不知羞耻让我感到恶心。他们对毛泽东和解放斗争的态度让我想起了 30 年代中国海外学生对妇女、出租车司机和侍者的那种蔑视。这么多年后，我想做的总结是，在中国有上十亿的人说中文，我不会为自己不会说汉语而感到有罪恶感。这是一个令人释怀的结论。

第八章
21 世纪的新梦想

玉平

1984 年 10 月底，从中国回来后，我发现杰米、里克、谢、玛瑞林·施密特、NOAR 的支持者，正在协同玛尔伯罗弗街区俱乐部一起关闭了当地的快克（毒品的一种）制造厂。该俱乐部地处底特律东区治安最乱的区域。美国革命全国组织开始解散，但它的成员们的状态依然很好，因为他们感觉到社区中正在形成一股新的氛围。不久后，我们就不得不出去加入了领取奶酪的队伍。每个星期四，全城的人民，上万的底特律人在雪地里排起了长队，等待领取奶酪以及其他生存所需的免费商品。在队伍中，我们听到老人们由于被那些年轻受施者推来攘去而不断抱怨，于是将其中的一些人组织起来举行示威，要求街区服务中心专门安排一天为老年人和残疾人派送食物。这是个很简单的要求（我们获胜了），示威者，尤其是妇女们，直面服务中心主任时的那种激情和自信真是令人钦佩。示威活动的名称也非常吸引人——“为尊严而战的底特律人”——是由参与示威游行的艾玛·戴维斯提出来的。成员们也开始这样称他们自己，将写上这个名称的橘黄色的标签贴在他们的食物袋和窗户上。以前从来没有在公共场所里说过话的人们在聚会时自豪地站起来,做陈述或以自治的名义提出问题。杰米也将"为尊严而战的底特律人"加在给编辑的信件签名下。在这个城市里,可以清楚地听到来自老年妇女的声音。为了庆祝底特律这场戏剧表演中出现的新角色,同时也为了表明支持纳瓦霍人反对迁址的运动。我们在1985年春天组织"为尊严而战的底特律人"的成员前往"大山"(纳瓦霍人的居住地)参观。

此时,参加过许多运动的我已经知道,没有人可以提前知道未来的运动将会采取什么样的形式。运动并不是由革命发动的。当相当多的人不能再忍受当前的生活状况,同时又看到某种可以改善生活的希望的时候,于是运动就开始了。我同样也意识到,如果你想知道将会发生什么样的运动的话,你就要将耳朵贴近那些草根们,仔细聆听他们所提出的"为什么"的问题。例如,在"二战"期间以及之后,当黑人们从工厂的工作中和海外的战争中重获自信的时候,他们就开始问:"为什么白人们会这样对待我们?"这样就诞生了公民权利运动。60年代,当白人们涌向郊区,使得黑人成为城市的主要居民,就像底特律人那样,人们就问:"为什么在我们的城市里所有的政治领导人还是白人?"之后就开始了"黑人力量"运动。在80年代中期,底特律人提出的主要问题就是关于年轻人和暴力。

年轻人中的暴力行为在1967年暴乱之后越演越烈。但是到了80年代初,它开始盛行。那时,罗纳德·里根的当选总统,以及后来的再次当选,使得在60年代所有希望改善城市年轻人生活的希望破灭了。由于高科技行业和就业的海外输出,年轻人不能再像过去那样,在九年级时就辍学,然后在工厂里谋份可以养家糊口的工作。在80年代中期,发明了快克,并形成了快克经济。所有城镇的年轻人开始说:"当你可以马上挣大钱时,为什么还要去读书，并希望最后得到一个学位，然后再挣钱呢？”因此，我们居住的地方就成为了那些流氓势力争斗的战场，孩子们上、下学都要冒着被枪击或被杀死的风险。

1986 年，在底特律有 43 个年轻人被杀死，365 人受伤。在一些殡仪馆里，躺在棺材里的年轻人要比老人多。有家殡仪馆安装了一块特殊的玻璃，好让路人观看。在这一年里，只要两三个成年人聚在一起时，他们的谈话最后总是会问：“我们年轻人怎么了？为什么要相互厮杀？”雷·库珀，刚从高中毕业，曾在 60 年代的运动中非常活跃。这年的最后一天，他和他的姐姐、婶婶一起来拜访我。当我们的谈话自然而然地转到年轻人的暴力时，我决定用录音机录音，因为我敢肯定的是，在我们客厅里将要谈的内容也是现在整个城市里所有人会在客厅中谈及的内容。后来我才知道，就在同一天，在城市的另一边，克莱蒙逊·巴菲尔德将那些孩子被谋杀的父母们组织起来，一起讨论他们怎样从哀痛中解脱出来，并为年轻人制定一些有积极意义的项目。去年夏天，他 16 岁的儿子被杀死了；另一个，14 岁大的孩子也受了伤。

几天之后，我在一家报纸上读到一则短文，上面宣布在清教徒大道上的新盟约浸礼会教堂里组织集会，反对年轻人暴力。我马上决定参加。第一次会议上就聚集了上百人。第二次，参加集会的人更多。比起底特律几十年前所发生的事情，集会本身就给人们带来了希望。通常来说，在运动高潮时，那些反对无谓死亡的上百参与者中，往往只有少数人会继续参加第二次的组织会议。但这一次，有许多的意外。在第二次和第三次会议上，依然有上百人参加。克莱蒙逊·巴菲尔德是位个子很高、身体健硕的黑人妇女，在会上与传教士兰德尔神父发生了争执，他是这些会议的主持人。当提到关于组织的命名时，兰德尔建议说，组织应该命名为“无名组织”，因为这个名字在一篇由苏珊·华生(《底特律自由报》著名的专栏作家)所写的有关这个组织的文章中提到过。克莱蒙逖则固执地认为自治应该取名为“拯救我们的儿子和女儿们”(缩写是SOSAD)。即使在主持人呼吁大家就此问题进行讨论，并根据各自支持者排队人数的多少来决定时，她也是非常坚持自己的观点。这是我第一次看到黑人妇女不仅在公开会议上向传教士提出问题(后来我才知道兰德尔还是她的传教士)，而且在他将讨论变成权力斗争之后，依然拒绝让步。显然，我们正面临着一场新运动。

最后，我了解到，克莱蒙逖在南方出生、长大，是密西西比一位佃农的第十三个孩子，在青少年时期经历了公民权利斗争。1987年，三十几岁的她和她的传教士丈夫离婚，在底特律工作并抚养四个孩子。她说话非常温柔，但她是个了解自己所想的，并为自己所想的而说话的人。她曾在韦恩州立大学读过书，有一些组织经验。

媒体总是对新公众人物的出现非常敏感。他们开始频频出现在克莱蒙逖的身边。她沉着冷静的应对与60年代好战的措辞形成鲜明对比。底特律自由出版社在《母亲节星期天杂志》上发表了一篇有关她的文章。报纸、电视、广播不断播送这个单词“SOSAD”，呼吁人们在2月的第一个星期带上红丝带，并于2月8日在圣保罗教堂集会，为教堂点燃蜡烛。一千五百多人出现在那场悼念会上。这是70年代以来底特律最大的一次运动。为纪念这次事件，约翰·格鲁查拉、恩肯其·左拉和我组成“新生活出版人”，出版了名为《一生都爱他们》的小册子，其中包括了一篇记录当时纪念活动并附有照片的文章和当地一些与年轻人一起工作的活动家的记录。

圣保罗教堂集会之后，SOSAD呼吁在伍德沃德街区举行群众游行示威。我自愿为这次的游行示威做准备工作，克莱蒙逖告诉我，她的目标就是发动一场运动，它为我们所做的事情将会和公民权利运动为它那个时代所做的一样。不久，我开始和SOSAD经济委员会成员一起工作，并编辑每月出版的《SOSAD时事通讯》，它将在当地发行，同时还在全国甚至是全世界发行。时事通讯不仅包括报道SOSAD的一些活动和项目，而且还报道其他与SOSAD联合起来组织或受其鼓励的、以社区为中心的活动，每期出版的头版文章都是由克莱蒙逖写的，文章呼吁社区要行动起来反对暴力。几乎每期，我都会用这样的话做总结——"如果你不成为解决问题的一部分，那么你就是问题的一部分"；或是马丁·路德·金的话"我们科学的力量已经超过了我们精神的力量。我们有弹道导弹，但也有受到误导的人"；抑或是引用马尔科姆的话"我们可以和睦、统一地和其他所有领导人一起工作，共同消除在我们社区里的恶魔"。"要整个村庄才能培养一个孩子"（我在一个小份的时事通讯上看到过这句话，知道它是非洲的一个谚语，在当时非常流行）。大约一年之后，全国所有的组织开始使用它，希拉里·罗德曼·克林顿最近将它作为自己一本书的名字。杰米也开始为这个时事通讯定期写一些文章，提出各种各样的问题，例如："为什么我们相互之间要有战争？""我们怎样才能谋生？""底特律和这个世界现在处于什么样的时代？"[①]克莱蒙逖的感召力、杰米具有挑战性的问题，以及我对社区活动的新闻总结，让人们意识到SOSAD不仅仅是另一个组织，而是一场新运动的先锋队。

杰米和克莱蒙逖之间的关系就像是一个大家庭的成员一样。他们都在南方长大，对黑人传教士持有同样的怀疑态度。杰米把克莱蒙逖当作是自己的妹妹，不断地鼓励她、指导她。而她把杰米当成是爷爷或年长的叔叔，将他看成是历史学家，是将智慧和信息传授给年轻一代的人。她也喜欢模仿杰米的阿拉巴马口音。在杰米的 7 月 31 日的纪念会上，她描述了杰米怎样在白天或晚上对她说:“姑娘，我爱你。”杰米与黑人女性，尤其是那些在南方长大的黑人们的关系非常让人感动。“为尊严而战的底特律人”的成员，日内瓦·史密斯就曾经说过，杰米是“我所遇上的最好的朋友，他告诉我怎样为自己接受挑战”。艾伦·理查德森觉得“我们可以和他谈论任何事。他是我们的律师、咨询师、兄长，但绝不是牧师。他担任着母亲、父亲、兄长的角色”。他们知道我对制作南方的食物不在行，所以他们总是会刻意准备一些。每次 SOSAD 在办公室举行舞会时，克莱蒙逖和其他的母亲们都会让我带回一些芥蓝、青菜和一块甜土豆派给杰米。

背着我，克莱蒙逖过去总是叫我“妈妈”，因为她说，我总是会提出一些建议。我将自己看成是一个运动积极分子(现在还这样想)，但显然在其他人的眼中我已经成为一位老者。通过 SOSAD，我结识了爱丽丝·珍妮斯，她在法律和经济上的帮助让这个组织开始有了发展。爱丽丝和她的丈夫卡尔·爱德华，在他们自己的法律公司里是合作伙伴，而且还是七个孩子的父母，最小的还在读小学。按照他们的年龄算来，他们还是赶上了 60 年代黑人运动的尾巴，但受到的影响还不算深。就是像他们这样的黑人专家，受益于公民权利斗争和“黑人力量”斗争，并觉得有责任帮助发起一场新运动。例如，爱丽丝组织了一个 SOSAD 委员会，准备“小学阶段解决冲突课程”，强调和平教育和关心社区之间的关系。课程在公立学校里得到广泛使用。1993 年，她从社区的角度，对被底特律警察官员谋杀的玛丽斯·格林做了很有深度的分析，这篇分析作为特别增刊发表在《SOSAD 的时事通讯》上。文章的结尾提出了具体的建议，要求对底特律警察局进行改革，并发动社区运动来争取公正。她是个典型的年轻黑人妇女——照顾并领导其他年轻黑人妇女。

SOSAD 的组建为底特律带来了新的转折点。克莱蒙逖和其他被杀孩子的母亲们决心要让年轻人们作出积极的改变,这为每个人带来了希望,并且也是发动运动的必要条件。当我们看到那些孩子被杀的母亲们伸出手与那些参与杀人的孩子的母亲们握手,因为她们知道双方其实都失去了孩子。此时此刻,她们的人性都得到了升华。在这些母亲中最为出色是维拉·拉克,她的女儿麦罗缔在 16 岁生日舞会时,在前门廊被人杀害。同样来自南方的她每天都在帮助克莱蒙逖。

许多年来,SOSAD 资助了很多项目,其中包括"丰收项目"(让年轻人参与社区的园艺工作);"失去亲人的幸存者的帮助小组"(根据帮助对象的不同,分为家庭、儿童、妇女和男士等分部);"危机反应组"(帮助那些受到暴力侵害的社区);"预防暴力和枪支控制项目"等。六年来,它一直是"停止战争联盟"的一部分,该联盟是由汤姆·兰普金教父创建的。无论下雨或天晴,严寒酷暑,他每周都会利用一天中午在"底特律精神"的雕塑面前进行祈祷活动。每当一年快结束的时候,联盟都会举行游行活动,呼吁人们放弃向天空开枪来迎接新年到来的传统习惯。SOSAD 组织也在组织学校的年轻人们(其中还包括接受并背诵"和平宣言"的年轻人)举行一场和平运动。在建立了和平运动的学校里,发生骚乱的次数明显少了很多。学生之间、师生之间的谈话非常礼貌,相互也很尊重对方,并且学生们也为他们的学校承担了更多的义务和责任。

克莱蒙逖的高瞻远瞩、组织举行的各种活动以及时事通讯的发行让 SOSAD 获得了几百枚奖章,墙上都已经挂不下了。"诗社"创始人罗恩·艾伦,为支持 SOSAD,组织当地诗人编写了两篇 24 小时马拉松式的阅读文章。SOSAD 的母亲们还出现在像"奥普拉·温芙瑞脱口秀”这样全国播放的电视节目上。来自全国各地以及欧洲的电视、杂志、报纸以及广播记者来到SOSAD办公室,采访克莱蒙逖以及其他母亲们。每年,来自十几所大学的上百的大学生在他们“春节休假”中,与SOSAD一起工作,帮助学校里的孩子们进行和平运动。越来越多地方性集会、全国会议,甚至是国际会议,都会邀请克莱蒙逖在会上演讲,这样的邀请太多了,克莱蒙逖不可能全部接受。SOSAD很有可能是美国反对暴力组织中最为著名的组织。

下面两首诗的节选已经出版在《SOSAD时事通讯》上,它们表现出了那种让组织充满活力的激情。阿奈·格斯塞尔(她更为人知的名字是葛罗利亚·休斯),学者兼诗人,是60年代学生非暴力合作委员会(SNCC)的志愿者,现在在韦恩州立大学教书。艾罗尔·亨德森在底特律低收入家庭公建住宅区里长大,他在韦恩州立大学曾领导过为争取研究黑人历史的学生运动,现在在奥兰多的佛罗里达大学任教。两首诗都被重印了许多次。《号召所有的兄弟们》(特指黑人)期待着1995年10月16日的“百万人游行”。

号召所有的兄弟们!
号召所有的兄弟们!
号召所有的兄弟们!
放弃跨国公司追求舒适而带来的沉寂的国度;
丢掉手中的白兰地;
号召我所有的兄弟们摆脱失业带来的痛苦,
不再靠沉迷于电视来麻醉你自己;
号召所有的兄弟们,
珍爱你们的女人就像你们的姐妹们珍爱你们一样;

我们的街区里，我们的邻里间，
在汽车城(底特律)、费城、纽约、洛杉矶——
都是我们的越南人、南非人、格林纳达人、尼加拉瓜人，
号召所有的兄弟们勇于向曾利用孩子们来胁迫你们的那些魔鬼发出挑战。

号召所有的兄弟们，
为所有的兄弟们哭泣，
为我死去的兄弟哀悼，
到处不都是我们的兄弟们吗？
号召所有孩子的父亲们，
成为他们的救世主。

——阿奈·格斯塞尔

SOSAD（组织名称的中文意思是“如此悲伤”）——战区太让人感到悲伤了，他们在这个城市里这么年轻就死去，而没有人在意。

有太多的葬礼，太多的枪支
太多武力，却没有足够的犁头。
我从不对人怀有敌意
直到我发现我的孩子死了
直到我发现我的孩子死了
直到我发现我的孩子死了……

和现在不同的是,过去

街道上听到的是BK和Flynn演奏的音乐,

而不是他们现在演奏的hip–hop。

那时流行的是Funk乐队(70年代的乐队)

东区在那个年代是那样地繁荣,

而这一切都是在出现像YBI、Uzis以及Mac–10s这些武器之前的事了。

涂鸦不过是你用罐子在墙上

写写像Co-heez,P-Funk和Dirty Flynn这些著名的黑帮头目的名字而已,

一个坏蛋就只是一个坏蛋,而不是一群,

偷偷Boralinos(著名餐馆)里的东西,而不是为军队去杀人;

“Rolling Cane”(黑话)可能根本没有什么意义,

不过就是指海洛因,大麻,也可能指麦斯卡林(迷幻剂,毒品的一种)

这当然也是很棘手的事情,但绝不是像现在这样

人们在街道上被杀死,

我的意思是,在交易结束后,他们依然可以活着说着这些,

但是太多的黑鬼们成为枪手,

太多枪手手中拿着枪,

太多枪手抬起手、扳动他们的手指,

而太多黑鬼们不去试图了解这些,

太多孩子们手中拿着51式手枪;

所以当那些手指扣动扳机时，母亲们就失去了她们的儿子了，

而女儿们却在葬礼上哭泣，

诗人们在念完所写的诗之后，便忙着逃命去了，

然后他们就用音乐和俚语去责备这一切，

坐那里，却不做任何事，

只是在谈论他们和金一起游行示威的日子。

坐在豪华轿车的后座上告诉孩子们：

“现在，我们做了我们能做的，而你们却不停止哭泣。”

孩子走回家，残忍地被杀害；孩子走回家，残忍地被杀害；

孩子走回家，残忍地被杀害；孩子走回家，残忍地被杀害；

戴瑞克·巴菲尔德被残忍地杀害，被残忍地杀害了；

麦罗缔·拉克被残忍地杀害，被残忍地杀害了；

两百个孩子被残忍地杀害，

太让人感到悲伤了，他们这个城市里这么年轻就死去，而没有一个人关心，

有太多的葬礼，太多的枪支

太多武力，却没有足够的犁头。

有时，一个逐渐壮大的运动需要其反对势力的鞭策才能达到新的高潮。在底特律，这种反对势力就是市长科尔曼·杨提议将卡西诺赌场引入底特律。在底特律，1976 年和 1981 年将卡西诺赌场带入这个城市的想法遭到两次的挫败。但是，这个城市的工业化程度在不断地减退，同时，越来越多的人认为暴力和缺少就业机会有关。因此，这一切让杨再次于 1988 年提出这个想法。他承诺说，卡西诺赌场将会带来五万个就业机会。

在科尔曼·杨成人后大部分时间里，他俨然成为一个革新主义者和一位斗士。睿智、无畏、精力充沛，他不认为自己是“全国黑人劳工理事会以及全国黑人代表大会”的组织者，在指责非美国人活动委员会本身就具有美国性之后，他便成为了黑人社区的英雄。科尔曼·杨非常聪明，也很敏锐，甚至于如果他不是黑人，那么即使是让他坐在白宫椭圆形办公室（总统办公室）的想法都不会显得勉强。但他的过去没有让他对目前城市所处的危机做好准备。他接受的大部分政治教育都是来自于左翼。将每一件事情变为经济学，尽可能地弱化人际关系和社会关系，是他引以为豪的事情。他似乎认为这有助于加强一种印象（也是他有意识地培养出来的）——那些现实、固执，而又具有底层生活能力的激进分子们是不可能被差来遣去的。他并不在意白人中产阶级怎么看他。在他的自传中这样写道：

> “教育、毒品、无家可归、未婚母亲、犯罪，任何你可以说出来的……每个社会问题都是和工作有关”，“工作建立了底特律，也只有工作才能重建这座城市”。[②]

不再能依靠工厂、企业来提供工作了，于是杨义无反顾地转向那些卡西诺经营者们。任何工作都可以，即使这些工作是由那些会带来犯罪的行业提供的，像赌场赌博。

为反对这个最新的提议，杰米、谢和我加入了社区小组联盟，有蓝领、白领、文化工作者、牧师、政治领导人，专家们称它为“反对赌博联合底特律人（UDAG）”，由威廉·K. 奎克神父（联合循道宗教会的教长）以及 E. D. 寇宾神父（黑人浸礼会教长）领导。联盟将整个城市变成不断集会的地方，在电视和广播上也不断播出示威游行、群众集会、辩论的消息。《SOSAD 时事通讯》在头版刊登了由克莱蒙逖所写的文章，标题是："对赌场说不！我们就有未来！"克莱蒙逖写道："底特律的问题不是工作，而是缺少希望。我们已经失去了斗志，我们已经失去了城镇和社区之间的纽带。赌博将会进一步加深人们之间的分歧。但如果寻找另一种选择将会把我们团结起来。"[③]

尽管杨非常出名，同时也控制着浸礼会的牧师们（他们要么支持他，要么保持中立），我们还是有能力第三次击败这次的提案。我相信，我们之所以胜利，是因为强调了年轻人不仅需要工作，而且还需要希望，同时还强调底特律依然是工人阶级的城市。在这里，多数人（至少是投票者）本质上还是相信只有诚实地辛勤工作才能带来希望的。反对活动取得胜利后，我们决定在一起组成"联合底特律人"（DU）。杰米在 DU 的小册子中这样写道：

> 我们所关心的是：我们的城市是怎样在社会上、经济上、政治上、道德上、伦理上被瓦解的。我们深信不能依靠一个行业或任何大型公司为我们提供工作。现在，这取决于我们——底特律的公民们——将我们的心、我们的想象力、我们的精神和我们的双手放在一起，创造一个有远见的、具体的项目，以便发展各种本地企业，这些企业将会为所有公民带来充满意义的、有收入的工作。

为了让底特律人了解这样的观点，DU 发动了一次示威游行，要求在这个城市里建立开明的政府；散发了许多的传单，呼吁市民们监督由发展者发起的大型项目的整个流程（而这些项目，包括波兰镇和"行人运输"项目，是杨曾经尝试拯救这个城市，但最终失败了的一些项目）；同时还呼吁市民们在恢复社区和周边生活环境的秩序下，承担起想象、实施其他的发展途径的责任。

在对博彩业问题的辩论上，杨要求他的反对者提出其他的选择。在他看来，我们是否定了他的观点，却未能提出自己的办法。杰米非常欢迎这种方式。他认为危机和失败正是创新和转型的好机会。他的强项就是提出有远见的建议，同时又具有很强的可操作性，这样几乎所有的人都能尝试。十多年来，他一直都在记载、谈论我们城市危机的发展，重新定义工作的需要，尤其是由于年轻人目前所面临的问题。1986 年 10 月，在加利福尼亚州奥克兰市的一次会议中（NOAR 湾区分部主持的"21 世纪的邻里关系和社区"），杰米说，现在，如果期望政府或公司们去维持我们的社区并为我们提供基本的安全和保障的话，就太过于"理想主义"了。跨国公司和科技的迅速发展将我们的城市变成了墓地。"高效生产不再是我们的指导原则，因为它的代价是扼杀了人类的创造力、技能，并使成千上万的人们成为它的牺牲品。"杰米在会上继续说，"过去一百年的技术发展所带来的后遗症是孤独、绝望、对自己以及他人的仇恨、暴力，这些给城市带来了恐怖"。现实论要求我们：

> 开始为我们做一些事情——或采取集体自给自足的形式。当我们从一些相对简单的事情开始做时——例如建立支持网络，以便相互照料；开辟社区花园和温室；实施社区回收项目；修建社区修理商店，社区日托网络以及社区传媒中心——将会发现我们不仅可以掌控、改善自己的生活空间，而且还能改变以往由于互相害怕而不敢露面的状态，将自己变成有社会责任感、相互尊重、有政治意识的人，正是我们将会系统地建立起改变整个社会的力量。④

我在那次会议上也做了演讲：

> 19 世纪，那些反对主流文化的美国人离开城市并建立了“小溪农场”。20 世纪 60 年代末、70 年代初，一些觉得有必要反对当前文化的年轻人们建立了公社和集体，主要是由他们的同龄人和赞同他们哲学观点的人们组成。但是如今，不论我们居住在哪里，建立起由不同年龄、不同民族背景的人们组成的社区已经成为我们生存的必需。

在加利福尼亚州奥克兰市，我们曾是局外人，仅仅提供建议。但在底特律，我们成为讨论这个城市未来不可或缺的一部分。这就是杰米一直等待的机会。就像他在一次反对博彩业的公开演讲中说到的那样：

> 要重建底特律，我们就必须要考虑新的生产模式，其基础必须是为人类的需求服务、为社区的需求服务，而不是任何迅速致富的规划……如果要创造希望，尤其是为那些年轻人创造希望的话，就不应该将这个城市看成是寻找工作或谋生的地方，而应该当成人性得以丰富的地方，因为他们有机会和许多不同民族背景、社会背景的人生活在一起。
>
> 我们城市的基础是这些人——已经意识到他们的人性或者说是博爱；同时也意识到，对自己的尊重就是建立在对其他人的爱与尊重的基础上的；经验告诉他们，他们不能再依靠市场、公司或资本主义政治家们来决定当前和未来。我们，人民，必须要对我们的城市、相互之间负责任，尤其是要确保我

们的孩子所受到的教育是更看重社会纽带而不是物质财富……

我们必须消除对国内市场和国际市场中大规模生产神圣不可侵犯的思想……开始考虑创建小型企业，为本地市场，也就是为我们的社区和城市，提供食物、商品和服务。并不是要破坏工人们的技术，而这正是大型工厂所做的事情。这些小规模工厂将要保留并提高工艺技术，或者说是人类的技术，同时与那些能够让生产变得更为灵活并能够不断进行调整的新科技结合，为本地社区的需求服务……

为了建立这些新型企业，必须要考虑到我们地区的自然资源以及底特律人目前具有的或潜在的技术以及人才……

需要彻底改变学校的概念。自“二战”以来，我们的学校俨然成了看管机构，我们的孩子们在那里待了12年，学习并得到好的分数，以便可以得到证书，这样在未来就可以得到一份工作，但除此之外，学校没有任何作用……我们必须创建新的学校，它们必须是社区的一部分。在那里，年轻人们能够自然而然地做一些对社区来说是必要的，同时也是有意义的工作，例如，保持学校操场和周边环境的卫生，照顾年幼的孩子们，开辟一些可以为社区提供食物的花园等等。[5]

强调与科尔曼·杨所提出的博彩业作斗争的重要性是非常有必要的。它迫使我们去找到另一种选择，帮助我们发动重建城市的新运动，促使社区里的人们开始思考。在这些斗争中，所有运动所必需的、能够发扬人性的理论观点就这样诞生了。杰米坚持认为，我们面临的主要问题是“怎样重建我们城市的文明”，[6]并且“重建社会文明”的关键就是建立社区。他说，“社区一直是，并将一直是发展、保持人类价值观,发展个性的基础。目前,认识到这个的人依然很少。但所有具有历史性的运动都是由少数人开创的”。

我同样强烈反对博彩业,并积极参与这场斗争。在当时,我是底特律人联合会的副主席。不过,我当时很怀疑自己是否能够找到另一种选择。杰米从小就在一个贫穷的农业社区里长大,经历告诉他,如果人们能够用非常人性的方式相互联系,并能够利用周围自然资源的话,他们就可以从零开始,并取得成功。对于像我这样的人们—— 一辈子都在城市里生活,完全依赖从商店里买来的食物和衣服,要去这样思考是很困难的。

不过,对建立新的教育系统,我倒是比较有自信的,这也是自60年代以来一直从事教学工作的我非常感兴趣的事。1990年12月8日,在纽约尚姆博格黑人文化中心举行的“马丁·路德·金系列论坛”上,我说:

> 我总是喜欢想如果金现在还活着,就像在公民权利运动中运用甘地的非暴力哲学一样,他也一定会大胆地,同时也具有远见地,运用甘地的教育哲学思想来解决我们城市所面临的危机。甘地知道在印度,教育主要是将下一代培养成可以为所有文书工作签字、盖章、归档的职员,而这是大英帝国所需要的。同时,居住着绝大多数印度人口的村庄却从未得到过任何教育……作为反对这种为英国利益服务的教育系统,甘地提出了为印度人民服务的公共教育系统。他说,要教会人民真正对他们有利,并能在乡村生活中有用的一些小知识,而不是成为仆人和官僚。教育应该是培养人的心灵、双手和头脑的。它应该让人们理解他们自己,了解他们在这个世界

上所处的位置，了解他们对邻居的义务和责任。他说，公共教育的三个主要的来源是：社区、自然环境和工作环境。

科尔曼·杨和杰米之间对博彩业的辩论中所映射出来的东西让我着迷。科尔曼·杨只比杰米大一岁，也出生在南方，“二战”期间在工厂工作过[7]，一直积极参与劳工和反种族歧视运动。但他和杰米之间的不同远远要多于他们的共同点。在科尔曼·杨还是个蹒跚学步的孩子时，就和他的父母来到了底特律，在大城市的街道上长大。杰米是在长大后才来到底特律的。科尔曼·杨是个毫不掩饰的政治家，不仅知道如何利用权力来威逼利诱，而且显然非常喜欢政党中那种混战。他引以为豪的事情是他的“现实主义”，而杰米自豪的是他能够成为运动的发动者。所以，拥有着政治权力和名望的科尔曼·杨越来越像是个陷入文化倒退的20世纪的老人；而“永远不可能成为国王”的杰米，则像是一个预言家，能够预测21世纪，而且能够提出实现这些预言的操作性很强的建议。

80年代和90年代初在所有为重新恢复底特律活力的斗争中，这两位男士之间个性上的不同呈现出了完全不同的政治形式。杨愿意为创造就业机会采取所有必要的手段；而杰米坚持认为，尽管最初工作将我们带到这个城市，但高科技和全球合作正在消除这些工作，迫使我们要以新的方式去思考工作和经济。杨总是表示出对社会纽带的蔑视（例如，在他就任期间，一位前任社工控告他拒绝承认是一位孩子的父亲，直至通过验血，他才承认自己的父亲身份）；杰米一直坚持，所有人，尤其是年轻人，所需要的是互相之间的爱和尊重。因此，为了我们的年轻人，我们需要重新认识城市，那就是可以采取有组织的合作形式来更有效地为人们之间的相互需求服务。他认为，减少犯罪的唯一方法就是，在确立对工作的新态度的基础上，在年轻人中形成新的希望，后者将城市建立成一个由社区组成的集体。[8]

1988 年，谢、杰米和我开车去往缅因州度假时，一路上非常开心。SOSAD 的出现给这个城市带来了运动所必须的希望；在博彩业问题上和杨的对峙，给我们带来的不仅是胜利，而且也让我们进一步了解到，重建城市将会如何升华每个人的人性，而这是每一次伟大的运动所必需做到的。在从缅因州回家的路上，和以往一样，我们会去拜访平·范瑞夫妇，和他们分享我们的好消息和对底特律未来的希望。

回到底特律，杰米便开始粉刷房子和车库，这是他二十五年来每隔一个秋天都会做的事情，爬上梯子，然后每天都站上几个小时，每次我都会屏住呼吸，总是很担心他从梯子上摔下来。不过，这一年，他说他的背很痛，不能完成这项工作。我们去看了很多医生。开始是他的韩国主治女医生，她在都市医疗组康纳中心工作，后来看的是尿结石专家，我们知道他得了膀胱癌，必须要动手术。医生向我们保证说，手术完全可以治好他的病，没有必要担心。但是，这次的经历简直就是一场噩梦。在约定好的那一天，我们早上去得很早，杰米在九点钟左右开始手术。几个小时后，我被告知他还在流血，而且医生们不得不再次手术。四点钟，中心关门了，整个医院只留下一位护士在杰米的房间里。尽管由于失血，杰米看上去还非常虚弱，但她还是坚持让杰米坐上轮椅，这样她就可以回家了。轮椅上的杰米很快就昏了过去。幸运的是，那时正好杰米的儿子泰龙来了。在他的帮助下，我们可以把杰米抬到轮床上，然后冲进急救室，他在那里恢复了知觉，随后又在医院待上了好几天。

那个外科医生和医院的疏于管理让我愤怒，他们居然让事情能够发展到这个地步。如果不是泰龙在那个时候及时赶到，我现在都不知道将会发生什么样的事情。但是，当我打电话给那位外科医生和杰米的主治医生，问他们将采取什么样的措施防止这种事情再在其他人身上发生时，他们的反应就好像没有什么不正常的事情发生过一样。于是，我联系了我们的一位医生朋友霍华德·斯古宾勒（曾经是 NOAR 研究小组的成员）。在他的建议下，我们申请转院到亨利·福特老年中心医院。霍华德的朋友玛丽贝斯·图珀是那里的主管。就这样，玛丽贝斯成为了我们的医生和朋友。真是幸事。有了老年保健医疗和健康联合计划保险，我们并不用担心费用，但我要开始思考在未来四年里我们的生活将会怎样，如果我们当时还在依靠都市医疗中心的话，那我就去想杰米的最后几个月该如何过了。

在接下来的几年里，杰米每隔几个月就得做检查，经历六次膀胱手术，最后这些都成了日常生活的一部分。杰米习惯了从医院出来后就直接去参加集会或游行示威。幸运的是，1988 年的秋天，由于 SOSAD 组织的成功创建以及反对博彩业斗争的胜利，所有的事物都开始集中在底特律了。

许多年来，万圣节的前夜在底特律被认为是魔鬼之夜，因为年轻人们总是会利用这个节日去烧毁废弃的房屋，让整个城市就像炸开了锅一样。1988 年，城市发动了“拒绝魔鬼之夜”的示威运动，鼓励城市里所有的人们去拉回他们的左邻右舍。不久后，我在报纸上和电视上得知，沙伦街的一个小组通过发动周边人们成功取缔了一间“快克”屋，并在帕顿娱乐中心举行会议。在集会上，沙伦街小组的成员们敦促人们组织一些类似的活动，这样可以将“快克”的销售商们从街区赶出去，而且他们也无法再在其他的街区里生存。同时，我们还听说，在西北部的朝圣村，有一个小组是由多萝西·加纳领导的。她曾经在当地警察管区里发动了一次示威游行,当时她带着一口棺材,表示“快克”交易将会带来死亡。通过几次电话后,我们安排在市中心居民区办公室里举行一个由两个小组参加的会议。与会者一致认为,我们主要的任务是要消除害怕。然后,决定这样做的最好办法就是,在整个城市的不同居民点里定期举行示威游行。杰米写了一份宣传单,解释“我们为什么要游行示威”。三年来,在市中心居民区执行主管希斯特·特瑞莎的建议下,我们称自己为 WE - PROS(我们要夺回我们的城市)。不论酷暑严寒,每个星期,我们都会在不同的街区里举行游行示威。有一次,有八个街区小组参加。在整个城市,我们唱着“因希望而起,因毒品而落!”“装起你的快克,不要回来!”“毒品贩子们,毒品贩子们,跑吧,藏起来吧! 人们正在团结起来!”在 WE - PROS 游行示威之前,人们相互害怕对方,害怕坐在他们的前廊上,害怕因为反对“快克”而被人嘲笑。这场运动打破了害怕,带来了人们之间的团结和希望。多萝西·加纳的朝圣村里,警察报告说,游行之后犯罪率下降了 80%。[9]

在多数居民区里,WE - PROS 游行示威开始于教堂,也结束于教堂。一些牧师和神父,多数是白人,也加入了我们的游行,但黑人牧师却不在。杰米一直以来都提出,在底特律两千多个教堂中,只要百分之十的教堂在它周围四个街区的范围内进行反对“快克”屋的游行示威,我们就能击溃那些毒品贩子们。但无济于事。几乎没人在意教堂周边的居民区。居民开车来教堂,配有保安的停车场面积比教堂本身还要大。有些新建的教堂甚至还装了大型的篱笆,将他们自己和居民区隔离开来。黑人浸礼会牧师的这种反应进一步让杰米确信,目前在黑人社区进行着的生与死的斗争是绝对不可能依靠黑人教堂的。

而我并没有对教堂绝望。1990 年，经常参加我们游行的凯斯·蒂圣斯嬷嬷邀请我给底特律天主教牧师联合会演讲，内容是有关教堂怎样才能帮助底特律“重新恢复活力”。我非常愉快地接受了这次邀请。我说，教堂处于一个独特的地位，它能帮助革命运动在实践上和理论上对我们的城市进行重建：

> 我们坚持认为，活着不仅仅是靠面包。教堂的缺点就在于它总是接受物质与精神的分离……将物质的东西留给了经济和政治权力机构……像底特律这样的城市危机为教堂提供了一个绝好的机会，一个从新角度来发展和实践新经济体制和新教育体制，而这些在物质上和精神上都能满足人类的需求……教堂……处于一个非常优势的地位，来发展一些小规模企业，这些企业能够提供有关怎样满足社区和城市需求的模式，同时也能让年轻人了解技能、加工以及尊重自然的重要性。在整个城市的教堂周围，到处都是闲置未使用的土地。如果底特律人，尤其是年轻的底特律人，能够看见教堂使用这些土地，开辟有机花园，并为本地提供所需产品，或种植一些圣诞树，以便在圣诞节期出售，或建一些全年都能生产蔬菜的温室，那么就能实现在物质上和精神上都能满足人们需求，实现自给自足的生活方式的想法。⑩

通过 WE - PROS，我们感觉到社区草根群众其实非常关心年轻人，尤其是像罗曼·麦菲尔德（底特律东北部 MORS 俱乐部主席）和多萝西·加纳（底特律西北部利奇社区小组主席）那样年长的底特律人；同时，也意识到他们非常有决心从基层开始重建这个城市，拯救这个用一生的工作而获得的家园。杰米和多萝西逐渐

成为非常亲密的朋友。和杰米一样,她也是在阿拉巴马出生和长大的。她对自身的理解同样是与对社区的理解分不开的。她也相信:

> 我们必须重新学会怎样与人相处、重新学会微笑和大笑;学会拥抱对方;关爱对方。我们需要更多的自给自足。我们需要更加接近制造事物的资源,更加了解它们的制造过程。我们不能再认为每一个问题都得需要专家来解决,我们应更加地依靠我们自己。

多萝西过去常说,如今导致暴力的主要原因之一就是街道上不断增加的流动人口,"你可以在高中努力学习并得到好的成绩,然后上大学,然而当你得到学位时,却发现自己找不到工作了。所以,房屋票据、汽车票据带来的压力最终让你崩溃"。在多萝西遇到杰米和我之前,她从来没有在公开场合做过演讲。杰米去世的一周后,在我为他举行的葬礼上,她对我说:"他鼓励了我,自从那以后,我就没有停至过演讲。"

1990 年 5 月,在 SOSAD 的赞助下,底特律妇女联合俱乐部为杰米和我举行了一次表彰大会。从洛杉矶来的弗莱缔·潘恩在会议上谈论了我们激进运动的共同基础。詹姆斯·麦克范顿和肯·斯诺德格拉斯在会上谈到了我们为发展非裔美籍领导干部上做的努力。吉姆·杰克逊和利泽特·奇瓦利尔谈论了革命观点和艺术。多萝西·加纳、克莱蒙逖·巴菲尔德、特瑞莎·阿特、鲁斯·希克斯,他们在会议上强调了我们对社区重建所作的贡献。地方政务会委员,梅尔·拉维茨,代表底特律市政厅来参加了会议。

参加活动的人感人的多样。让我吃惊的是小康拉德的出现。

他刚被任命为密歇根最高法院法官，替补丹尼斯·阿彻的未满期限。丹尼斯辞职了，他开始他的底特律市长竞选(最终成功)。自20世纪60年代早期，我们和康拉德的父母有过密切合作，那时，我们看到的康拉德很小。他是市长年轻的首席助理，有一次，我们为了底特律尊严而举行抗议，坐在了市长办公室，他低声在“杰米叔叔”的耳前说，帮助我们离开办公室。康拉德最近被选为最高法院首席大法官。

我现在还有一本很厚的信件薄，都是寄给SOSAD表示祝贺的。有意思的是，在信中，他们谈论那些作者们的篇幅和谈论我与杰米的一样多。卡罗尔·范瑞和平·范瑞写道：“人类的进步其实不是进步，它只是在绕圈，有时向更为残酷、不公正方向移动，有时朝着更为平等、自由、社会合作的方向发展。但是杰米和格蕾斯在他们生命中所做的每一次运动都是朝着人类的正直努力。那才是真正进步。”路易斯·曾写道：一生奋斗之后，杰米和格蕾斯能够真正拥有两种历史和传统：非裔美籍人运动分子的传统和亚裔美籍人的教育传统。

会上，杰米的演讲充分展现出，在他的一生中，从未停止用自己的生活经历来让其他人超越受害者的思想：

> 我在阿拉巴马一个名叫马里恩郡的小镇出生，那里居民白天都是绅士和淑女，晚上就是三K党。他们几乎每个周末都会吊死某个人。这样，我们在接下来的几天里就可以成为好市民。但我现在依然要说，如今我们所面临的挑战要比那个时候大得多。因为我们的父母告诉我们，“你必须在没有路的地方找到路”。现在你再也听不到这些了。周围所有的人都在说，“我做不到这个，因为这是个种族主义社会，资本主义

社会,而且白人们会来干涉我”。所以几乎所有人都止步不前。几乎所有的黑人都被困在了“种族主义”这个字眼中。我们并不认为这是能将我们带到另一个平台的挑战,而是成为一个自暴自弃的借口。这是发生在我们身上最糟糕的事情。

我不得不依靠每一位比我年轻的人。但不要试图走出去就可以得到任何廉价的胜利。不会有什么很容易得到的胜利。你将会为之付出鲜血、汗水和泪水。会经历一次次失败,第二天早上起来,你不得不又重新开始。我在这里迫切想做的并不是打击你们,也并没有失去希望,因为你们将需要许多的希望。你们必须相信自己,必须看到你周围的世界,看到你要改变的东西。

一个月后,杰米和弗莱缔在“一位论—普救论”教堂的接待室里为我举办了75岁生日舞会。我的礼物是一本封面有我的照片的小册子。册子的名字很简单,“格蕾斯”,其中收集了我做过的五篇演讲,一篇较为简短的简介是杰米写的,另一篇稍长一点的是弗莱缔写的。舞会上,阿奈·格斯塞尔朗诵了一首诗:

你的脸就像是一尊石刻那样
在风中渐渐失去了它的容貌,显得是那样地柔弱
身体在岁月蹉跎中逐渐衰弱
但那双眼睛却从未失去
对你选择扎根住下的
这个世界的精确的洞察力

从你那里我们学会
责任的代价
明确的勇气
甚至是学会在追求真理时如何经受住那些困扰一个人精神的琐事

你是平衡、优美的典范
你知道什么时候
投入到战斗中去或追求时尚的美丽
你知道什么时候应该忍受
需要力量时，就会勇敢
语言失去力量时，就保持沉默
知道何时保持绅士风度
因为这里有太多的痛苦
从哪里去反对
因为这里有欺骗
你的工作为
那些将延续着你努力开创的道路走下去的人
指明了方向

你将自己的生命
扎根于美国黑人的土壤之中
可以看到
中国和非洲
在你身上的完美结合
你的生命

就是将我们融合在这个世界里。

路易斯·曾从瑞士也寄来了一首诗：

格蕾斯周年庆典

生命中迎来了一个时代
当希望变成记忆
我们清楚地记得
过去曾努力为一个未来而奋斗
而未来总是与我们想象的不同
但可以肯定的是这是生命的循环
当我们变为尘土
我们继续创造新的视角
深信说出所看到的
对于以后发奋图强的人
意味深远

你就像普韦布洛印第安妇女
放下了她的工具
仰望苍穹
你就是像那水手
发现了大陆
并把它当成印度
在与生命的赛跑中
你总是跑在前面

让生命

正如以往一样

努力但缓慢地去追赶你

我感到非常幸福，自己75岁的生日庆祝会上，能够有如此健康的身体，同时还能有这么多的同志在自己的身旁。瑞娅·杜娜叶夫斯卡娅在1987年去世，享年77岁。我们三十一年来没有说过一句话，但杰米、弗莱缔和我都发送了一份电报给她的丈夫约翰·德怀尔，以表达我们对她为斗争所做的努力的敬意。1989年5月，C. L. R. 詹姆斯去世，享年88岁。10月9日，马丁·格莱博曼、葛罗利亚·休斯和我在韦恩州立大学为他组织了一次悼念会。在会上，我们播映了由塔里克·阿利和C. L. R. 詹姆斯侄子达科斯·豪艾为BBC制作的一小时纪录片。在纽约市，C. L. R. 詹姆斯纪念会上，我也做了演讲。

就在我生日会后不久，凯瑟琳·高·艾伯利打电话过来说，希望我开心。她似乎还是那样有精神，而且身体也很健康。但不到三个月，她死于肠癌。这是个可怕的打击。杰米和我对瑞娅和詹姆斯的去世还可以接受，因为我们毕竟许多年都未曾交往过了，而且他们年事已高。但凯瑟琳才65岁。她编写了两期《统一战线》的小册子——《国家的衰弱，世界社会的来临》以及《品德高尚的人们什么时候举行游行示威》。1960年，我们曾一同前往特利尼达，有许多共同的朋友：弗莱缔和缔曼夫妇、杰西和马丁·格莱博曼、费罗蒙纳、康拉德·林恩、比尔·沃西、弗朗西斯·海瑞恩。凯瑟琳有好几次参加过我们每年都要进行的谈话。30年来，我们一直都互相拜访。当她住在安娜堡市在韦恩州立大学教书的时候，每个月有好几次我们都会聚在一起吃午餐。在杰米41岁生日时，她让杰米度过了一次难忘的生日。她和她的丈夫大卫,一位人类学家,从安娜堡市前往布兰代斯大学教书。在古巴导弹危机期间,凯瑟琳组织了一次示威游行("肯尼迪下地狱,支持卡斯特罗"),这让布兰代斯大学的权威们很失望,于是,他们离开那里去了俄勒冈大学。因为决定不支持越南战争,他们在60年代去了加拿大,分别在西蒙·弗雷泽大学和不列颠哥伦比亚大学教过书。凯瑟琳不仅是个出色的人类学家,从事帝国主义和反抗帝国主义运动的研究,而且她还积极参与斗争运动。在她死后,安大略省滑铁卢市劳里埃大学主办的学报《人类学学报》发表了一篇纪念文章,几位学者共同记述了她从事的工作和她的一生。[11]

同期,在底特律,科尔曼·杨正在和那些将钱投到他运动资金中去的开发商们做交易。底特律市中心已经成为荒地,有七十多座办公大楼闲置着。每一座新建筑的落成让那些开发商的口袋越来越鼓,但却留下更多质量依然很好的旧建筑。1990年,杨试图推倒福特会堂,以便为联信银行修建一座新建筑。这时,五十年来,杨参与操纵了上百万交易,社区的人们逐渐看透他了。同时,福特会堂对于底特律人来说有着特殊的情感价值,因为它是福特家族赠送给这个城市的,这里有许多人曾在高中毕业典礼中走过它的台阶。为了击败这种提议,DU组成了一个新组织,"底特律USA",利用一条鲜为人知的法令,发动群众请愿,要求对这个问题进行公民复决。这条法令是柯蒂斯·布莱森发现的。他的父亲曾是城市计划委员会的负责人,而他自己积极投身于底特律复兴运动中。在这隆冬季节里,我们必须在三周的时间里收集到一万七千个签名。但整个城市,所有的草根群众都站在百货商店、超市外,收集到的请愿书绰绰有余,就这样,1991年4月,我们迫使政府进行复决,并取得胜利。

1991 年春天，WE－PRO 举行的游行示威以及我们在博彩业和“拯救福特会堂”运动中所取得的胜利，让我们感觉到是庆祝的时候了。所以在 11 月，我们将城市里所有的社区组织聚集在一起，举行“人民庆祝会”，并将它描述为“几代底特律人跨文化的庆祝大会，我们共同用心、手和想象力重新创造一个社区，一个同情、分享和企业都能与地球和谐相处的城市”。在柯蒂斯·布莱森的催促下，丹尼斯·阿彻也来参加了这个庆祝会。他辞掉了在密歇根最高法庭的工作，决定竞选底特律的市长。

“人民庆祝会”的成功让我们进一步确信，通过重建社区来重建底特律的这场新运动正在向成功迈进。我们怎样才能让它更快些呢？就是在北方的青年人来帮助 1964 年的选民注册运动之后，“密西西比自由夏天”将公民权利运动推向了一个新台阶。想到这里，杰米又想到了一个办法，就是将年轻人带到底特律和当地的年轻人一起工作，让更多的人知道，20 世纪接近尾声时，进行中的新运动，其核心就是重建我们的城市。

所以，在 1992 年 1 月，杰米、克莱蒙逖·巴菲尔德和来自“底特律绿色”的鲍尔·斯达克呼吁大学生们来到底特律，并成为“底特律夏天”的一部分，“几代人的，多文化的年轻人项目/运动将从基层开始，自下而上地重建底特律、赋予底特律新的定义和新的精神”。“底特律夏天”已经举行了六次会议。在持续四个星期的会议中，它帮助培养年轻人重建城市运动的社会意识，那些年轻人是 50—60 名来自城镇和本地的人，他们每年都会和社区的老年人与孩子们共同做一些项目：例如在白天时，修建社区花园、粉刷墙壁；晚上，大家一起吃过晚餐后，在两代人之间，就一些具有挑战性的问题进行讨论，或在车间里练习技术。

在“底特律夏天”成立典礼上，向参与者提出了许多他们那代人所面临的特有的问题。什么样的技术将会对人类和环境最有利？为什么我们经济体制和教育体制的目的就不能是促进我们的人民、我们的社区和我们国家的发展呢？在1994年的典礼上，我说：

当我们走进21世纪时：

这是些非常困难，但却真实存在的问题。但如果我们想减少犯罪、暴力、流浪、癌症和低出生率等问题的话，就必须抓住这些问题，并创造机会去解决它们。我们不能让那些跨国公司去做这些决定，他们不再忠诚于我们的社区或国家——也不能依赖政客们，他们只为这些公司服务……这些问题是没有快捷或简单的答案的。20年前，"黑豹党"说，"如果你不是解决问题的一部分，你就会是问题的一部分"。成为了"底特律夏天"的志愿者，你就已经成为解决问题的一分子了。⑫

"底特律夏天"的年轻人们之所以将他们自己看成是运动的一部分，是因为他们全是志愿者。特雷西·霍林斯，50岁，1992年，她成为首批志愿者之一。参加组织一年之后，她写道：

当多数人听说过"底特律夏天"时，他们最初的反应是："不给你费用？"对他们来说，做不要钱的工作简直就是发疯，而志愿主义就好像是外国语一样。他们不理解一张微笑着的孩子的脸、一生的朋友，比起工资来说，是更好的补偿。薪金仍然在蒙蔽青年人的心灵，他们受到的教育是钱就是一切。十几岁的小孩走在路上，随意扔垃圾，到处涂鸦。多数人意识不到将一张纸扔到正确的地方的重要性。他们的心态就是，一个人是改变不了什么的。“底特律夏天”是一剂良药。“底特律夏天”用一种特殊的方式让你忘记这是一项无偿的工作。它会让你满脑子里都是问题的答案，而那些是你一生都会有，但没人能回答的问题。它让你感到自己已经成为改变、塑造未来几代人的重要的一部分。它让你觉得，你挖的洞、浇的花园、粉刷的滑梯，都为社区带来了不同。

组建“底特律夏天”的人员也是志愿者。谢·豪威尔和米歇尔·布朗出色地领导了这个组织。杰拉尔德·海尔斯顿让我们有机会接触了“花园天使”团体。这个团体是由南方出生的美国老年黑人组成的。他们开辟花园不仅是为自己和邻居们种植健康食物，而且是为了向年轻人灌输尊重自然的思想。每天晚上，在玛丽·布朗的帮助下，乔尼·克里修克都会神奇地为不同饮食习惯的人准备美味的晚餐——有不吃奶制品的或吃奶制品的素食主义者；有吃家禽或不吃家禽的素食主义者；还有像我一样什么都吃的人。汉克·克里修克负责用照相机将“底特律夏天”不仅培养人、而且培养蔬菜的神奇方式拍摄下来。珍妮·凯瑞娅克伯勒斯，一位退休教师，负责保留书籍，并随时准备为大家跑腿。第一普救派教堂为“底特律夏天”提供了一间办公室和举行会议的场所。[13]供给和项目的费用主要是由市民捐赠的。

“底特律夏天”就是“自我改造行为”的一个典型例子，这是马丁·路德·金生命的最后一年里，他为在“我们将亡的城市”里的年轻人所提出的。在自我发展的过程中，“底特律夏天”的年轻人们帮助社区实现了他们的梦想。例如，80 岁的“花园天使”成员杰西·托马斯，和她在百利图街的邻居们，再也不愿看到街区里那七处空地上到处都堆满了旧车、轮胎和其他的垃圾。1992 年，“底特律夏天”的年轻人们将这些空地变成了百利图儿童公园。在那里，为孩子们准备了滑梯和沙地，为成年人准备了种有蔬菜和花的园子。

强调在“底特律夏天”的年轻人和“花园天使”两代人之间的合作，赋予了底特律重建运动独特的品质，而这一点得到了国内媒体和国际媒体的认可。例如，新国家杂志《希望》，在它 1996 年 5—6 月的期刊上发表了一篇五页的文章，标题为《草根复兴：“花园天使”让街区恢复了活力》。1996 年 8 月 3 日，在《伦敦每日电报》上刊登了一篇长篇文章，讲述的是“底特律夏天”和“花园天使”的活动是怎样阻止了底特律道德的倒退。文章上附有一张照片，上面是“底特律夏天”的志愿者们和“黄瓜小孩”一起开辟社区花园的画面。

“底特律夏天”志愿者们每个夏天都会从事六到七个项目。在底特律西南部，他们粉刷了四堵墙。离第一普救派教堂不远处的“卡斯走廊居民区发展合作”办公室的墙外，就可以看到为无家可归的人们开辟的社区花园。1997 年，他们在菲尔德大街和马克大道交会的拐角处创世纪路德宗教堂的空地里开辟了一个纪念花园（离我家只有几百英尺远），并在花园里种上了水果树和花。每棵树都是由社区的成员和东高校（花园的原址）的毕业生们种的。每年，“底特律夏天”都会收到有关社区项目的建议，数量太多了，我们都不可能完成。我们希望其他人能够创建类似的组织来吸引越来越多的年轻人，而不是去扩大“底特律夏天”的规模。这就是运动发展的基本规律。

1992 年 “底特律夏天”成立的时候，多数人谈论起年轻人时，只是认为他们是一个问题。现在，整个底特律和其他城市，年轻人开始被当成是社区改变的创造者。尽管只有很有限的资金，一群不拿薪金的工作人员，在社区的支持下，“底特律夏天”在这种转型中起到了很重要的作用，当然这也绝不是唯一起作用的因素。但它却很好地展现了在美好事物的激励下人们是怎样参与运动的。

1991 年，X 光照出杰米的左肺里有个肿瘤，不过他固执地拒绝承认这与他抽了一辈子的香烟有关。经过 40 次的放射治疗之后，癌症症状开始减轻，但是在 1992 年，另一个肿瘤又出现在 CT 扫描中。1993 年 2 月，和往常一样，我们去拜访了图珀医生，杰米从那时起就开始吸氧了。几天后，图珀来到我们家，介绍了一项晚期病人收容计划，杰米决定参加。

几年以前，我曾看过一部纪录片，主要讲述的是那些即将死亡的人是如何坦然面对死亡的。杰米就是这样。自从因膀胱癌接受手术，甚至是在诊断出肺癌之后，五年来，他一直都在从事着他认为很重要的运动：为反对“快克”工厂举行的游行示威；反对推倒福特会堂运动；组织“底特律夏天”；演讲；给《SOSAD 时事通讯》和《西北部底特律人》的编辑写信和写文章。1992 年，在接受膀胱癌化疗的时候，他协助组织“反对私有化、拯救我们的城市联盟”。该联盟是由 AFSCME 当地分部的成员发动组织的，他们联系了卡尔·爱德华和爱丽丝·珍妮斯，这两人后来又跟我们取得了联系。杰米协助编写了目标宣言，让联盟的运动主义者意识到他们不仅是城市的工人，而且他们还是城市和它的社区的公民。在联盟的城镇会议和示威运动中，使用联盟时事通讯中的文章解释了新市长丹尼斯·阿彻所处的形势，并成功地说服他站出来反对私有化。

与此同时，杰米还一直坚持在打扫垃圾，清除掉菲尔德大街和乔斯大街拐角处的垃圾，擦厨房和浴室的地板，摘蔓越莓，坚持在“他”的撒顿岛上散步。自进入晚期病人收容计划（这通常意味着只有六个月的生命），直至他去世前的几个星期，杰米的生活节奏明显变慢，但他依然还在写文章、演讲、组织运动。他过去常说，他不会死的，直到他自己准备好。因为他非常开心，也非常投入，所以我很容易相信他的话。在他吸氧几个星期之后，在 SOSAD 的办公室里，我们为罗杰·巴菲尔德的朋友做了三次有关建立运动的讲习班。他们的一位朋友被谋杀了，他们在居民区的一家三明治商店前举行了抗议活动。在这之后，准备组织社区行动小组。讲习班上，杰米鼻子里插着氧气管，身旁放着一个便携式氧气罐，但还是就他喜欢的话题谈了将近一个小时——需要"辩证地思考，而不是生理上的"。我想这可能是杰米最后的一次即兴演讲，便让朗·斯格特将这部分录了下来。这个讲习班结束后，我们要求参加者继续参加下一次的学习班，并为此准备了三个问题：我们要为居民区的安全做些什么？怎样才能激励人们进行转变？我们怎样才能创造工作机会？

在主讲的第二次讲习班上，我引用了肯尼斯·博克（美国当代著名修辞学家）的范式，将运动描绘为含有五个成分的戏剧：目的，就是为什么我们要做；行为，指的是我们做些什么[14]；场景，或者说我们在哪里及什么时候做；人物，或谁去做；工具或手段及方法。任何斗争运动的主要目的之一就是给予苦难中的人们希望。必须要在适宜的时间和地点采取行动。而且行动必须要得到草根群众的认同，并容易做得到，就像 1960 年在北卡罗来纳州格陵斯堡举行的静坐示威。人物必须要得到他们想领导的人们的尊重。在这一期结束时，参与者们建议采取一些可能的行动。例如，开辟社区花园、组织街区清扫小组、居民区联防队，等等。第三期是谢主讲的。她列出了一个策略的几个成分：通过姓名来确定你的身份；制定任务宣言；举行一致的行动；创建组织力量和制度；使用各种形式来传递你的信息。

天气转暖后，杰米就会在我们家的前廊上接待来访者或是邻居。5 月29 日，在后院，我们为他举办了他最后的生日会，对于这一点，他和我们都很清楚。许多人都来了，他的前妻安妮、他的堂兄玛丽·罗逊和弗吉尼亚·杰克逊、我的兄弟埃迪、市议会主席玛丽安·马哈菲、克莱蒙逖·巴菲尔德、谢、安·佩罗、杰克·维克多提前打扫了房间，烤了一些鸡肉。照片上，生日会里的杰米显得很消瘦，也很脆弱，但这也不能阻止他充满活力的长篇演讲。在演讲中，对前妻承担抚养他们的孩子们，他表示了感激。

6 月23 日，《底特律自由新闻》刊载杰米写给编辑的最后一封信，标题为《种族：问题不在于黑色和白色》。信上说：

> 只从黑色和白色去看待这个国家的种族问题已经没有用了。住在这里的人们来自一百多个民族。2040 年，欧裔美籍人和非裔美籍人将只是组成美国的众多少数民族的一份子。
>
> 底特律的黑人占多数；他们必须停止将自己看成是少数人或受害者的想法。非裔美籍人和欧裔美籍人必须思考怎样与底特律拉丁人后裔和阿拉伯后裔融合为一体。

结尾，杰米树立了两个他最喜欢的靶子：种族式（就是他称为生理）思考，以及“黑人自视为少数民族”。

6 月，奥西和鲁比顺道来拜访我们的时候，杰米手里拿着一份三页纸的便签，上面写的内容就是让他们继续工作下去。第二个星期，鲁比送给他一大份亲自做的姜饼。杰米去世前的几个星期，他给克莱蒙逖打电话。几天后，他还在“底特律夏天”集会上发言。第二天，他和一位朋友出去（杰米没有带氧气罐）去监督别人搬运一台冰箱。去世的前一星期,杰米和一个当地电台记者做了一次两个小时的访问。去世的前两天,他和往常一样仔细地梳理他的头发。之后,突然在 7 月 20 日星期二的晚上,他走路开始摇晃,然后坐在卧室的椅子上,就再也没有起来或说话了。当时只有我一个人,不知道该做些什么。对于我来说,叫其他人来已经没有任何意义了。所以,我不断地拍打他,一遍一遍地对他说:

> 你是个坏蛋
> 你总是大吵大闹——总是提出许多问题
> 你交了许多的朋友——也树了许多的敌人
> 你有许多的想法——
> 并写了许多的书和小册子
> 你和许多其他人有着许多的不同

星期三一大早,收容院的护士(杰米曾和她谈论了许多的话题)过来给他打了吗啡,以期减少他的痛苦。那天,鲁比·迪将自创的一首名为《献杰米:一位作家、行动家、工人》的长诗(我确信她是位心灵通灵者)送给了我们。杰米并没有尝试说话,但显然他能听到并理解人们对他所说的话,因为当我念鲁比为他写的这首诗的时候,他在该笑的时候笑了。[15]

那天和第二天早上,朋友和家人都陪着杰米,播放他最喜欢的音乐,读他最喜欢的诗。街坊们进进出出。星期三,他的小女儿(是位医生)和他的孙女欧内斯廷,一整晚都陪着我和他。最后,7 月 22 日,星期四的早上十一点,他平静地、毫无痛苦地去世了。

因为杰米的遗体是火化的,所以我也没有准备任何葬礼。我本想在秋天举行一个悼念会,这样朋友和同志们可以来参加。但是，他的孩子们希望举行葬礼。所以在7月31日，我们在第一普救派教堂的接待室里举办了一个小型葬礼。随后，在马克艾利斯特大厅又举行了一次大的聚会，恩肯其·左拉担任主持，家庭成员和许多朋友都在会上发了言。

10月23日，来自底特律以及全国各地的杰米的朋友和同志在第一普救派教堂举行了一次非常愉悦的纪念庆祝会。当人们走进来的时候，他们会得到一份28页由新生活出版社整理的小册子。大会开始是一部一分钟的电影——“詹姆斯·博格斯：一位美国革命者”。制片人是曾获得奥斯卡提名的电影摄影师弗朗西斯·瑞德。这部电影曾被播放了许多次。接着发言的人有：他的小女儿迪罗伊斯·贝瑞恩—琼斯、演员鲁比·迪和奥西·戴维斯、历史学家文森特·哈丁、电学家、诗人、城市农业家约翰·格鲁查拉、社区运动家多萝西·加纳、“底特律夏天”的青年志愿者朱丽雅·珀因特和特雷西·霍林斯，会上邀请了爵士乐乐队来演奏。我做主持，还给大家讲了杰米和我是怎样相处的。我想，在这次会议中，如果杰米还活着的话，他最喜欢的部分可能就是大家都站起来，然后根据他们和杰米认识的时间来介绍来宾。首先介绍的是费耶·布朗，他在40年代初就和杰米一起在克莱斯勒工厂工作过；平·范瑞在1962年就结识了杰米；结识杰米时间最短的是“底特律夏天”的那些年轻人们。朱丽雅·珀因特说：

在“底特律夏天”成立大会上，杰米走到麦克风前，对听众席中的年轻人提出了要求和希望。他告诉我们，在我们这个时代的一些孩子即使是使用浴室都想要让使用者为之付费。接着，他建议我们要做志愿者。他说，我们向他证明了周围还是有年轻人非常关心这个城市。现在是该我们为这个社区带来变化的时候了。不能再等着通用汽车和福特公司为我们提供工作,要为自己创造就业机会。同样,也不要等着城市来美化我们居民区,我们要自己去做。

他说,那就是“底特律夏天”要做的事情,其目的就是给予年轻人力量并激励他们重新承担起重建我们城市的责任。我们想这样去做——因为那天下午,杰米已经很清楚地说明了这一点,而且在那以后的每一天他都为我们感到骄傲。而这也让我们为自己而感到自豪。因为这位瘦而结实,几分钟前还是陌生人的他已经成为了我们的朋友。

第九章
关于我自己

玉平

我知道杰米快要死了，但我还是没有意料到。这其中差别是非常复杂却又非常真实的。当你去预料某事时，你是在想象它。但杰米当时依然非常活跃、非常积极，即使是临终前还是那样，以至于我从来没有想象到离别他的痛苦会真的发生在我的身上。如果他躺在床上忍受几个月的剧痛，就像许多肺癌患者那样，我很可能会有好几个月去想或可能去担心未来。

在他去世的第二天晚上，我代替他在韦恩州立大学举行的“底特律成员马尔科姆大会”上发言。贝克在这个星期早些时候曾给杰米打电话要他来参加会议，杰米仍然觉得他肯定可以去。我决定代替他发言是因为我觉得这是告诉大家杰米已经不再和我在一起了的一个机会。在我发完言之后，卡尔·爱德华安排播放一部介绍杰米的短片。第二天早上，出于同样的原因，我主持了一次有关 1963 年草根领导者会议的讲习班。马克思·斯坦福出席了那次的讲习班，特意谈到了我对创建黑人运动所作出的贡献。

几个星期之后，和平常一样，谢和我开车去缅因州度假。在杰米去世之前，我们三个是计划一起去的。弗莱缔担心那可能是杰米在撒顿的最后一个夏天,所以,就像在 70 年代她为莱曼所做的那样,她已经安排将氧气罐送到了岛上。

在撒顿岛上的第一个二十四小时还觉得比较正常。路易斯·曾在美国去拜访他的亲戚,他和艾逖·陈坐公共汽车从波士顿出发,然后到我们这里过夜。在饭桌上,我注意到五个人中间,多数人(路易斯、艾逖和我)是华人,少数人(弗莱缔和谢)是白人。我不记得过去曾这样想过,我现在也不确定它是怎么会发生的或为什么我认为有必要去注意这些。也许这意味着,随着杰米的离开,我又再一次注意到自己的华裔美籍人的身份。

接下来待在缅因州的日子里非常地难熬。到处都看到杰米的身影——在沙滩上、船坞里、船舱里、在"他"的小路上;早餐时、午餐时、晚餐时,随时随地。不过,除了将杰米的骨灰埋在这个小岛的墓地以及讨论 10 月 23 日悼念会之外,没有人再谈起过他。唯一似乎理解我的感受的人就是里克·费尔德曼八岁的儿子麦克,他们在撒顿岛停留的那几天里,他坐在我身边,告诉我说:"我也想杰米。"我等不及回底特律了。

在底特律,不论我去哪里,不论是在会议上,还是在超市或市中心,总是有人,甚至是我不认识的人,走到我面前说,杰米写的文章或做的演讲对他或她有着非常重要的影响。许多人说他们记得曾经在我们菲尔德大街的家的客厅沙发上坐过。在底特律,我总是可以给某个人打电话,谈起杰米,或总是有人打电话这样做:多萝西·加纳、艾伦·理查德森、克莱蒙逖,甚至是我们 83 岁的房东太太玛乔瑞·安德逊。她住在我们楼上,杰米总是很照顾她。他们似乎和我一样非常想念杰米。有时,通常是节日或母亲节,我会收到杰米的孙子和孩子们的来信,尤其托马森,他是给杰米打电话最多的人,还有就是在德克萨斯州杰米的外甥比尔·博格斯,以及杰米唯一活着的同胞兄弟威廉,他家里最大的儿子。在做了气管切开手术后,他就带了个人造喉管,不能打电话。杰米的另一个兄弟杰西,在他去世的前一年就死了。我有时会给杰西的遗孀打电话,有时她也会给我打。

回到底特律,我要做的第一件事就是承担起杰米过去常做的那些琐事:给地板吸尘、擦厨房和浴室的地板、下雨后擦车。我去学着做这些事情完全是出于必要,没有杰米的那种热情,也不像他那样经常做,但,渐渐地,失去了那种杰米看着我的感觉。我兄弟埃迪,曾经和杰米最亲近,他经常帮着我做家务事或修车。所以,每个星期天我们一起吃晚餐,已成为我的习惯。吃饭时,他总是说我,在做家务事上太依赖,不懂如何保养汽车,说我的“政治”和“实践”不相符(我称其为“我每周要受的责备”),这样让我想起杰米曾经是如何“宠坏”我的。尽管他比我小五岁,但他让我想起了我的父亲。在星期天全家聚餐时,父亲对自己的厨艺以及能够坐在餐桌的主位上(即便不是位置本身,也是这个位置所带来含义)感到非常自豪。他来我这里也会常常谈起身处夏威夷的鲍勃每星期写给他的信,这总是让我们回想到许多家庭往事。(我们常常回忆往事,而鲍勃却很少这样,这既是因为我们在年龄上的不同,也是因为我们性别上的差异。美国人常把华裔女性看成是具有异国情调的人,而男人们却被当成一种威胁。)鲍勃的干劲和追求生活的激情总是让我惊讶不已。他比我大一岁,患有主动脉瘤,但他总是不断地找工作,以此来补充他的社会保险金,给他那辆不靠谱的车做大修,每星期在海洋里游上一英里。最近,作为“每周老年人志愿者”的成员,他参加了“火奴鲁鲁四频道”的项目(在老年中心提供锻炼身体的课程)。我相信,鲍勃之所以能很快恢复精力是因为他的宽宏大量,杰米也总是这样说。在这方面,他让我想起我的父亲。

吃过饭后(味道非常像在杰克逊高地的家中,每个星期天父亲为大家做的食物),埃迪总是会给我带上一口袋足够我吃上一星期的食物,都是他自家院子里种的当季菜,有中国大白菜、中国冬瓜、西红柿和黄瓜等。

杰米去世的第一年里,最艰难的事就是没有人分享我所做的和所看到的事情。长久、亲密的友谊带来的最大的回报就是每件事都会经历两次——将看到的或所做的事情告诉朋友。例如,一位老友或邻居发生了什么改变这类事情——"你想象不到我今天下午遇到了谁?"

我特别想念我们之间有关城市中所发生的事情的讨论,即使讨论常常会变成一场争论。杰米去世的几个月后,丹尼斯·阿彻代替了科尔曼·杨成为了底特律市长。所以我永远不会知道杰米将会怎样看待这种新的管理。幸运的是,我可以和多萝西·加纳讨论这些。她退休前的工作是一位监狱狱警。退休之后,她有更多的时间待在自家附近的瑟古德·马歇尔小学,鼓励学生们出色地完成学校的工作,尤其是要和六年级的学生一起工作,这样可以让他们感受到他们的街区和这个城市是需要他们去建设和重建的。她总是创造一些新办法让学生更加相信他们的能力。有一次,她让学生们给市政厅的成员们写信。一天,我们和她的六年级学生坐公车去奥克兰大学,听拉尼·基尼尔的演讲(克林顿总统曾计划将他任命为公民权利运动首席检察官助理,但后来在右翼党派的压力下放弃了)。他们能够参与全体成员的讨论让人非常高兴,尤其是吉尼尔女士。和我一样,多萝西最关心的是培养年轻人,我们组成了老年人联席会,其主要目的之一就是希望能够为年轻人提供一个可以得到安慰和建议的地方。

我和多萝西可以讨论两个市长之间的差异有多大或有多小，以及比较她在朝圣村举行的社区会议和我的社区会议之间的差别。我一直对阿彻当选市长候选人不感兴趣，但投票选他的原因是因为他的竞争对手沙龙·麦克费尔得到了即将离职的杨市长的支持。如果她当选，那么她至少会部分使用曾为杨工作的人并延续他的管理办法。阿彻当选的头几个月，他的管理让人感到非常鼓舞。他的就职演讲激情洋溢地表达了对我们社区的关心，并呼吁底特律人加入城市重建的运动中去。他任命的过渡小组成员有克莱蒙逊·巴菲尔德、艾罗尔·亨德森、米歇尔·布朗和"底特律夏天"的合作者们。而执行助理，他选用了安吉拉·布朗，她在30岁时成为社区活动家，和我差不多。我支持她加入市政厅的工作，有时她也会把我当成她的顾问来介绍。阿彻对底特律的观点——让它成为"世界级的城市"——其实是非常模糊的。但是在杨的刻板、防守式的管理方式后，阿彻的就职展现了他的精力充沛和豁达的风格。

1994年伊始，我在等待为再创底特律文明而发动草根运动的机会，我肯定这将会发生，但不确定的只是它们将采取什么样的形式开始，也不确定现在是一个人的我该怎样应对这样的运动。不过我充分相信，这同样是要将机会、命运和品质有机结合起来——这是曾给予我一生幸福的结合，并能继续让我作出同样正确的选择。在过去的几年里，我习惯于引用《论语》中最喜欢的几段话："吾十五而志于学，三十而立，四十而不惑，五十而知天命，六十而耳顺，七十而从心所欲，不逾矩。"①

我并没有等待很长的时间。1994年2月，华盛顿特区的"环境公正报告会"邀请我参加，之所以决定去是因为它显示着建立运动的新斗争舞台。1991年10月，在华盛顿召开的第一届全国有色人种环境领袖高峰会上建立了“环境公正运动”。在集会上，三百多位来自全国各地的非裔美籍人、墨西哥裔美国人、亚太裔草根活动家们将“环境”重新定义为不仅指土地、空气、河流，还包括影响我们生活质量的所有因素，包括犯罪、失业、衰退的学校、危险的工作环境、含有杀虫剂的食物。在三天的会议上，通过激烈的讨论和争取，与会代表制订、采取了十七条涉及范围很广的环境公正原则：合作伙伴平等参与各层次决策的权力；反对跨国公司破坏性运作；每个人，作为个人及消费者，必须承担作出正确决定的义务和责任，以保证当前和未来几代人的自然世界的健康。计划委员会的协调人是查尔斯·利神父，他是“美国联合基督教会种族争议委员会”的华裔美籍研究室主任。副主席中的一位是本杰明·查韦斯，他当时也是“美国联合基督教会种族争议委员会”的成员，后来就任 NAACP（全美有色人种协进会，是一个由美国白人和黑人组成的旨在促进黑人民权的全国性组织。总部设在纽约。——译注）的执行主席。

由于杰米的病，我没有参加 1991 年的高峰会。但 1994 年 2 月的报告会让我感到既惊奇又兴奋。五百多名来自全国各地污染严重地区的有色群众参加了这次会议，他们向各种负责管理环境和健康问题的政府机构提出诉求，其中包括美国环境保护署（EPA）、国家环境与健康服务中心、疾病控制中心。会议上，代表们曾一度情绪失控，以至于 EPA 主席凯罗·布朗勒不得不中断她的演讲，让台下的与会者发言。我的室友是哥伦比亚特区“反对污染天主教群众”的成员。这样的经历会让你了解到集会中草根人士的品质。

1987 年，杰米和我曾参加过在汉布什尔学院举行的“绿色大会”，但在那以后我再也没有参加过“绿色会议”了，因为我发现该组织主要是由中产阶级组成的，太抽象、太不具有草根性。参加像1994年这样的环境大会，草根群众能够努力地为他们的生活和社区环境作斗争，对我来说是非常好的。我参加了由来自太平洋岛屿的亚太裔代表举行的集会，他们主要关心的是，在岛上出生的水母的生存状况，因为美国政府曾在那里做过核试验；还有在硅谷的韩国工人的工作状况；也关心那些越南以及东南亚裔社区附近受污染的河流（他们常靠钓鱼来获取食物）。在这种由全体成员参加的会议中所表现出的能量，是完全不同于那些只有黑人和白人，而少有其他少数有色人种参加的会议的。由黑人和白人举行的会议总是要承担过去压迫与反压迫之间的斗争，以及在这些抗争中产生的所有政治倾向的沉重历史负担。所以，每个字都具有一定的倾向性。相比之下，在那些非洲裔美国人只是有色人种的一部分的会议上，大家会有一种未知感，同时也感觉到未来将会是一个完完全全不同的21世纪美国，因为我们将成为一个少数民族国家，而原来占多数的欧洲裔美国人也即将成为众多少数民族中的一个。当1994年在密歇根大学安娜堡分校举行的有色人种妇女专题讨论会上，作为主题发言人，那时的我也有同样的感觉。会议计划委员会有非裔美籍人、韩裔美籍人、美籍华人、拉丁人、菲律宾人以及东印度群岛人。在这个多文化会议上，我看不到任何一方有想尽量表现出是“最受压迫”的倾向，而这种倾向曾对70年代的斗争产生过严重的影响。

更让我感到敬畏的是“环境公正运动”正打破对知识、种族主义以及我们应该怎样谋生等方面的传统概念。本土美国人的积极参与，尤其是表现出对老年人的尊重，以及对谋生、对周围世界相处的传统方式的尊重，这些正是多数社会变革组织所缺乏的。因为他们相信每一项决定都必须考虑到它对未来几代人的影响，所以，即使是少数本土美国人的参与都将改变集会的性质。每年，本土美国人似乎都更加肯定地说我们正处于大变化的边界上，因为西方不能继续这种破坏人类和环境的自杀式方式了。例如，我将永远不会忘记在专题讨论会上那一次死一般的寂静。当时本土美国人汤姆·古德图斯，站起来对专家和学者们说："你们的知识只是以人类为基础，而我们的却是包括了动物和植物。"正是由于"环境公正"运动强调工业生产和扩张所带来的有毒物质给有色人种和穷人所带来的不幸，它解放了处于社会底层的人们的思想，让他们思考一个更为公正的社会，这个社会不仅仅是具有更高的生活水准或更多的东西，而且还是不同的生产方式和不同的生活方式。

在"环境公正"运动出现之前，有色人种和穷人们将"环境"看成是白人中产阶级和上层社会应该关心的问题。现在，全国各地，有色人群正使用"环境公正"的条约去要求清理设在他们居民区里的有毒工厂，用这些条约去击败公司的敲诈行为——作为提供工作的条件，这些企业将产生毒气的焚化炉安置在大众居住的地方，从而破坏了那里的环境。

回到底特律，我开始和当地参加过 1991 年和 1994 年大会的代表一起工作，组织起"第一届底特律环境公正大会"。1994 年 6 月，有两百多人参加了那次会议。从那时起，我们建立了"为环境公正奋斗的底特律人（DWEJ）"，目的就是要建立一个草根运动，向那些给我们的生活、工作、休闲带来威胁的东西进行挑战，并将底特律变得更为健康、安全和自立。我相信，DWEJ 的核心小组有能力在底特律社区发展一批"有机领导人"。比起在黑人民族主义巅峰时期正走向成熟的那一代来说，美国黑人妇女，尤其是处于三四十岁的人，更加相信她们自己有能力成为领导人，因而思想也更加开放，政治攻势也更强。她们中许多人都是获得大学硕士学历，不同于那些获得了博士学位并从一个城市到另一个城市里去实现职业理想的人，她们扎根于底特律，承担起用她们的技能和所受的教育来重建这个城市的责任。我的希望就是 DWEJ 能成为一次动员所有底特律人，尤其是年轻人，去重获我们的领土、重建我们的领土的运动。不过，曾经有许多所谓以社区为基础的组织，由于它们的生存全依赖于基金和机构资助，最后它们不得不成为一个提供服务的机构，而要实现我这个希望，就必须要避免让这种事情发生。

到目前为之，DWEJ 一直是自己组织自己，不过我们也给在斗争中的本地组织提供支持和帮助。例如，帮助“授权捍卫洁净环境的高地公园公民”组织击败了试图在他们贫困社区里设立医疗设备焚烧炉的企图；支持“关注西区公民”组织成功避免了在他们那样人口稠密的地区设置有毒石油处理设备。爱丽丝·珍妮斯和密歇根州夫林特市的当地活动家们共同取得了一个具有重大意义的裁决，即对一直以来使美国黑人和贫困社区处于危险之中的价值十亿美元的焚化炉进行监管。在这一案例中，活动家们用“环境公正”原则教育了法官。1995 年 6 月，我们主持了以城市复兴为主题的全天会议，会议是“全国环境公正咨询委员会”(NEJAC)以及五个城市(底特律、奥克兰、亚特兰大、费城和波士顿)的 EPA 资助的系列会议中的一个。每个城市的社区都会让居民们谈谈他们对城市复兴运动的看法。在巡视了整个底特律，并听取了我们的想法之后，NEJAC 和 EPA 的资助者们一致认为，尽管在五个城市中底特律是最差的城市，但同时它又是最有希望的一个，因为在自立和群众力量的基础上，对于建立一个新型的以社区为基础的经济，这座城市拥有非常长远的计划。甚至有一位资助者指出，我们的表述改变了她的思维方式,她感觉到自己的人性得到了某种升华。在主持会议时,我将底特律命名为“运动中的城市”。会议其他主持人还包括:DWEJ 主席多尼尔·威尔金斯、前 NOAR 成员约翰·格鲁查拉、“底特律夏天年轻志愿者”成员朱丽雅·珀因特、诗人、社区运动家卡里玛·哈桑。

在我们观点的基础之上,DWEJ 正在准备一次“环境领导人高峰会议”,将所有社区运动家们聚集在一起,讨论本地环境问题。在这个过程中,我们发现“环境公正”所具有的独特的组织力量。这是一种全方位的组织活动,因为所有影响当地居民的问题——健康、安全、住房、经济发展、教育——都被囊括在“环境公正”的原则里了。它让这个社会从根本上得到复兴,因为它是从人们居住、工作和学习的地方发展起来的——他们的房子、街道、邻居、工厂、学校——并依赖于从日常生活经验中得到的知识。

1995 年 9 月,在布法罗举行的 AARP(AARP,美国退休人员协会(America Association of Refired Persons),是一个私营非营利组织,是美国最早的为老年人呼吁倡仪的群体。——译注)老年人大会上,我举办了一次“环境公正”研讨会。两个月以前,芝加哥有七百多人在热浪中死去,他们中多数是老年人,而且有许多人的尸体几天后才被发现。媒体强调造成这次悲剧的因素中,既有医疗保健的原因,也有社会因素。例如,当我们变老时,身体出汗、冷却体温、调节身体热度的能力都在退化。同时,现在年老的穷人们通常是住在城市中闷热的公寓里,他们中有许多人害怕他们自己那点很少的财产被别人抢去,所以都紧闭门窗。在研讨会上,我强调说,由于烟雾使得温度急剧增加,从而破坏了臭氧层,儿童和老人们在这样的环境下身体非常脆弱。因此需要我们积极参与当前有关联邦臭氧水平标准制定的运动。我还鼓励参与者与在校学生一起投入到“绿色”活动中去，例如开辟社区花园、种植树木等。这样，植物将滤去空气中的细小颗粒，吸收大气层中像臭氧、二氧化硫等有毒的污染物。这样的讨论非常活跃，也让人充满活力。

DWEJ 的一个成员，班扬 · 布莱恩特，我从 70 年代就认识他了，那时他参加了 NOAR 的学习小组。布莱恩特是 1994 年 2 月专题讨论会的协调人之一，而且自“底特律夏天”成立起，他一直在全国各地寻求人们对它的支持。他在密歇根大学自然资源学院担任教授，并培养他的学生为社区的环境公正工作。由于他的努力，密歇根大学的学生们非常渴望和底特律社区的人们一起从事各种工作，例如开发城区农业、准备一份底特律环境公正报告卡、举行居民区资产调查。

1994 年，作为“底特律夏天”的代表，我被邀请成为“健康底特律”的利益关系人。“健康底特律”是“健康城市运动”的一部分。该运动将社区、环境、教育和交通包括在对健康的定义中。1986 年，世界健康组织发起了这场运动，据报道，全国有 1500 个城市参加。在底特律，阿彻市长是名誉主席，将近有一百名利益关系人代表了城市中各部门、代理机构，以及社区组织。在成立典礼上，对于是否参与这场运动，我感到有点迟疑，因为所有这些不同利益人群的代表给我的印象就是提着公文包的人。但我还是决定去参加第一次会议。而且到现在为止，我还为去参加那次会议而感到高兴。当我站起来说，年轻人和草根参与人的缺席让我感到忧虑时，他们(会议的组织者)就让我提交一份新的邀请人名单。市长的执行助理安吉拉 · 布朗建议说，我们必须要采取特殊措施来联系到这些年轻人。所以，和安伦 · 马丁(SOSAD 前任青年工作者)一起，我们召开了几次青年会议，其中一次还形成了它自己的“健康底特律”的“青年观点”。②

在第一次会议上，不同利益人群的代表，以八人一组或十人一组的形式，在模板上画出或写下他们对“健康底特律”的梦想和希望。在这些内容的基础上，由我工作的一个分委员会制定了一个初步的方案，然后由全体成员通过几次讨论进行修改。方案为我们制定了在“健康底特律”中社区、健康经济、教育、环境、交通、艺术、文化、娱乐和管理等各项目标，但由于每个小组由不同的成员组成，所以，大家对每一项提案的热情并不相同。由我起草的开场白还多少能让人感觉到一些能让我们团结起来的东西，感觉到在底特律出现的新精神：

> 我们认为，作为“健康底特律”的基础应拥有这些价值：
>
> 我们相信每个人固有的价值、尊严和品质，相信每个人拥有作为人类的基本权力：爱、好的居所、食物、健康保健、一个干净的环境、充满意义和目的明确的工作、素质教育、娱乐、人身安全和财产安全。
>
> 我们为城市的民族多样性和社会多样性感到骄傲，我们承诺要促进互敬、合作，承诺要在不同民族之间和底特律以及周边社区之间架起桥梁。
>
> 我们将坚持与其他充满活力的社区和睦相处；保证要将重点放在我们的“年轻人”和“老年人”独特需求之上；承担起为我们自己和未来几代人而保护自然环境的责任。
>
> 在20世纪初，底特律开创了大规模生产。30年代，我们开创了劳工运动。“二战”时期，我们是“民主的军火库”。现在，我们高兴地接受把底特律建设成为一个模范的“21世纪健康城市”机遇和责任。

在制订方案、评估当前现实，确定首先要做的事情之后，成员分成了四个自己选择的行动小组。每个小组必须制定出行动倡导方案，并满足六个标准：系统是变化的、切实可行的、可以理解的、不重复当前的、能够提高生活质量以及能够带来互动和联系。

我所在的小组，“青年参与/公民行动主义”小组，常被认为是最活跃的。这是因为，它不像其他小组，在我的建议下，它将草根活动家们增加为利益关系人，这其中包括罗玛·梅菲尔德（曾是WE－PROS成员）和杰拉尔德·海尔斯顿（是“花园天使”的活跃分子）。我们小组后更名为“倡导绿色地带”，同时我们的任务就是发起一场运动，这样社区就能支持年轻人们带头进行以居民区为基础、建设社区的各项活动，例如将荒废的空地或公园改造为花园、街区剧院、游乐场、合作市场或其他的活动等。我担任小组的会议召集人。

现在还不知道“健康底特律”将怎样发展。有时，在会议上，那些只是因为或主要因为这是份工作而手拿公文包出席的人们让我感到忧虑。不过，我又想到了曾经饱受蹂躏的底特律，以及为建立“健康底特律”而即将进行的各种斗争。经验告诉我，为了发动一场运动，为着一个目标，需要将各种观点、背景的人们聚集在一起，淹没掉意识形态上的差异（而这种差异在运动失败或成功之后将毫无疑问地暴露出来，并产生分歧）。同时，到目前为止，他们都完全接受了我提出的建议，并且一致同意需要建立一个符合当前趋势、并且可不断进行调整的系统。这些实事让我感到欣慰不已。同时，让我感兴趣的是没有一个传统激进分子小组参加这项运动。激进分子将会花上好几年的时间和工人或黑人们讨论、研究，形成一些非常落后的观点，因为在他们的意识中，自己才是社会革命力量，但即使是他们自己通常都是来自中产阶级，他们对和他们背景一样的人们都不能持有同样的耐心。另一方面，我越来越确信，要从混乱中创建21世纪的城市、21世纪的文明，需要来自不同民族、不同背景的人们贡献出他们的想象力、技能和他们的承诺。

在这点上，只有我们的"倡导绿色地带"将自己的任务确定为创建一场运动。这是因为我们的观点和行动并不是开始于1995年的"健康底特律"，而是可追溯到20世纪80年代及90年代初的斗争。杰米和我，以及其他底特律人，开始感觉到这个城市唯一实际的未来就是要发展集体自力更生。在"健康底特律"组建之前，成千上万的底特律人就开始承担起将荒废的土地开发成花园的任务，"底特律夏天"的青年志愿者们也已经开始和"花园天使"一起工作了。几年来，底特律人就一直在说，为我们自己从事生产、修建我们自己社区市场将让我们的居民区充满活力。我们不可能总是去郊区购买我们的日常需要。

杰拉尔德·海尔斯顿的所作所为就具体体现了我们的观点。他出生于西弗吉尼亚州马丁斯维利市，在底特律长大，60年代毕业于东高中学（离我们在菲尔德大街的家不远）。杰拉尔德以前是铸造厂工人，最近刚满50岁，平时他靠做一些临时工来谋生，这是因为他希望有时间去做最接近他心灵的事情，也就是从基层开始重建底特律。这些年来，杰拉尔德已经成为那些关心社区建设的人们所组成的一些非正式网络的核心，他们深信，底特律的复兴就应从开辟社区花园开始；深信这个城市的八千多个空地是天赐之物，而不是灾难，因为我们可以接管过来然后种上我们自己的食物。他和他的芬兰裔美籍伙伴，也是我楼上的邻居吉姆·斯通一起成为老年人和年轻人之间的传输纽带，帮助老年人耕种他们的土地，开车送他们参加会议，让年轻人们感受到为自己耕种和制造东西所带来的兴奋。在杰拉尔德的帮助和鼓励下，在我那个居民区里，豪威小学里的老师、家长们在七个原则——团结、自主、集体工作和责任、合作经济、目的、创造、信念——之下开辟了宽札节花园。其他学校也开始模仿。显然，形成一个理论观点的时期已经到来。

同杰拉尔德、"花园天使"一起工作时，我觉得自己正成为重建希望的一分子，而这希望曾让40年代、60年代、70年代初期的底特律充满活力，却在科尔曼·杨担任市长的期间里枯萎。个人的希望曾将几代底特律人带到这个城市，在工厂里工作。现在它变成了集体的。信仰者和实践者组成了我们这个跨越文化的网络，也是跨越几代人的网络。所有人来自不同的背景，有着不同的宗教信仰，信念——复兴底特律就是从在社区花园里生产我们自己需要的食物、建造社区市场开始——让我们团结在一起。所以，我们在一起合作、相互影响，我们的生活相互重叠，息息相关。几个月以前，"饥饿行动联合会"成员大卫·汉克将我们五六个人聚集在一起组成"底特律种植人支持小组(DGSG)"，成员中包括"宽札节园丁"，他们准备生产和销售一种宽札节汁(是由一位豪威学校教科学的老师提供的配方)。DGSG将为创建"宽札节花园"的学生、教师和家长提供技术和经济支持，这样，他们就能将自己组成一个集体，并成为其他合作的起点。

这些小组的热情是具有传染力的。它主要来自于我们对底特律所承担的义务。但让我们成为这场全国运动的一部分更让这份热情高涨。80年代，田纳西州查塔努加市的城市领导人们将城市各行业的人们聚集在一起，包括高中生在内，展望2000年查塔努加市的未来。[3]他们得出重要的结论之一就是，要拯救这个城市，就必须将农村带回到城市里来。全国上下也渐渐意识到，就像我一直倡导的那样，教育要转向将理论和建设社区实践相结合的方式。

当前这个将"我们"变成"他们"的教育体制是培养孩子们不断向上追求以进入这个系统,而这将会破坏掉我们的社区,因为在这个系统里取得成功的人们离开了社区,而留下来的却不能摆脱他们的绝望以及在破坏行为中所感受到的挫败感。而正是这个系统留下了太多的孩子,让更多的人成了注意力缺乏症候群,他们不得不依靠利他林(一种抗精神失常药物),这无疑加大了富人和穷人之间的差距。我认为,年轻人的暴力行为以及沉迷于毒品的主要原因,是他们感到没有力量。我们已经将年轻人变成了对社会没有作用的寄生虫,18 年来他们除了上学、玩、看电视,什么也不做。郊区和市中心的富人和穷人们,正如保罗·古德曼几年前所说,他们"荒谬的长大",[4]剥夺了他们正常地、自然地懂得因果关系、行动与结果之间的关系的机会,而这些关系是千年来物种生存与进化所需要的。那么我们想知道,为什么青少年们缺乏社会责任感呢?在校读书的孩子们需要从小就参与建设社区的各种活动,这样不仅能让他们更有力量,而且能够让曾经陷入一片混乱的荒地成为力量和复兴的源泉。如果他们更早地用心和双手去参与到社区建设中去的话,他们将会变得更聪明。因此,参与布鲁克林的"和平与公正"组织的学生们通过清理空地来开辟他们的社区。正如教育与公共政策大学教授切斯特·派恩所说,"这将积累他们的实际经验"。[5]在洛杉矶中南部,1992 年秋罗德尼·金被殴事件判决(四位警察被判无罪)引起的大暴乱之后,戈伦肖高中的学生们开始整理球场后杂草丛生的花园,以便为饥饿的人和无家可归的人提供食物。在他们的科学老师和一位商业咨询志愿者的帮助下,这次行动最终发展成"胡德食品公司",用他们花园里生产出来的材料生产并出售自己的沙拉酱。

能够参与"健康底特律",并且在从理论到实践的整个转变过程中,我学到了许多的东西。1992 年“马丁·路德·金周”,我参加了在密歇根大学由班扬·布莱恩特举行的一次“未来大会”。在这之后,我就想进一步进行探索。班扬说:

> 未来是建立在希望之上的。而希望是一种给予我们营养、目标的一种力量,是行动的能量。未来能让我们对为生活所做的假设提出质疑。通过写作、分享故事、参与角色扮演等方法,我们能模仿事件,就好像我们已经生活在未来似的。我们的目标不是预见未来,而是从此时此刻中看到许多可能的未来,找到为实现它们所需要的东西……未来主义是没有唯一的答案的。每个人都有孩子般的能力去自发地创造。[⑥]

在 1992 年“未来大会”上,我对 2032 年的“底特律青年”提出了自己的设想。我写到:在庆祝马丁·路德·金诞辰 103 周年的前夕,密歇根遭遇了有史以来最大的暴风雪,但丝毫不影响人们参加那次大会,因为“青年街区俱乐部”组织的年轻人们承担起了保持街道干净以及社区(尤其是老年人)安全的责任。设想中还提到,社区工作是怎样融入到学校的课程中去的,以及由此使得小学生和老年人们一起种植这个城市所需的多数食物,而初中生和高中生们则可以在社区里做准备食物的工作,等等。[⑦]参加大会之后,在我的头脑里和心里形成的这个设想一次次地帮助我规划一些既能转变青年人又能让他们参与改变社区的活动。

参与未来会议让我对在建设运动中有远见的领导所能起到的作用有了新的看法,同时它还让我超越了 NOAR 培养领导的方法的认识,这种方法依然深深地扎根在先进党的马克思列宁主义的理论里。如今,在整个世界上,我们显然是生活在一个重要的历史时期里，许许多多的人们意识到他们不能再继续过去的老办法，但却没有任何举措，因为他们想象不到任何替代的方法。在社会各个领域里，那些思考过替代方法的人们最终找到了一个方法——社区成为个人和国家复兴的关键，同时，他们也曾怀疑过我们的社区正遭受着全球经济的破坏。[8]这些人总是让我惊叹不已。不过，我也注意到，几乎没有什么人站出来，向全球经济发出挑战，这也许是因为政府和跨国公司拼命鼓吹一个神话：全球化是不可避免的，是神圣的，任何反对它的行为都是没有用的，同时这相当于在搞破坏，这就等同于在冷战时期拒绝加入反对共产主义的行列中去一样。不过，人们都意识到，即使我们的国家正在成长，但全球经济不仅剥夺美国人的工作机会，而且还剥夺了他们控制社区的权力。1996 年共和党总统提名的初选运动期间，帕特里克·布坎南以及 NAFTA（北美自由贸易协议）的劳工反对党，都提到了这个问题。许多劳工领导人都认识到，全球经济抢走了控制我们自己命运的社区（前劳联产联主席莱恩·科克兰在反对 NAFTA 的斗争期间也说过同样的话），但他们没有联合社区一起来反对 NAFTA，或其他的立法活动，因为他们不理解或不接受——重建并控制我们社区的斗争就是未来的浪潮。[9]这就是问什么在如此之多的斗争中，他们一直采取防守攻势，并躲在“八号球”的后面，不敢作为，就像他们在最近的底特律新闻报纸业罢工中所做的那样。另一方面，掌握人们命脉的是像“Militiamen”（秘密民兵武装组织）或帕特里克·布坎南这样的极端右翼分子，而且常常是这样。

如果因为这些人的极端右翼政策而攻击他们的话，将无疑会增加他们的捍卫者和支持者。在 70 年代初期，我们曾这样写到，“我们必须不能因为害怕受到压迫或害怕法西斯主义而让自己的思想停滞下来。一个人必须要现实地去思考危险。但在思考反革命时，一个革命者必须确信它是‘纸老虎’”[10]。我们所要做的事情就是鼓励所有类型的小组和各个年龄层的人们参与到创建未来、设计出他们可以共同工作的具体项目中去。在这个独特的重大历史过渡时期，我们只有这样才能拥有建设运动所必需的希望，并且释放出能量（过去，在没有希望时，人们用这些能量来与其他人或自己作对）。这就是为什么我会去敦促其他人也使用同样的基本模式组建研习小组。当人们聚集在一起创造他们自己的设想时，希望能够用热情找到一种从现在开始就能逐渐实现这些设想的积极途径。精神和创造精神的途径此时可以很好地结合在一起。我们开始将自己看成是人类持续斗争的一部分，而不是受害者，不仅为了生存，而且是为了成为更具人性的人类。

例如，1996 年 10 月，“底特律种植者支持小组”主持了“设想底特律城市农业”宽札节百乐宴。聚会上来了 42 名不同背景的人们，其中包括“花园天使”（来自密歇根州立大学的“园丁”），以及来自“多种庄稼”和“接收一个公园”项目的工人们。参与者被分成六组，并向他们提出了三个问题：2001 年底特律城市的农业将会是怎样的；你将会做些什么让底特律朝着实现这个设想而前进；在 1997 年你将会做什么。鼓励他们充分发挥想象力，自由地憧憬未来，参与者们将底特律看成是伊甸园，一个花园，而不是一个到处是赌博的城市；孩子们学会思考和培养职业道德；孩子们和老年人在一起工作；扫除一些阴暗、负面的东西，如犯罪和饥饿；更干净、更健康的居民区；更清洁的环境，等等。在下一年里，主要建议参与者们要比他们现在正在做的事情付出更多，进行更多的联系，更多的温室，更多的设想。其中有两个与会者已经和年轻人们一起创造了一个“伊甸园”，并承诺说他们还要创造十个这样的花园。

从这次聚会之后,“底特律种植者支持小组”每隔一个月就会举行一次这样的百乐宴,将需求(园艺设备、技术、种子)与资源相结合,建立数据库,吸引更多的个人和组织。在这个过程中,我们建立起一个城市农业网络系统。与此同时,福利和食品的减少正影响着成千上万的底特律人,迫切需要重建一个基于当地生产、加工、销售食品基础上的食物供给系统。所以,在设想的影响下,我们发展了一个食品保障和社区稳定项目来满足这个需求。

1995 年,我被邀请成为“新底特律种族关系委员会”成员,该组织的目标之一就是庆祝底特律文化的多样性,并在这个城市里培养由多个民族组成的领导班子。我还被邀请加入“底特律城市年轻人委员会”,该组织计划利用宽札节七原则来培养和指导我们的年轻人,并通过让他们参与提高生活质量的活动来实现他们的自我。当接收这些邀请时,我不由地会想知道,如果杰米还活着的话,他们是否还会邀请我参加,我是否还会像现在这样非常肯定地接受呢。我感觉这两样都不会发生。他们不会邀请我,因为杰米太具有威胁性了,如果他们邀请的是我而不是杰米的话,我是不会接受的,因为那样的话,我一定会认为他们这是对杰米的不恭。

当我开始不仅作为局外人而且作为局内人工作的时候,越来越强烈地感觉到杰米的政治风格和我的风格之间的差异。杰米在突出矛盾和冲突方面具有天赋,我过去常常感到嫉妒,现在也是。例如,我不能想象自己可以和科尔曼·杨面对面地站着,而这是杰米最喜欢做的事情。80 年代和 90 年代初的多数时间里,杰米做的,不是面对面地发出挑战,而是通过媒体和信件写给编辑者。而我的风格,作为一个女性和华裔美籍人,更多的是让人们从他们提出建议或问问题的范式(例如“你不认为我们必须提出技术和全球经济的问题吗?”或者“我关心的是我们,没有包括年轻人”)中摆脱出来。总的来说，当看到人们是这样地愿意聆听我的建议时，我感到非常吃惊，这不是因为或不是主要因为我的风格，而是因为许多人都认识到不能再按照旧方式继续下去了，需要寻找到一些新的思考和行动方式。例如，在“新底特律”，WTVS（当地公共广播站）和韦恩州立大学新闻学院的资助下，“底特律新种族关系小组”委员会正在筹备一个创新性的“媒体视野”项目。这个项目的前提是，媒体已被公认是重建底特律进程中的一个重要参与者，因此应该鼓励发展、创造新的报道方式，这将让媒体更具创造力和责任感。有时，我会有种感觉，那就是认识我和杰米的人们将我的行为看成是一种偏移，甚至是对挑战性更强的杰米的一种背叛。但岁月已逝，他会做什么已经不是问题了。我现在是孤身一人，必须去应对自然而然发生在我身上的事情。

这种孤身一人的感觉越来越强烈。1995 年秋天，我在回到纽约去参加第 60 届（也是我第一次）伯纳德学院重聚联欢会时，顺路还去了杰克逊高地，以及我成长的皇后区。我曾经读过有关亚裔美籍人口不断增加的文章。1992 年，在密歇根大学举行的亚太妇女大会上，我曾是主题发言人。参加会议的那些二十几岁名叫萨曼莎、蒂法尼、梅勒尼的亚洲妇女的人数让我惊叹不已。但是，亲眼看见有这么多的妇女出现在我曾经活动的地方，对我产生的影响远非 1984 年“回”到中国对我的影响所能比的。在有色人种女性毕业生的招待室里，学院校长朱迪斯·斯凯匹罗告诉我说，亚洲学生现在占伯纳德学生人数的 25%，这个数字要比卫斯理的比率大得多。当你曾经是一个少数民族的一分子，而这个民族小到几乎可以无视其存在，那么，如果有一天当你起床时发现，你的那个民族已经发展成为一个非常重要的群体，而且它所做的一切都关系重大的话，你将会为此而感到欣喜若狂的。于是，回到底特律之后，我立刻坐在计算机旁，打下了本书的第一章标题，并开始为这本自传打草稿。

1995 年是令人兴奋的一年，因为我确定自己在底特律运动中活动家的身份，同时也对自己华裔美籍人身份有了新的认识。但它同时也是非常痛苦的一年。在复活节星期天，曾激励我们举行反对“快克”工厂的游行示威活动的多萝西·加纳突然死于血栓。8 月，我们教女史蒂芬妮的父亲、艾伦的丈夫亨利·理查德森在家里看电视时突发严重心脏病，那次是致命的。然后，在 9 月，84 岁的平·范瑞去世了。

在多萝西的葬礼上，教堂里坐满了人。甚至连站的空隙都没有了。那些曾和她一起工作过的年轻人们谈到“多萝西妈妈”是怎样鼓励他们完成学校的功课，并参与到社区建设中的。市议会主席玛丽安·马哈菲和政务会委员艾尔伯特·汀斯尼·威廉姆斯称颂她的行动主义和对底特律所做的贡献。瑟古德·马歇尔小学校长欧赛尔·杜普里，宣布学校的新操场将以她命名。我谈到多萝西对底特律的设想，城市将由势力强大的社区组成，社区里，我们可以相互照顾，相互依靠。教堂里充满了悲伤，但也充满了希望，在多萝西活着的时候，她一直在与暴力、仇恨和贪婪作斗争。

平·范瑞的死让我的生活出现了一个大空洞。许多年来我们一直都在相互交换笔记、便条、文件和书籍。因为他是底特律本地人，关于复兴底特律，他与杰米有许多共同的观点和目标。能给予我极大快乐的事情就是让他了解在新出现的运动中的每一则新闻。对于无数进步人士和活动家们来讲，他被认为——用《纽约时报》讣告的话说是——

> 揭发丑事的人、调解人、脾气很坏的人、公正的捍卫者、善

良的人、出色的朋友。直到生命停止，他一直在做不可能但却正确的事情。

我一直都在希望他能够长期这样继续下去。1994 年秋天，从缅因州返回的路上，正如每年都会做的那样，谢和我中途在斯卡斯戴尔稍做停留。那时的平看上去还是非常健康，也和平时一样，非常幽默。田纳西大学美国历史学教授詹姆斯·沃德，已开始着手为他编写传记。我翻阅了他们之间的信件。沃德说他可能要花上八年时间来完成这部传记，这让我感到不舒服。但平似乎不这样想——也许这主要是因为他喜欢这样的通信。

10 月 24 日，在纽约市世纪俱乐部举行了平的纪念会，会上，我回忆说，平不是那种说话装腔作势的人。1968 年，他写了一篇文章，其中他说到，“永别了，种族平等”。他这样说，是因为他不仅放弃了黑人，而且也放弃了白人。[11]他会毫不退缩地支持不受欢迎的事业。当大多数知识分子不愿意向技术专政提出挑战时，他建议修改美国宪法来控制技术。FBI 威胁不了他。当 FBI 找他索取有关他朋友或熟人所进行的激进活动的信息时，他会让相关的人来听他和警察的对话。平绝不会根据哪个组织或事业成功的概率来决定是否支持他们。正如他自己所说，“斗争不一定会取得胜利”。

1994 年 11 月，我邀请了 28 位积极参与运动、有一定理论知识的非裔美籍人在底特律集会，对“年轻人可以从詹姆斯·博格斯的作品中得到什么(Catch fire)?”作出回答。“Catch fire”一词是在索尼娅·桑切斯的同意下借用了她诗中的词语。参与底特律集会的人有来自丹佛的文森特和罗斯玛丽·哈丁夫妇、芝加哥的罗伯特·卢卡斯(他将 1966 年暴乱带到了西塞罗)、列克星敦的吉姆·

艾穆瑞、纽沃克的玛希雅·布朗、马斯基根的吉姆和巴布瑞娅·杰克逊夫妇,安娜堡的班扬·布莱恩特和吉姆·查佛。总共有六位老人,25 岁以下的有七位,其余的都在三十至五十岁左右。我在会上只起到引导作用。那次讨论让我回想到在取消种族隔离制度之前的黑人社区——多种阶层、几代人都住在这些社区里,老人们在那里很受尊重,每个人都感觉到很安全,因为团结是在压迫下生存所必需的。在聚会上,爱丽丝·珍妮斯的建议给我们提供了一个非常具体的想法,我们要建立一个"詹姆斯及格蕾斯·利·博格斯社区基金会"来培养社区领导人。后来,就将"詹姆斯及格蕾斯·利·博格斯培养社区领导人中心"与过渡期管理董事会合并。过渡期主席是谢·豪威尔和唐纳德·博格斯。唐纳德是杰米最小的弟弟,也是"学校教务管理和监督组织"的主席。到目前为之,董事会已经筹措资金购买了菲尔德大街 3061 号的一个房子,那里是许多年来发起运动的场所。还有一个核心小组正在确定中心的任务和工作。我们已经确定了一个五年工作框架,并一直认为中心将成为为社区出谋划策的地方,并且以对话和多媒体的形式,尊重社区人们的工作,将年轻人和老年人聚集在一起,解放人们的思想,尤其是年轻人的思想,让他们重新思考革命、政治和公民的一些基本观点,因为,正如杰米说的那样:"观点是力量的开始。扩展人们思想的观点是从斗争实践中得来的。不过,人们却利用观点来为所发生的事情而责备其他人,而不是充实他们自己。"

1995 年秋天,在路易斯·法兰克汉部长和本杰明·查韦斯神父号召之下进行"百万人游行"的时候,许多人打来电话问,我认为杰米对此会有怎样的回应。我说,他很有可能不会去华盛顿,因为他更钟情于在居民区举行的游行示威活动,其主要关心的可能是游行示威将会怎样或能够怎样融入到具体的社区建设的行动中去。而就个人而言，我更喜欢游行示威，因为这么多的人去华盛顿参与游行，显然是因为他们在寻找重新评价自我的新方法，并开始承担起转变他们与他们的女人、孩子和社区关系的责任。

在游行示威之后，几百名底特律人聚集在一起组成"百万人游行"组织。每天早上，汤姆·珀普就会在 WCHB1200 短波电台做四个小时的脱口秀节目。该节目的对象主要是黑人社区，目的号召百万人于 1995 年 10 月 16 日在美国国会大厦的台阶上宣誓[12]（他现在还在这样做）。成百上千的男人们报告他们和他们的孩子、家庭正在做的事情，以及在社区里做的事情，例如组织反对"快克"工厂的游行示威运动。随着时间的流逝，人们参与的热情逐渐减退。但当时非常受欢迎的脱口秀所发生的变化却反映出游行示威带来的社区变化。人们不再责备他人，而是去共同分享创造性的活动。当打进电话的人要抱怨什么事情的时候，主持人总是要他们不要再像个受害者那样去思考，而是应该承担起积极改变我们社区的责任，尤其指的是发展小规模商业。

举行示威游行的那个周末，星期六，我在宾厄姆顿主持一个关于重建社区的学习班，星期天上午，在主要是白人会众的两个教堂里做布道。我可以很高兴地说他们非常热情地接受了我的观点：

> 这个星期天，全国各地的教堂里，黑人们正在为上个星期一的举行的"百万人游行"而感到欢欣鼓舞，同时也为拥有承担重建他们家庭和社区的力量感到欣喜。我相信在这个教堂里，我们也应该分享他们的快乐，因为这个早上我们一直都在讨论重拾我们的灵魂，我们接下来要唱的赞美诗是称赞"所有爱你的城市、并为你的城市服务的人/所有忍受它所遭受的冲

突和压力的人/所有呼吁和平和公正的人/所有诅咒和祈福的人”。

路易斯·法兰克汉在游行之前写了一篇文章来鼓励人们积极参与。文章的最后强调了自立的重要性:我们将为自己制作鞋子。我们将为我们自己裁制衣服。我们将制作内衣、衬衫、袜子以及其他生活必需品,这些物品现在都是从中国、日本、韩国和意大利进口的。我们将承担起为我们的人们生产食物、衣服、房屋的责任,我们和政府的伙伴关系是一种相互促进的合作关系。[13]

在示威之后,我在底特律听到许多人都在谈论经济发展,不过主要谈论的是个体企业。我几乎没有听到过任何关于合作的谈论,或在建设社区经济中黑人教堂可能起到的重要作用。例如,在麦克大道,我家所在的街道上有超过十二间教堂,还有一些商店。如果每个教堂对它成员的生产技能进行调查的话,我相信他们将会发现许多的厨师、烤面包师、制帽商、裁缝、机械师,还有木匠和泥瓦匠,他们可以从事维修居民区房子所需要的工作,并且还能教年轻人们这些技术。许多年来,堂区居民在出售面包、准备鸡肉晚餐中积累了许多组织技巧,这些教堂可以利用他们的这种能力,开办小商品市场,这样周围的居民就可以在社区里,而不是到郊区去购买他们的生活用品。通过这个过程,经过一段时间,就能形成人类基本的纪律性和对新型合作经济的信任,同时还能为更为持久的企业积累启动资金,并从信用社和社区银行得到贷款。但不幸的是,为重新发展我们社区,要作出这样的贡献似乎对黑人牧师来说是不能做到的。[14]和大多数底特律人一样,他们不能理解我们要生产自己所需要的东西。让他们高兴的是能够在市中心郊区类型的步行街上购买到便宜的商品,这些商品都是在亚洲、中美洲和东欧生产的。他们意识不到,要拥有作出重要决定的自由,就要从生产你自己的食物以及其他生活必需品开始,这样你就不会依靠那些在你控制之外的外部力量。我相信,在他们的眼中、思想里、心里,都不会接受这些,除非他们能够认识到将我们的孩子从郊区或市中心的毒品和暴力中解救出来的唯一途径就是要让他们从小就参与到生产工作中去。

同时,这里也有一些进步。卡斯克瑞多食品公司是底特律最大、历史最悠久的食品公司。它目前销售和储藏面积为 2300 平方英尺,经营状况一直非常出色,于是,公司董事会决定寻找一个 12000 平方英尺新地。董事会主席恩加·凯是位电影摄影师,经营着一家电影咖啡屋,还是“红门集体”的成员之一。在食品公司所在街道的拐角处,安·佩罗塔和杰克·维克多共同经营着一家妇女咖啡馆,最近刚刚开了一家阿瓦隆面包房。面包房既零售烤制的有机面包,也会批发给整个城市的餐馆。他们从“花园天使”那里购买做面包所需的材料。“大湖时光”印刷它自己的流通货币,不断发现社区里人们的特殊技能,并且在将近 140 位底特律人之间建立了经济网络,他们使用大湖货币来交换各种服务(例如,请保姆或打印文字服务等)以及产品(例如,烘制的各种食物,餐饮等)。“城市次中心区”开发了一个“分享项目”,项目成员可以按批发价来购买杂货,条件就是每个月做两个小时的志愿者工作。

1996 年 3 月 6 日,社区有 24 人因参与庞特律通讯社举行的非暴力反抗而被逮捕。不过,能够成为其中一分子的我感到非常骄傲。这次运动是由社区活动家组织的“联合读者”发起的。组织的目的是为了说明公正处理底特律报界罢工对社区的利害关系。我们的组织包括市议会主席玛丽安·马哈菲和三位主教。NOAR 前成员伊拉斯奥·刘易斯则是非常友善地逮捕我们的官员之一。他们对我们非常地绅士，因为他们似乎知道与在外的巨型企业（像美国最大的报业集团甘民特公司和奈特－里德公司）的斗争也关系到他们的利益。从那时起，又有二百五十名社区行动家因参与非暴力运动而被逮捕。1996 年 4 月，我为一家社区时事通讯写了篇文章，其中指出，需要制定新策略来阻止那些在外的巨型企业出于对利润的贪欲而不断破坏我们社区的行为：

> 在美国宪法中并没有提到公司。在我们的历史上，他们曾被认为是从属于主权人民，由各州特许，并在许可的情况下才能进行经营活动。在这样的历史背景下，我们需要新策略来撤除那些有害的公司，缩小他们的规模，阻止他们占有其他公司、参与竞选活动、从事疏通活动——目的就在于要壮大本地劳动力和本地社区的发展……（例如）我们要问那些享受底特律纳税人缴纳税款的警察们，是否他们应该完全保护在外公司的财产，而这些公司根本不尊重也不忠实于底特律或美国，以及其他父辈和先祖们用血汗、用眼泪所创造的各个机构。[15]

1996 年初的一个晚上，吉姆·杰克逊从马斯基根打来电话说，让我陪他作为美国/古巴劳工代表团去古巴（这是他第二次去），目睹“五一”节游行。[16]我对古巴革命早已死心了。在古巴导弹危机中，当凯瑟琳·高·艾伯利呼喊着“肯尼迪下地狱，支持菲德尔”的口号，在布兰迪斯大学领导示威游行的时候，我在精神上是支持她的。但我从未去过古巴。最后证明，这是一次鼓舞人心、激发灵感的旅行，远远超过在这些年里其他与运动有关的海外旅行。部分是因为去之前，我没有任何想法或期待。不过，主要还是因为在我们去那里的时候,刚从苏联解体所带来的危机中恢复过来的古巴,它的人民正在重新定义自己,并承担起为社会主义奋斗的责任。他们对第三世界国家,甚至是为像底特律这样工业化不断衰退的城市,提出了新的设想。底特律在很多方面与第三世界城市有相同之处。

在这次为期一周的旅行中,最精彩的部分就是参加了"古巴第七届商业大会",它的主题是"团结在一起,我们就能"。作为参观者,我们坐在一个配有巨大屏幕的大厅里。这样,在听同声翻译的同时,又能看到整个进程。大会让我感觉到,古巴的社会主义斗争是那么的真实,那么的理性。它的力量不仅来源于物质生存的必要,而且来自于爱和坚定的信念:只要在一起,我们就能解决我们的矛盾,为我们和我们的孩子们创造一个更美好、更公正的世界,推动人类发展的进程。一千九百名各种肤色的古巴代表团和来自全拉丁美洲九百名黑色皮肤和棕色皮肤的革命家、妇女和儿童们都在非常仔细地聆听,这样他们就能将革命斗争的新讯息带回到各自的社区和国家去。这一切真是非常壮观。为大会开幕式做演讲的是佩德罗·罗斯·里艾尔,演讲的内容非常有见地。他是位身材矮小但非常健壮的"古巴商业联合会"领导人,外表和菲德尔形成鲜明的对比。在强调纪律和效率的重要性的同时,他强调说,古巴将继续社会主义道路,因为它拒绝接受资本主义观点,即自私和个人主义是人性不可改变的部分。在主席台上坐在他身边的是菲德尔。我们可以看到,菲德尔认同他的观点时,会微笑着鼓掌、眉头紧缩,有时也会插上几句。在简短的祝词中,世界工会联合会主席说到:古巴在经济危机中将重点转向了健康和教育;在西方国家,工人们为维护在教育和健康方面艰难获得的胜利而进行着孤注一掷的斗争,同时,个人主义和暴力也在资本主义社会中不断出现;亚洲和拉丁美洲,有上百万无家可归的孩子们,他们正遭受着残酷地蹂躏。相比之下,他说:“如今,古巴依然是美洲地区自由的国度。”

现场作报告的还有一个年轻人,来自关塔那摩湾的阿曼多,他告诉大家他是怎样为孩子生产牛奶的。在他生活的地方,用带孔围栏来围捕一些野生奶牛,然后招募一些年轻人,让老年人教他们怎样挤牛奶。菲德尔和他的兄弟(他看上去有点像心不在焉的白发菲德尔)之间就“是否用公牛而不是拖拉机来增加糖产量”问题进行了激烈的辩论。一位代表会上说一定要培养更多的专家,这时,菲德尔就马上插上一句,“每个人都想成为知识分子,或是大学毕业生”,然后接着说:

> 这是一种恶习,是魔鬼的发明。苏联建立了强大的舰队和高超的技术,而他们本来是可以用这些来建设三间工厂的(这是我听到对苏联唯一的批评)。那么,谁将去种土豆、埋葬去世的人、清扫街道呢?在一些学校里,他们都会有不同的人去扫地、擦窗户和门。难道每件事都需要专家吗?

这让我想起,多萝西·加纳曾一直坚持说,我们不能再认为每个问题都必须要由某个专家来解决。

大会闭幕时,菲德尔·卡斯特罗做了两个半小时演讲,内容非常具有哲理性,也非常实际。这是我第一次听他做这样长的演讲。让我感到无比荣耀的是能够亲眼看到这样一位 70 岁、长着胡须的革命家,唯一一位还和我们在一起的 20 世纪的伟大领袖,仍然能够将理论和实践结合起来拓展他自己的思想。菲德尔对社会主义和共产主义不同之处的解释深深地吸引了我。它让我想到在《美国革命》中，杰米对美国激进分子的评价，当工人们为实现共产主义丰富物质基础，利用国家权力积极发展生产力时，他们没有将马克思对社会主义的定义看成是在革命斗争中所特有的阶段。菲德尔说："可以理解的是，社会主义是一回事，而共产主义又是另一回事。"同时，他又详细地说明："在缺乏一个可以实现共产主义经济基础的情况下，古巴人民是怎样在共产主义精神指导之下行动的。"当他演讲时，我似乎可以看到马克思，一位理论家，坐在他 19 世纪的椅子上，在社会主义制度和共产主义制度（或者是"主义"）之间画上清晰的界线，而眼前的这位菲德尔却在 20 世纪中叶已经领导了一场真实存在的权力运动。在与美国帝国主义进行殊死斗争中，菲德尔已经意识到，除非共产主义精神能够浸入到社会主义中去，否则社会主义将只是一种财产关系，而人民也不会去捍卫它。所以，古巴人民不仅仅是为了经济发展作斗争；他们还证实了共产主义精神指的就是：强调道德；工人阶级的需要是头等大事；只有通过全民，尤其是工人的决定，才会采取某种措施。这就是不可改变的革命精神。

古巴人谈论到自给自足、自力更生以及进行反对个人主义和自私的斗争的必要性，这让我想到杰米曾一直认为的，对像底特律那样的城市最为现实的目标就是实现集体自力更生，并充分利用我们自己的资源。显然，对南方国家（在冷战时期，通常被认为是第三世界）的人们来说，是应该将中央集权与非集权制度相结合起来的时候了。这样就可以寻找到一种方法来代替由国际货币基金和跨国资本主义带来的资本主义经济发展道路，它已经导致了非洲和拉丁美洲贫困和环境灾难式的破坏。例如，在古巴，居民区的人们主动提出要建立日托中心，之后，他们便可从政府那里获取一些物质帮助。北方国家的一些中心城市以及非洲撒哈拉以南的国家都可以采用这种模式。

在我们以社区活动家代表团的身份参加街区舞会的一个晚上，人们要我演讲。我说，来古巴是为了学习怎样在美国进行可能解放全世界人民的革命斗争。我描述了在遭受跨国公司离弃之后，底特律所遭受的灾难，以及为重建我们的社区和城市所从事的斗争，并且说我希望自己能够盛载起在古巴人民身上所看的对人民的爱、对社区的爱、对国家的爱，并把它带回我的国家去。我真的是这样想的。除非我们能够找到一种能将这种精神发展到这场改变美国的斗争中去，否则我们注定会失败的。我问恩肯其·左拉（许多年前去古巴砍过甘蔗），在她看来，古巴人民和黑人民族主义者在获得民族自决方式上有些不同。她说，“当美国的黑人们谈论民族自决权时，他们是以一种受害者的角度去看问题的，是一种仍然保留资本主义的方式，并且是为了他们自己得到更多的东西”。相比之下，“古巴的民族自决和自力更生是融合了社会主义和反对资本主义的观点的”。吉姆·杰克逊说：

> 当古巴人谈到民族自决时，他们谈论的是会让世界更为美好的一个集体。虽不是十全十美，但他们仍然抓住了他们的矛盾，并尽力地去解决这些矛盾。我已经厌倦了黑人到处抱怨说我们没有应该拥有一些东西，却从未谈及我们应该在一起工作，这样才能让情况变得更好。这已经是一个有关生存的问题了。我们正处于这样一个关键的时刻，如果不有所作为，我们将不会有任何国家和社会。否定和抱怨是解决不了任何矛盾的。

同时，我们需要区别在底特律和在古巴的人们所处状况的不同。首先,古巴从来没有经历过工业化;它依然主要是一个农业国家。那里的人们缺乏许多生活必需品。相反,底特律,尽管有很多被荒废的街区,但它并不是一个第三世界城市。它曾经是工业革命的中心。并且,绝大多数美国人,包括处于贫困生活状态的那些人,不仅拥有丰富的物质产品,而且还不满足于此,当然也正是这些我们所拥有的更多的东西让我们相互之间成为敌人。接受了资本主义消费者经济的价值观,我们将自由看成是物质产品的积累,而不能区别需要和想要之间的不同。每天,社区这个概念以及它对人类所具有的重大意义正在我们的思想中不断消逝,而这是人类社会发展所赖以生存的东西。同时,在我们国家,过度使用和滥用自然资源,不断扩大、加深国内外、南北方国家中穷人和富人之间的沟壑,在解决我们自己问题的过程中,与促成、扩张法西斯主义的移民所做的斗争中,我们所做的都正威胁着这个生物圈。

其次,古巴人民已经进行了一场革命;他们从代表着美国资本主义和帝国主义的巴蒂斯塔人手中夺回了政权。他们"团结在一起,我们就能"的精神是那场革命以及接下近四十年为捍卫主权所进行的斗争的胜利果实。另一方面,在美国,我们还没有进行革命。要进行革命,就必须要克服我们的个人主义、物质主义,并将自己转变成具有社会责任感的个体。最好的办法就是建立社区经济,来满足我们基本需求。在这过程中,就可以学会区别需要和想要之间的差别,并增强人民的力量。这样,我们最终就能从控制全球经济的跨国公司的手中夺回政权。

在底特律和北美其他非工业化的城市中,我们需要不断对经济发展的两条道路作出选择。如果我们要继续全球经济的话,也就是说将工作输出给任何劳动力最廉价的地方,那么这些非工业化城市将越来越依靠像博彩业和新体育馆这样的经济作为我们地方“工业”，而这两种形式的经济无疑是强化了资本主义价值观、消费主义和个人主义，从而导致更多的犯罪、暴力和分裂。另一种选择就是，通过为满足我们自己的需求、种植我们自己的食物、生产自己的服装、修建工人拥有的环保房屋，来抵抗全球经济。这样，就能为年轻人树立生产工作的范式，并建立社区，使我们的人民拥有更多的权力。

在我半个世纪以前成为运动家的时候，两种需要公众支持的经济体系是资本主义经济和社会主义经济。资本主义因为它大规模的生产力而一直处于霸权地位，但这一点很值得怀疑，因为它经历了经济萧条时期，并且许多人还处于贫困状态之中。“二战”之后，多数刚获得独立的国家都将苏联看成是他们模仿的榜样，因为它的经济在生产方式的国有化和计划经济中得到迅速发展。现在，苏联已经解体，越来越多的人反对资本主义，因为显然这些控制全球经济的跨国公司只对积累利润感兴趣，而对任何社区、城市、国家，甚至是我们所有人类赖以生存的整个生物圈都没有忠诚可言。但人们又看不到其他的选择。

在这种情况下，底特律正在发生的事情就深深地吸引了所有人的想象力。各种背景的人们都会非常仔细地聆听我讲述我们正在做的事情。我想这是因为，从本质上，许多人都意识到以底特律为代表的20世纪工业城市已经不再存在了。这场将底特律建设成为21世纪模范城市的开拓性斗争将与全美国人的利益戚戚相关。我最近偶尔听到一位妇女说：“我感到上帝的计划中有底特律。”我当时就想：“对，也可以这样说。”

亲眼目睹并亲身参与底特律的重建过程之后，我总是回想起25年前在缅因州的谈话。当时，我们总是想知道是否使用“革命”一词可以恰当地描述在美国人民面前的这一场斗争，以及那些需要从基层发起、首先改变我们自己的斗争。在最近的几年里，尤其是在苏联解体之后，越来越清楚的是，就是因为我们不能再像参照20世纪的城市建设的模式去建设21世纪的城市了。20世纪革命基本上是建立在马克思列宁主义策略之上的，即首先夺取国家政权，然后让人们自下而上进行重建经济的斗争。在实行这项策略的过程中，实际上所发生的事实是，像列宁、毛泽东、卡斯特罗这样最有远见、天赋和革命责任感的领导人不懈地发动人民群众参与革命，并培养工农领导人，但这些国家依然吞噬掉所有底层人民的力量。当我们进入新世纪，我们必须要有勇气从他们的经历中学到东西。

我们同样也需要从非洲那里学习过去30年他们所取得的发展。五六十年代，我们为加纳、肯尼亚、尼日利亚、几内亚从英国、法国、比利时殖民主义统治者手中获得政治独立而欢呼。几个世纪以来，非洲人民一直为西方帝国主义从事体力劳动，挖掘金矿、钻石和铜矿的奴隶，但我们确信，在加纳的克瓦米·恩克鲁玛、肯尼亚的乔莫·肯雅塔、尼日利亚的纳姆迪·阿齐克韦的政治领导下，他们将最终掌握自己的命运。

现在，除了南非取消种族隔离制度以及纳尔逊·曼德拉成为政府领导人之外，我们对非洲的印象基本上还是很负面的。在卢旺达，成千上万的男人、女人和儿童成为胡图族与图西族之间民族冲突的牺牲品。在利比亚和索马里，军阀们用枪炮和坦克抢夺国家政权，而那里的平民正遭受着惨绝人寰的暴行。同时，除了极少数掌权者，几乎所有人的经济状况都要比在殖民统治时期还要差。1960年，绝大多数的非洲国家都在生产他们自己的食物；现在，他们要依靠海外进口。每年都有上百万的儿童饿死，还有成千上万的儿童由于艾滋病的流行而成为孤儿。每年都有更多的森林被破坏,好几百平方英里的田地变成沙漠。恶劣的局势甚至让有些人认为在殖民统治的那段时期是“美好岁月”。

所有这一切的发生是因为,在过去的30年里,由国际货币基金组织和世界银行赞助的跨国公司掌管了非洲大陆大部分种植咖啡、香蕉、花生以及其他美国和欧洲消费者急需商品的生产。但是那些管理新独立国家的人们必须也要承担起同样的责任。早先在西方接受教育的这些人,他们关注的是获得、维持国家权力,对经济发展的唯一模式就是西方式的迅速现代化。多数非洲政府看不起在郊区生活的村民,而这些人依然占据着国家人口的绝大多数。这些政府预算中花在从美国购买武器的费用是苏联、中国花在农业上的两倍。[17]

正是因为村民们在绝境中生存着,并且毫无希望。在过去的10年中,上百万的人们一直为将未来掌握他们自己的手中并创造一条非洲特有的发展道路而不断地进行着斗争。整个南撒哈拉非洲村民们正种植着他们自己的食物,种植树木,找到利用动物运输的最佳办法,发现生长更快的植物,丰富麦子、水果、蔬菜的种类,修建乡村谷仓。他们决定在本世纪末彻底消除饥饿。他们相信他们可以做到这一切。正如塞内加尔农民领导人马马杜·西索科解释的那样:“我们非常乐观,因为我们经历过饥饿。在欧洲的你们可以享受奢侈的悲观,因为你们根本不知道什么是饥饿。”非洲撒哈拉以南,有将近一万多个草根组织正尝试着这种自给自足的方式。这些组织的规模有大有小:有的只有十五人或二十人,有些则有一两百人。但在每个组织中,妇女都是占多数,并担任领导人,因为在非洲,妇女在传统上不仅承担着抚养子女的责任,而且还要负责收集、耕种维持生计的食物。在肯尼亚,有接近一万五千名到两万五千个由妇女组成的组织。这些组织同样也在改变几个世纪的社会关系——不仅鼓励妇女和年轻人畅所欲言，而且还制定了嫁妆以及其他生、死、婚嫁等昂贵仪式的制度。[18]

非洲运动之所以鼓舞人心，不仅因为其涉及的人数庞大，而且因为它是建立在他们自己文化的基础之上的。首先，他们有意识地否定了自己是受害者。他们说："我们不是找不到解决方法的受害者。任何问题都有解决办法。"他们引用了非洲的一句谚语，"唯一的失败就是不去尝试"；阿拉伯谚语，"他如果想做，找到的就是方法；他如果不想做，找到的就是借口"。他们能够对自己进行自我批评。他们知道，正如他们的祖先那样，由于没有滋养土地，是他们自己破坏了他们的土地。在学会依靠自己之前，他们会慎之又慎地考虑接受从基金会来的资助的。他们显然是受到了帕特里斯·卢蒙巴精神的影响。帕特里斯是新独立的刚果的领导人，在他被 CIA 暗杀之前，曾警告说："去呼喊口号、签署宣言是非常容易的事情，但去建设、管理、日夜寻找问题的解决方法却完全不同。"他们并没有像我们在 60 年代那样将运动看成是群众示威游行，而是将它看成是由一个一个人组织起来的、小组之间相互建立起网络的一种运动。正如津巴布韦的苏珊·库西玛所说："自力更生从你自己做起，为自己做些事情，并继续下去，一个接着一个，然后，你就有了运动。"他们引用了非洲的谚语：许多小地方的小人物所做的许多小事就能改变这个世界、当蚂蚁团结起来时，他们就能搬动一头大象。

在我回顾了底特律进行的运动、阅读了有关南撒哈拉的农业和植树小组以及孟加拉国的乡村银行[19]的文章之后，于 1995 年春写了篇名为《展望 21 世纪革命》的文章。开头是这样的：这对运动家来说是个令人兴奋的时刻。全世界的普通大众都在从事着创造性的活动，为的是让他们生活、工作的地方变得更为安全、健康，更加的人本主义。这些创造性的活动，我写道：

> 是个全新的历史性的现象。人们集体地从当地找寻满足自身物质需求的新方法，同时，人与人之间、人与自然之间能够和平共处。因此，他们有能力找到一种方法来代替国有社会主义经济（已经证明是失败的），以及全球竞争经济（最终证明对当地社区和自然环境有着巨大的破坏力）。

我说，在底特律，整个城市举行的会议和建立的小组，他们讨论的核心问题就是底特律的重建问题：

> 这些小组具有一些特定的品质。但最重要的是他们拥有希望。在过去的十五个月里，所有进行着的运动重新燃起了人们的希望……全市范围的会议聚集着这个城市里的各个民族，同时也反映了这个城市民族的多样性。这些会议似乎都懂得底特律的重建是需要时间的——这里没有快捷的方法——我们不能孤立地去解决那些问题。社区、环境、就业、教育、文化、管理都是相互有着关联的因素。人们都知道，基本需求不仅是物质层面的，而且还有精神层面上的。我们相互之间需要爱和尊重，我们需要重建我们的精神生活和城市生活，就如同需要赖以栖息的居所和用以果腹的食物一样。我们的焦点是底特律，是我们需要承担责任的地方，但同时我们也要意识到，在底特律所做的将会给整个国家甚至是世界带来深远的影响。过去，在我所知的斗争中，没有一个为获得根本改变而斗争的组织能够像我们这样谦卑；同样，我们所面临的挑战是如此具有历史性，没有任何一个个人或组织找到

过答案;我们需要聆听其他人的观点。同样,与60年代的公民权利运动和“黑人力量”运动相比,现在妇女在几乎所有的组织中都起到了举足轻重的作用,即使是那些由公司赞助人所组成的组织也承认了社区投入的需求……

因此,冷静却毫无差错地摆脱工业衰退所带来的灾难,摆脱许多年来那些只抓住琐碎的事情却没有准备好应对公司离弃问题的管理制度,一个新的经济理念,以及人民、社区、自然和精神层面的东西,都正出现在第一世界的中心,就跟它出现在非洲和孟加拉国草根社会阶层中一样。[20]

当我的年龄向八十五六岁靠近时,我要感激我的幸运星(以及我的父母)让我身体一直很健康。(为了保持身材,我每个星期都会去一个本地娱乐中心做水中有氧健身运动。)我依然喜欢参加集会,因为那已经成为自下而上重建城市、重新定义城市以及重新找回城市精神的运动的一部分。但我不是活动的发起人了。我知道,如果我不在周围,所有的事情仍然会继续下去。如果你处在我这个年龄的话,这样的局面将会是你最想要的。当然我没有想过放弃,不过如果有一天我病倒或死去,这里将会有新一代人为创造更美好的世界而斗争,在他们的观点中依然会包含着许多杰米和我用一生的斗争去实现的设想,并不断地扩展它们。我仍然还在演讲和写文章。人们仍然会来菲尔德大街向我咨询一些信息和一些材料。但我不再是合作者或组织者了。我更像是个提供信息的人、联系人。即使不一定接受,但他们还是会聆听我所关心的东西和告诫。急迫感并没有在我心里减退,但现在的我已经学会像老庄似地放松自己,并不觉得自己必须要像孔子一样去确保事情是正确的或公正的。

我非常高兴地看到新生一代开始找到了他们的任务，并且比20世纪60年代发起运动的那一代人更加开放。我希望杰米、莱曼、凯瑟琳、多萝西和平能够在这里和我分享这份快乐。令人高兴的是我现在还能够是一名参与者，还能够讲述我们的革命是怎样发展的故事——因为，按照克尔凯郭尔的话说，如果经历未来，就必须理解过去。

注　释

前言

①From "Reassurance," in Alice Walker, *Revolutionary Petunias and Other Poems* (New York: Harcourt Brace Jovanovich, 1973).

第一章　东方人就是东方人吗

①Jack Chen, *The Chinese in America* (San Francisco: Harper and Row, 1980), 26, 139; Loren W. Fessler, ed., *The Chinese in America, Stereotyped Past, Changing Present* (New York: Vantage, 1983), 86.

②Ling Lew, *The Chinese in North America: A Guide to Their Life and Progress* (Los Angeles: East-West Culture Publishing Association, 1949). 我非常感激比尔·菲舍曼和杰夫·斯坦布里。他们从洛杉矶图书馆加利福尼亚大学东亚分院中为我借到这本书。

③ *Los Angeles Times*, February 1, 1997.

④ Peter Nien-Chu King, "When Know-Nothings Speak English Only," in *The State of Asian America*, ed. Karin Aguilar-San Juan (Boston: South End Press, 1994), 125ff.

⑤ "Among American-born married women ages 20-29 in 1990, 67 percent of Asian-Americans and 38 percent of Hispanic women married outside their ethnic group, according to Zhenchao Qian of Arizona State University." *New York Times Magazine*, September 29, 1996, 97.

第二章　从哲学到政治

①最近,我欣喜地发现经济生态学家赫尔曼·E. 戴利和哲学家小约翰·

B. 科布也在使用怀海特的“错置具体性的谬误”支持需要经济转型的观点。两位专家解释说，当今的经济是建立在经济人类的抽象概念上的，他们只关心满足自己的物质需求，因此，我们需要回归到更为具体的男人和女人，他们具有多面的人性，居住在社区里，更关心他人。Herman E. Daly & John B. Cobb Jr. , *For the Common Good: Redirecting the Economy Toward Community, the Environment, and a Sustainable Future* (Boston: Beacon Press, 1989), 25-117.

②"If Socrates had been reincarnated in New York's garment district, he would have turned out to be Weiss." Dick Cavett and Christopher Porterfield, *Cavett* (New York: Harcourt Brace Jovanovich, 1974), 95.

③Kant's "principle that every man is to be regarded as an end in himself is a form of the doctrine of the Rights of Man, and his love of freedom is shown in his saying (about children as well as adults) that 'there can be nothing more dreadful than that the actions of a man should be subject to the will of another.'" Bertrand Russell, *A History of Western Philosophy* (New York: Simon and Schuster, 1945), 705.

④G. W. F. Hegel, *The Phenomenology of Mind*, *trans.* J. B. Ballie (New York: Macmillan, 1931); Hegel, *Science of Logic*, vols. 1 and 2, trans. W. H. Johnston and L. G. Struthers (New York: Macmillan, 1929). 我有两本《现象学》，其中一本由于翻阅得太多，书都散了。

⑤George Herbert Mead, *The Philosophy of the Act* (Chicago: University of Chicago, 1938); *The Philosophy of the Present* (Chicago: University of Chicago, 1932); *Mind, Self and Society* (Chicago: University of Chicago, 1934); *Movements of Thought in the Nineteenth Century* (Chicago: University of Chicago, 1936).

⑥Grace Chin Lee, *George Herbert Mead: The Philosopher of the Social Individual* (New York: King's Crown Press, 1945).

⑦Carl Sandburg, "Chicago," in *Complete Poems* (New York: Harcourt

Brace, 1950).

⑧ St. Clair Drake and Horace R. Cayton, *Black Metropolis: A Study of Negro Life in a Northern City*(New York: Harper and Row, 1962).

⑨ Philip S. Foner, *Organized Labor and the Black Worker* 1619-1973 (New York: Praeger, 1974), 240.

⑩ 标题为《黑鬼斗争的劳工基础》。它提出的观点(也就是我理解的政党路线)是"要在由黑人和白人组成的革命工人阶级的领导下,为黑人争取民主权力,就必须赢得社会主义革命"。文章发表在 1942 年出版的《新国际》上。现在再次读这篇文章时,想到当时刚从大学毕业的我就在自以为是地参加"黑鬼"斗争,想起来,那份傲慢真让我感到惊讶和惭愧。当时,我很可能没有那份胆量对现场的黑人听众说那些话,但在杂志上写出这些观点是相对比较容易的事。当我看到如今的那些年轻激进分子们所拥有的那份确定和正义,不自觉地回想到过去的那段日子。我们一生都在学习。

⑪在我的催促下,他写了一系列文章来回顾一战时期劳工运动和革命运动。Harry Allen and Ria Stone, "World War I in Retrospect: An Historical Examination," *The New International*, June-July, August 1942.

第三章 C. L. R. 詹姆斯

①前言,C. L. R. 詹姆斯。*The Black Jacobins: Toussaint L' Ouverture and the San Domingo Revolution* (New York: Vintage, 1963).

②在那些日子里,我们叫 C. L. R. 詹姆斯"吉米",不过,现在许多有关他的书和文章中提及他时,还是用的"詹姆斯"。但是,因为杰米·博格斯曾被称为"吉米"或"詹姆斯",所以我习惯于用詹姆斯名字中前三单词词首缩写称呼他。他的家人、知己和西印度群岛的朋友们都称他"尼洛"。我从来没有这样叫过他。我或者其他"约翰逊—福里斯特派"的同志们给他写的信件都是以"亲爱的 J"开头的。从 1938 年至 1952 年期间出版的政党出版物中,他曾用 J. R. 约翰逊,A. A. B. 以及 J. 梅耶

等名字。

③ C. L. R. James, *The Case for West Indian Self-Government* (New York: New York University Place Book Shop, 1967; originally published in 1933); *Minty Alley* (London: Secker and Warburg, 1936); *World Revolution, 1917-1936: The Rise and Fall of the Communist International* (New York: Pioneer Publishers, 1937); *A History of Negro Revolt*, Fact Monograph no. 18 (London, 1938); *The Black Jacobins: Toussaint L'Ouverture and the San Domingo Revolution* (London: Secker and Warburg, 1938); Boris Souveraine, *Stalin: A Critical Survey of Bolshevism*, trans. C. L. R. James (New York: Longmans, Green, 1939).

④ Frederic Warburg, *An Occupation for Gentlemen* (London, Hutchinson, 1959), 182. 范尼莎·雷德格雷夫来自著名的影艺世家,即使曾与C. L. R. 詹姆斯在政治观点上发生过激烈的争论,但詹姆斯对莎士比亚的那份激情也给她留下了深刻印象,"他热爱莎士比亚,研究莎士比亚的作品,在我认识的任何非英国人在这方面都比不上他,但汤尼除外。一天晚上,他叫上一群作者,在我家做了两个小时关于《李尔王》的讲座。"汤尼,即安托尼·理查森,雷德格雷夫的第一任丈夫,国际知名的影视、戏剧导演。*Vanessa Redgrave: An Autobiography* (New York: Random House, 1994), 183.

⑤ C. L. R. James, *Mariners, Renegades and Castaways: The Story of Herman Melville and the World We Live In* (New York: C. L. R. James, 1953), chap. 7. 这一章的标题是"一个自然得出的、且必要的结论",是有关1952年詹姆斯监禁在爱丽丝岛上的故事,以及他申请留在美国的经历。这一段故事在1978年的版本中被毕维柯删掉了。

⑥ Karl Marx, "The Historical Tendency of Capitalist Accumulation," in *Capital*, Vol. 1, chap. 33 (Chicago: Charles H. Kerr, 1906).

⑦ 布莱克威尔出版了这些信件。*Special Delivery: The Letters of C. L. R. James to Constance Webb, 1938-1948*, ed. Anna Grimshaw (Oxford: Blackwell,

1996)。康斯坦斯信件的原件收藏在哈莱姆的尚姆博格收藏馆里。

⑧ 文中的短语“自然而然获得的力量”以及“不论他得到的工资是高还是低”以及对毁损和降格的描述来自《资本论》第一卷,特别是其中的第15章和第25章。我在这里之所以没有提供页码是因为很少有人会用相同版本的《资本论》。我用的是查理斯·H. 科尔在20世纪初期出版的版本,现在已经用得都散页了。

⑨ *Capital*, chap. 35.

⑩ 这一段摘自《共产党宣言》第一部分,现在读起这部分来依然和它在1848年出版时一样给人带来兴奋。

⑪ Paul Romano & Ria Stone, *The American Worker*, 1st ed. (New York: Johnson-Forest Tendency, 1947; 3rd ed., Detroit, 1972).

⑫这部分讨论的细节请详见 Leon Trotsky on Black Nationalism and Self- Determination, ed. George Breitman (New York: Pathfinder Press, 1978). 詹姆斯在他的作品中也纪录了这部分的讨论, *At the Rendezvous of Victory* (London: Allison & Busby, 1984), 33-64.

⑬Nelson Peery, Black Fire: *The Making of an American Revolutionary* (New York: New Press, 1994). 这本书首次记录了“二战”期间,黑人军人的出现、黑人与白人士兵以及黑人士兵与白人平民之间的暴力行为。

⑭C. L. R. James, *The Future in the Present* (Westport, Conn.: Lawrence Hill, 1977), 126-27.

⑮Marx, *The Economic and Philosophic Manuscripts of* 1844, 3rd ed., Dirk Jan Struik (New York: International Publishers, 1967), 187.

⑯由卡尔·马克思写的文章, *Selected from the Economic and Philosophic Manuscripts* (New York: Johnson-Forest Tendency, 1947)。直到20年后才出现1843-1844年马克思所有手稿的英文译稿。见注释15。

⑰《新闻和来信》,瑞娅组建的通讯社,在1955年出版了瑞娅翻译的列宁作品《黑格尔哲学笔记》的英文译稿。Raya Dunayevskaya, *Lenin's Abstract of Hegel's Science of Logic* (Detroit: News and Letters, 1955). 八年

后，出版了克莱蒙斯·杜特的列宁作品的译稿。*Collected Works*, *Philosophic Notebooks*, vol. 38, ed. Stewart Smith (Moscow; Foreign Language Publishing House, 1963).

⑱V. I. Lenin, *The State and Revolution*, *Selected Works*, vol. 7 (New York: International Publishers, n. d.).

⑲这些笔记最初的名字是“内华达文件”，因为它们是詹姆斯 1948 年在内华达里诺时写的。当时，他在内华达住了六个星期，以达到和他第一位妻子朱尼达离婚的法律要求，这样他就可以和康斯坦斯·韦伯结婚。“面对现实”是在 1962 年我们分裂之后詹姆斯的支持者组成的组织名称。该组织在 1966 年 10 月首次出版了詹姆斯《逻辑辩证法笔记》的油印版，接着在 1971 年 5 月出版了第二版。1980 年的版本是伦敦的爱立森和巴斯拜以及美国的劳伦斯·希尔负责出版的，序是詹姆斯写的。不过，序言的内容多少有点不真实，因为其中并没有提到瑞娅，而只是提到“一个合作者”，也没有提到该书参考了以前的出版物。事实上，在原件中参考 G. 和格蕾斯的注释也被删除了。在序言部分，C. L. R. 詹姆斯还说，当他写笔记时，他熟悉“列宁 1915 年写的《论逻辑辩证法问题》十五年了”。这与在该版本中 99 页他自己的话自相矛盾，“我记得在密苏里和纽约旅行途中，瑞娅对列宁的俄语版的笔记做了即兴翻译，我当时就马上记了下来。”这句话纪录了 C. L. R. 詹姆斯在 1941 年或 1942 年第一次接触列宁《笔记》的日期，当时他正前往密苏里东南部去参加佃农罢工。

⑳参见“Letter to the Congress,” December 25, 1922, in Lenin, *Collected Works*, vol. 36 (Moscow: Progress Publishers, 1966), 597. 这封信现在有时被称为“列宁的最后遗嘱”。

㉑来自 C. L. R. 詹姆斯对托洛茨基与列宁在方法论上所做的精辟对比，参见《逻辑辩证法笔记》99 页。

㉒Lenin, *Selected Works in Twelve Volumes*, vol. 11 (New York: International Publishers, 1967).

㉓现在在我的床头仍然还有一本列宁的《哲学笔记》。1982 年,我给 NOAR 干部培训学校演讲时,其中就引用了《哲学笔记》中对黑格尔哲学分析中的部分摘录。演讲题目为《培养革命理论家》。

㉔James, *Notes on Dialectics*, 117.

㉕*The Invading Socialist Society* (Detroit: Bewick Editions, 1972). (邮购 Bewick 出版物的地址是: Bewick Press, P. O. Box 14140, Detroit, MI 48214). *Dialectical Materialism and the Fate of Humanity*, in C. L. R. James, *Spheres of Existence* (Westport, Conn.: Lawrence Hill, 1980), 70ff; *State Capitalism and World Revolution* (Chicago: Charles H. Kerr, 1986).

㉖卡斯特亚蒂斯,自 1974 年以来一直是精神分析学家,他最终成为国际知名的法国知识分子。1987 年,麻省理工学院出版社出版了他的《社会的虚构机构》(*The Imaginary Institution of Society*)。在 1987-1988 年,在他作品专栏 *Autonomie et auto-transfromation de la societe: La philosophie militante de Cornelius*(the Revue europeenne des sciences socials) 中,有超过二十多个知识分子做了评论。大卫·阿密斯·科蒂斯翻译、编辑了他所著的《政治和社会写作》(共三卷),作品在 1988 年和 1993 年由明尼苏达州大学出版社出版。1978 年,科林刘斯在底特律与杰米和我待了好几天,但自那以后,我就再也没有遇过他。不过,他总是定期给我们寄他写的最新系列丛书,les Carrefours du labyrinthe (迷宫中的交叉路口)(Paris: Editions du Seuil).

㉗《愤怒的心》再版了两次,一次是 1978 年南区出版社出版,一次是 1989 年韦恩州立大学出版社出版。在两次出版的版本中,作者名都是查尔斯·邓拜。该名是《新闻和来信》的工人编辑赛·欧文斯的笔名。尽管本书的实际作者是康斯坦斯·韦伯·詹姆斯,但从未公开提及她的贡献。在前言部分,杰米有意指出康斯坦斯的贡献就是让他为韦恩州立大学写东西,而他的前言并没有出版。

㉘*Mariners, Renegades and Castaways*, 105.

㉙这一章在 1978 年 Bewick 出版社出版的版本中被删除了。

㉚C. L. R. James, Grace C. Lee, Pierre Chaulieu, *Facing Reality* (Detroit: Correspondence Publishing, 1958; reprinted by Bewick, 1974).

㉛"全世界的人们,尤其是那些在工厂、矿场、办公室工作的普通群众,每天都在用他们创造的方式来抵抗这个魔鬼(国家权力)。他们的斗争有时只限于个人生活。但更有效的斗争方式是由各个组织采取的行动。正式的或非正式的,这些都是非官方性的,围绕他们的工作以及工作场所进行的行动。他们的目的就是能够再次控制他们自己的生活状况及相互之间的关系。他们的挣扎、他们的斗争、他们的方式,几乎都没有记载。他们不断地采用各种不同形式的组织,也不知道他们自己将在哪里结束。不过,他们完全可以确定的一个基本现实就是,他们要么必须摧毁日益严重的官僚主义,要么就被它摧毁。"*Facing Reality*, 3.

㉜人们并不完全了解塞尔玛在与詹姆斯的长期合作中对他的影响。拥有坚强个性、多年来在工厂及"约翰逊—福里斯特派"的工作经历,让塞尔玛非常清楚妇女的作用以及革命组织应该怎样发挥作用。这些都反映在詹姆斯五六十年代从事的工作中。她为詹姆斯打印手稿、整理文件,同时,为那些行动家、作者和政界高层人士(包括马丁·路德·金)主持午餐会议。对于这些人来说,如果不去拜访这位尊敬的泛非马克思主义者的话,那么伦敦之旅就是不完整的。他们分手后,塞尔玛成为了"支付家庭妇女工资国际运动"组织的领导人。她出版的作品有:*The Ladies and the Mammies: Jane Austen and Jean Rhys* (Bristol, England: Falling Wall Press, 1983).

㉝例如,在20世纪70年代,有一次,哈罗德·克鲁斯给我打了电话,说他很担心,因为他最近看见C. L. R. 詹姆斯晕倒在加纳旅馆的大厅里,而且似乎没有人知道该去联系谁。

㉞我演讲的题目是"C. L. R. 詹姆斯:1938-1953年在美国的组织活动",演讲稿收集在我写的《C. L. R. 詹姆斯:他的知识遗产》。*C. L. R. James: His Intellectual Legacies*, ed. Selwyn R. Cudjoe and William E. Cain (Amherst: University of Massachusetts Press, 1995).

㉟Eric Williams, *Capitalism and Slavery* (Chapel Hill: University of North Carolina Press, 1944).

㊱See Walton Look Lai, "C. L. R. James and Trinidadian Nationalism," in *C. L. R. James's Caribbean*, ed. Paget Henry and Paul Buhle (Durham, N. C.: Duke University Press, 1992), 199. See also Ivar Oxaal, *Black Intellectuals and the Dilemmas of Race and Class in Trinidad* (Cambridge, Mass.: Schenkman, 1982),182.

㊲Kwame Nkrumah, *Towards Colonial Freedom* (London: Heinemann, 1962).

第四章　杰米

①Charlotte Perkins Gilman, *Women and Economics* (Amherst, N. Y.: Prometheus, 1994).

②Edgar Snow, *Red Star over China* (New York: Modern Library, 1944).

③Quoted in Bill Moyers, *The Language of Life* (New York: Doubleday, 1995), 93.

④Reprinted as one article titled "The World and the Jug" in Ralph Ellison, *Shadow and Act* (New York: Vintage Books, 1972).

⑤罗伯特·特雷塞尔所著的《穿破裤子的慈善家》最初在 1940 年出版时是简写版。1962 年,每月回顾出版社以不同的版本分别在英国和美国重印了该书。杰米手上的那一本是平·范瑞作为礼物送给他的,是由每月回顾出版社出版的。Jose Ortega y Gasset, *The Revolt of the Mass* (New York: Norton, 1993).

⑥ C. L. R. James, *World Revolution*: 1917-1936 (New York: Pioneer Publishers, 1937).

⑦ 1991 年劳动节的周末,鲁比和我们共同欣赏了这首诗的早期手稿。她发表的最新版本名为《我想念俄国人》。

⑧ 在《种族反抗》中有一篇名为《成为红色和黑色》的精彩文章。"To Be Red and Black" (New York: Free Press, 1994),罗宾·凯利描述了已成

为共产主义的美国黑人是怎样把他们自己的政治带到这个政党的。"这些黑人激进份子创造了一种混合运动,将黑人民族主义、泛非主义、本地文化传统以及欧美马克思主义结合起来。其中采取的行动和方式帮助他们构建他们自己的身份,而这最终让我们质疑在美国黑人社区中那些曾经总被认为是相互排斥的范畴:国家主义和共产主义、宗教和共产主义、泛非主义和国际主义。"(11)

⑨*Shadow and Act*, 234.

⑩ 美国作家拉尔夫·艾里森在1969年写的《生日献给尊敬的艾灵顿》中这样说道,"像艾灵顿公爵、路易斯·阿姆斯特朗这样的艺术家们正诚心服务于我们引以为豪的美国乐观主义,同时也是阻止不断滋生的无理性来破坏我们的社会形式的捍卫者。他们创造了伟大的娱乐形式,但对他们来说,对我们来说,他们的音乐就是对混乱状态的反抗,使得这个爵士乐时代出现了弗·斯格特·菲茨杰拉德这样的著名小说家。艾灵顿和海明威的相同之处就是,他们都流芳百世,用艺术来抵抗时间的荒芜,他们的生命在人类的事业中得到不朽。"[*Going to the Territory* (New York: Random House, 1986),219]

持有类似观点的还有哥伦比亚大学教授安·道格拉斯比较了"欧美文化中的悲观主义"以及在哈莱姆复兴中出现的作家作品中"非裔美国人文化的乐观主义"[*Terrible Honesty: Mongrel Manhattan in the* 1920*s* (New York: Farrar, Strauss and Giroux, 1995)]。在本书中,她将布鲁斯音乐看成是信仰的一种形式,源于美国内战后黑人感到的希望和害怕,"尽管没有这样宣传,但他们反抗艺术,不仅反抗一个特定的历史时期,反抗将黑人划归为处在美国社会最底层的群体所采取的计谋,而且反抗所有违背最深层次真理(人类精神能够理解)的权力机构"(117)。

⑪在弗朗西斯·瑞德为杰米纪念会拍摄的电影中,开场场景就是这间教室。

⑫在《历史中的这个城市》[*The City in History* (New York: Harcourt,

Brace& World, 1961)]中,刘易斯·玛姆福特强调了那些成长在农业社区中的人们在城市发展中所起的关键作用。

⑬From "Reassurance," in Alice Walker, *Revolutionary Petunias and Other Poems* (New York: Harcourt Brace Jovanovich, 1973).

⑭Raya Dunayevskaya, *Marxism and Freedom*(London: Pluto Press, 1958).

⑮例如,1980年"新闻和来信委员会"出版了瑞娅的作品《二十五年的马克思主义——人文主义》(25 years of Marxist-Humanism)。我们从中了解到,1949年,C. L. R. 詹姆斯等了四个星期才告知收到瑞娅的笔记,其中指出"列宁对概念的自我发展重新评判的"重要性,另外,书中还指出,当1953年斯大林去世时,格蕾斯·利"注意到美国的工人们对此根本没有表示出任何关注。同时,工厂的一些妇女没有听广播中大声宣布斯大林去世的消息,而是在交换做汉堡的配方,在那个时候,她就决定离开他们了"。

⑯*Guide to the Raya Dunayevskaya Collection and Guide to the Supplement to the Raya Dunayevskaya Collection*, *Marxist-Humanism: A Half-Century of Its World Development*, Wayne State University Archives of Labor and Urban Affairs (Chicago: News and Letters, n. d.).

⑰Robert Conot, *American Odyssey: A Unique History of America Told through the Life of a Great City*(New York: Morrow, 1974), 430, 454.

⑱瑞吉后来成为韦恩县社区大学的校长,康拉德是副校长。在格文和康拉德1962年去苏联参加"妇女和平罢工"的工作时,他们的孩子和我们一起住在菲尔德大街的房子里。如今,小康拉德·马利特担任密西根最高法院的首席大法官。

⑲James Boggs, *The American Revolution: Pages from a Negro Worker's Notebooks* (New York: Monthly Review Press, 1963).

⑳Ibid. ,93.

㉑Ibid. ,43-44.

㉒"A Critical Reminiscence" by James and Grace Lee Boggs in *C. L. R. James*:

His Life and Worker, ed. Paul Buhle (Chicago: Sojourner Truth Organization, 1981).

㉓C. L. R. 詹姆斯的行为如此古怪,我为他感到羞愧,尤其是当凯瑟琳第一次遇见他的时候。他和塞尔玛结束了加纳旅行后,我和凯瑟琳、杰米、康拉德·林恩及其妻子尤兰达,从美国到西班牙港他们家的露台上等他们从机场回来。C. L. R. 詹姆斯在第一次遇到你时总会很热情,而且在分开很久之后,他往往会询问你工作或家人的情况,然后总会迫不及待地等你的回答。但是,当他到家时,他只是让塞尔玛去拿录像带,然后让我们去听他在加纳做的演讲,这与他平常的做法完全不同,能够想象得出我们当时的惊讶吗?从那时起,我们之间的关系就开始淡了。我们会去特利尼达度假,尽量保持与 C. L. R. 詹姆斯及他的房子之间的距离。

㉔James and Grace Lee Boggs, Freddy and Lyman Paine, *Conversations in Maine: Exploring Our Nation's Future* (Boston: South End Press, 1978), 281ff.

㉕Grace Lee Boggs, "Thinking and Acting Dialectically. C. L. R. James: The American Years," *Monthly Review* (October) 1993.

㉖W. H. Ferry, *Caught on the Horn of Plenty*, Center for the Study of Democratic Institutions Bulletin (January) 1962.

㉗平经常和他的朋友们,其中包括托马斯·莫顿,一起分享我们的信件。莫顿在 1963 年 6 月 12 日写的一封信中做了这样的评论:"这张小小的《统一战线》让人感到十分佩服。没有安慰之词,语言生动、平实、独立。尽管在那些信件中有许多是不对的,也很荒谬,但信中所暗含的主题却无可辩驳。我很想写信给博格斯,和他一起讨论这些问题。但我要写的信太多了,如果你有空写信给他的话,可以告诉他,他的专栏文章太出色了。"几个月后,1963 年 10 月 28 日,他写道:"从底特律来的这些材料总是能给我留下深刻的印象。在我看来,博格斯是个拥有伟大心灵、非常有前途的政治评论家。他非常有远见。"*Letters from Tom*, chosen and edited by W. H. Ferry (Scarsdale, N. Y.: Fort Hill Press, 1984).

㉘自70年代以来,参加在布兰斯科姆骨干会议中的妇女们为平·范瑞写了封推荐书,"从对女性的维多利亚式的观点(即因循守旧)到现在的态度,平·范瑞已经作出了非常伟大的转变,例如,他对女性的期望和对男性的期望一样具体——上帝知道——这么高的期望他们都不可能达到。尽管在早些年常和身边的男士一起酗酒,但在成熟后,他在对待女性的立场上发生了巨大的改变,这为他赢得了更高的威信。"

㉙*Conditions of Peace: An Inquiry*, ed. Michael Shuman & Julia Sweig (Washington, D. C.: Exploratory Project on the Condition of Peace, 1991). 文集收录文章的作者有:格蕾斯·博格斯、罗伯特·保罗赛、平·范瑞、迪特里希·菲舍尔、沙朗·豪威尔、大卫·奥、阿琼·麦克贾尼、米歇尔·舒曼、朱丽雅·斯维格。文章涉及了安全、民主、人文生态学、社区以及经济学等方面。麦克贾尼写的这篇有关经济的文章后来扩充成一本书,对新时代活动家做了全面的理论分析。*From Global Capitalism to Economic Justice: An Inquiry into the Elimination of Systemic Poverty, Violence and Environmental Destruction in the World Economy* (New York and London: Apex Press, 1992).

㉚平将其中一部分复印件送给了我。在他去世后,卡罗尔和平的一些朋友从他大量藏书的书房中将剩余的复印件都送给我了。她说:"他没有哪一次不带书回来的。"平过去常借《复活者》中的一些文章给我看,但条件是我必须还给他。《复活者》是"小国家、小社会及人类精神"组织的杂志,在英国发行。现在,他的这些杂志就在我的书房里。

㉛E. F. Schumacher, *Small Is Beautiful* (New York: Harper Colophon, 1975).

第五章 "这个城市是黑人的土地"

①"杰瑞莫其"字面意思是"旅行者"。对神社成员来说,它的意思是"尊贵的长者"和"黑人民族的领导者"的意思。

②Pearl Cleage, *Deals with the Devil, and Other Reasons to Riot* (New York:

Ballantine, 1994).

③*The Black Messiah* by Albert B. Cleage Jr. (New York: Sheed and Ward, 1968). 他在60年代做的布道都收集在这本书中。在韦恩州立档案馆"博格斯收藏"中就有他布道时我给他拍摄的录像带。

④在我做一篇名为"谁将吹响号角?"的演讲时拍摄的录像带存放在录像研究中心,同时也被存放在韦恩州立档案馆的"博格斯收藏"中。

⑤Muhammed Ahmed, "Malcolm X and the Black Liberation Movement",未公开发表。

⑥*Malcolm X Speaks*, ed. George Breitman (New York: Grove Press, 1963), 14; *The Autobiography of Malcolm X*, written with Alex Haley (New York: Grove Press, 1966), 278ff.

⑦Clayborne Carson, "March on Washington," chap. 7 in *In Struggle: SNCC and the Black Awakening of the 1960s* (Cambridge, Mass: Harvard University Press, 1981); Taylor Branch, "The March on Washington," chap. 22 in *Parting the Waters: America in the King years 1954-63* (New York: Simon and Schuster, 1988).

⑧Conrad Lynn, *Monroe, North Carolina: Turning Point in American History*, foreword by James Boggs, Correspondence pamphlet No. 5, 1962.

⑨1963年6月,当我在波士顿的时候,我曾在蓝山区的一家餐馆里和路易斯·X一起喝咖啡。他说话时很感动,我当时还幼稚地认为这可能与普利茅斯之岩以及黑人拥有了他们自己民族主义象征有关。见面是杜鲁门·尼尔森安排的(《调查员》的作者,一部关于堪萨斯州约翰·布朗的小说),他和"伊斯兰民族"组织关系非常好。

⑩最近,在一次纪念退伍军人组织者克里斯·阿尔斯通的会议上,我和理查德·亨利在近三十年里第一次相遇。当我们谈论往日时光时,他告诉我说,当人们赞扬他组织了"草根领导大会"时,他的回答通常是,"我没有组织那次会议,是格蕾斯组织的。"

⑪"我是穆斯林教徒,也是革命者,"在1965年伦敦的一次非正式的谈话

中,马尔科姆对简·卡路说,“在过去的几个月里,我学到了越来越多的政治理论。在美国,唯一一个给我提供了平台的马克思主义组织就是社会主义工人党。我尊敬他们,他们也尊敬我。共产主义者们拒绝我,故意攻击我……古巴的共产主义者除外。如果这种混合了国家主义和马克思主义的理论能够使古巴人民像现在这样战斗,让越南人民不屈服于美国以及其他欧洲和跟在美国后面的国家的强权政治,那么其中一定有可取之处的。我的‘美国黑人联合组织’设立在哈莱姆。在学会走路之前,我们必须得学会爬,在学会跑步之前必须学会走路。”他停了停,然后补充说,“但他们很可能对我下手,就像他们对待卢蒙巴那样,遗憾的是他那时还没有达到‘跑’的阶段。”Jan Carew, *Ghosts in Our Blood: With Malcolm X in Africa, England and the Caribbean* (Westport, Conn.: Lawrence Hill Books, 1994).

⑫James Boggs, “The City Is the Black Man's Land,” first published in *Monthly Review*, April 1966.

⑬此次会议的具体报道详见:“Birth of a Nation” by Grace and James Boggs, *National Guardian*, October 7, 1967.

⑭在《重返黑人美国》(Return to Black America [Englewood Cliffs, N. J.: Prentice Hall, 1970]),史密斯将詹姆斯·博格斯描述为被“众多观察者们看成是‘黑人力量’中最有独到见解的,也有可能是最重要的理论家”(135)。

第六章　超越反叛

①Gwendolyn Brooks, “Paul Robeson”, in *The Broadside Treasury* (Detroit: Broadside Press, 1968, 1970).

②George Katsiaficas, *The Imagination of the New Left: A Global Analysis of 1968* (Boston: South End Press, 1987), 74.

③David Hilliard & Lewis Cole, *This Side of Glory: The Autobiography of David Hilliard and the Story of the Black Panther Party* (Boston: Little, Brown,

1992); Assata Shakur (aka Joanne Chesimard), *Assata: An Autobiography* (Westport, Conn.: Lawrence Hill Books, 1987). 这些书中详细地纪录着"黑豹党"成员和领导人所遭遇的压力。

④弗莱缔经常出现在"夏日妇女"纪录片的镜头中。苏珊尼·鲍曼和瑞塔·席勒拍摄的这部介绍学校的纪录片获得了大奖。

⑤James and Grace Lee Boggs, and Freddy and Lyman Paine, *Conversations in Maine* (Boston: South End Press, 1978), 100.

⑥不能明确区别叛乱和革命,就不可能理解:要超越革命就必须在哲学/精神上得到超越。凯利在他写的书中提到了这一点[Robin D. G. Kelley's Race Rebels: Culture and the Black Working Class (New York: Free Press, 1994)]。凯利提到了他最近所研读的一本书《面对现实》,作者是 C. L. R. 詹姆斯。书中表示对叛乱的祝贺(在前面第三章注释 31 中已引用了部分篇章)。第一章名为"世界联合的无能!"凯利描述到,许多年来,处于社会底层的黑人们通过上千种形式(例如偷盗、阴谋破坏、音乐、舞蹈、服饰,等等)来表达他们对当时主流意识形态的反抗。第七章,名为"'佐特套服'之谜:"二战"期间,马尔科姆·X 与黑人文化政治",他解释说'佐特套服'是黑人和拉丁人拒绝屈从、接受职业道德的一种象征。

贝尔·胡克斯对马尔科姆所提出的变革的分析更加有见地。马尔科姆在《自传》中描写了阿拉及伊斯兰教是怎样"彻底改变了我的生活"的。对此,她做的评论是,"监禁在狱中,为马尔科姆对他自己的人生进行深刻反省提供了空间。在那里,他可以为人类存在的意义进行沉思。在监禁的日子里,他不得不面对生活的空虚,虚无主义。这段时间对他来说,就像'灵魂的黑暗之夜'。他在这段时间里表达了对过去经历沉痛的悲伤,在精神上的一种极度痛苦"。*Yearning, Race, Gender and Cultural Politics* (Boston: South End Press, 1990), 80.

Carl Upchurch in *Convicted in the Womb: One Man's Journey from Prisoner to Peacemaker* (New York: Bantam, 1996)。书中讲述了他在监狱里

怎样再次发现他的人性的。当时,他正在单人牢房里一点一点地踱步时,偶然发现用来垫在桌子脚下的一本书,莎士比亚作品的《十四行诗》。从那时起,他开始一本一本地读书,其中包括:托马斯·潘恩、马克·吐温、贝蒂·弗里丹、玛雅·安吉罗、伊莱贾·穆罕默德、《圣经》。"阅读改变了我的一切……文学让我获得了能够表达我内心最深处的感受,能够洞察到自己所处的形势是普遍存在的。我仿佛来到一个崭新的世界里,从中获得的满足感比从监狱地道逃狱带来的喜悦更多。"

曼宁·玛拉博将自己看成是美国黑人政治中变革主义传统的一部分。这在阿密卡·卡博拉,C. L. R. 詹姆斯,以及沃特·罗德尼写的作品中有很好的描述。不过,玛拉博的变革主义政治观点不过是一种带有种族角度的社会民主。变革主义者的他说:"基本上来说,是在平等主义路线下,对资源和国家权力民主化的再分配"。*Beyond Black and White: Transforming African American Politics* (London: Verso 1995), 227-28.

⑦Amilcar Cabral, *Revolution in Guinea* (London: Stage 1, 1969), 74.

⑧*Selected Readings from the Works of Mao Tse Tung* (Peking: Foreign Languages Press, 1971).

⑨*Where Do We Go from Here? Chaos or Community and The Trumpet of Conscience in A Testament of Hope: The Essential Writings of Martin Luther King Jr.*, ed. James Melvin Washington (New York: Harper & Row, 1986), 555-653. 文森特·哈丁和罗斯玛丽·哈丁曾与金一同准备他反对越战的演讲,他们认为自己有责任让全世界的人们知道,金"被刺杀并不是因为希望黑人孩子和白人孩子手牵手",而是因为他正准备发动一场斗争运动,是对种族主义、军国主义、反共产主义势力进行的斗争。*A Way of Faith, a Time for Courage*, National Organization for an American Revolution pamphlet, 1984. Vincent Harding, *Martin Luther King: The Inconvenient Here* (Maryknoll, N. Y.: Orbis Books, 1996).

⑩罗伯特·威廉姆斯于1996年10月16日去世。1996年11月1日,悼念

委员会，其中包括贝克将军、麦克·哈姆林、葛罗利亚·休斯、玛瑞安·克莱姆·贝克、罗恩·斯格特、查理斯·西蒙斯、肯·斯诺德格拉斯，还有我，在韦恩州立大学举行运动家集会，悼念罗伯特·威廉姆斯。为纪念这次集会，我们将来自全世界的颂词收集在一本小册子里。在这本册子里，我写道，“罗伯特·威廉姆斯已经成为一位英雄，因为他曾愿意承担起探索社区与他那个时代之间矛盾的责任。五六十年代，南部黑人面临的主要矛盾是主要由牧师和中产阶级组成的 NAACP 领导者们不能抵抗恐吓着他们社区的三 K 党暴力行为。罗伯特·威廉姆斯，一个工人阶级家庭的孩子，拒绝接受这样的结果：那些被送到全世界、去恐吓他人的黑人们要在自己的家园里受到恐吓。所以，他‘毫不含糊’地（用范伦的话说）将社区里的草根成员组织起来反对三 K 党。因此，他成为了一位民族主义领导人，并得到了全世界人民的敬仰和尊重。我们要感谢罗伯特·威廉姆斯，因为他为我们这一代人及我们的社区奉献出了一切，正如他对他的那一代人及他的社区所作出的一样。”韦恩州立大学出版社重印了罗伯特所著的《拿枪的黑鬼》，由葛罗利亚·休斯（aka aneb kgositsile）重新为他写了序。

⑪Dan Georgakas & Marvin Surkin, *Detroit*: *I Do Mind Dying. A Study in Urban Revolution* (New York: St. Martin's Press, 1975)。本书详细地纪录了他们进行的活动。我兄弟爱德华·利写的一篇标题为《在哨兵线上，有谁听到过手鼓敲响的声音?》也收集在韦恩州档案馆“博格斯集”中，埃迪在 DRUM 举行活动期间在道奇工厂工作。

⑫James Boggs, *Racism and the Class Struggle*: *Further Pages from a Black Worker's Notebook* (New York: Monthly Review Press, 1970), 133ff.

⑬选自 1972 年 3 月 3 日，《纽约时报》高校版的一则广告。

⑭有关小册子、声明书、演讲的更详细的信息，请联系“The James and Grace Lee Boggs Center to Nurture Community Leadership, 3061 Field St., Detroit, MI 48214”，或查询网站 www. boggscenter. org.

⑮*Monthly Review* (September) 1970; *Education and the Black Struggle*: *Notes* *from the Colonized World*, ed. Institute of the Black World (Atlanta), Monograph no. 2, 1974.

⑯多罗西·赫立，洛杉矶共产党退伍军人领导人，曾指出过该党的弱点所在，"正如我提到的那样，党内对我们所谈论的理论缺乏真正的理解。我们每天忙于组织运动，以至于在面对着我们的运动时无法考虑更大的问题；1956年，在党内危机中，一次次提出的责难就是，有人刻意安排我们这样忙碌，这样就没有人能有时间去考虑。不论这是刻意的还是无意的，可以肯定的是该党缺少某种内部政治结构，而这种结构本来是有可能鼓励我们去针对我们的经历的意义提出一些根本性的问题"。Dorothy Healy & Maurice Isserman, *Dorothy Healy Remembers* (New York: Oxford University Press, 1990) 58.

⑰书中没有包括菲尔·哈钦斯70年代在古巴的谈话内容。哈钦斯于1968年6月击败莱普·布朗，成为SNCC的领导人。他在"必胜旅"组织中非常活跃。那时，他就住在我们家对面。

⑱由于一些我不知道的原因，《黑人学者》并没有出版这部分。

⑲Vincent Harding, *There Is A River* (New York: Vintage, 1983).

⑳James Hocker, Grace Lee Boggs, and James Boggs, *These Are the Times That Try Our Souls* (Detroit: National Organization for an American Revolution, 1981). 这本册子记录了我们这段谈话。

㉑美国黑人小说家詹姆斯·麦克弗森对黑人运动的死亡也做了类似的分析，但其记录的日期迟了十年，"剩下来有价值的东西就是曾激励过公民权利运动的信念：任何让其他种族失去人性的行为都是错误的。这种道德理念曾经是有可能升华我们的人性的。这信念背后所隐藏的含义就是受压迫的经历能让我们更有人性，而这更高的人类意识将显示出一个不受肤色限制、完整的人类生活应该是怎样的"。不过，"在颓废时代，当今流行的个人主义以及一些无足轻重的政治抢占先机，已入侵到我们生活的最中心。所以，为了给这些时尚的东西腾出空间，我们就必须撕裂、抛掉、放弃我们心中一些最基本的信念，但是为这笔生意所

付出的一个昂贵代价……八十年来,美国黑人已经彻底地"融合"了……不比别人好,也不比别人差"。"Junior and John Doe," in *Lure and Loathing: Essays on Race, Identity and the Ambivalence of Assimilation*, ed. Gerald Early (New York: Penguin, 1993).

㉒*Conversations in Maine*, 281-88.

㉓Starhawk, "The Burning Times," *in Magic, Sex and Politics* (Boston: Beacon Press, 1982), 183ff.

㉔See the *New York Times*, September 23, 1972.

㉕James Boggs, "Blacks in the Cities: Agenda for the 70s," *The Black Scholar* (November) 1972.

㉖Studs Terkel, *American Dreams Lost and Found* (New York: Pantheon, 1980), 368.

㉗See Jeanie Wylie, *Poletown: Community Betrayed* (Champaign: University of Illinois Press, 1989), and the film *Poletown Lives*, which tells the story through the voices of the residents.

㉘1976 年第 5 次印刷的《黑人革命党宣言》中,在有 7 个页面的前言部分提出了超越黑人革命、转向美国革命的需求。

㉙Rick Whaley and Walter Bresette, *Walleye Warriors: An Effective Alliance against Racism and for the Earth* (Philadelphia: New Society Publishers, 1994).

㉚Margaret J. Wheatley, *Leadership and the New Science: Learning about Organization from an Orderly Universe* (San Francisco: Berrett-Koehler, 1992).

第七章　回到中国

① *New International*, February, March, April, May 1944.

②我的餐厅里,在父亲的画像(我的弟妹朱莉·利画的)旁边就挂着毛泽东的画像。

③"The Important Thing Is to Be Good at Learning," in *Selected Readings from the Works of Mao Tse Tung* (Peking: Foreign Languages Press, 1971), 58, 59.

④Felix Greene, *China: The Country Americans Are Not Allowed to Know* (New York: Ballantine Books, 1961).

⑤作为 APA 小册子重印,名为《亚裔美籍人与美国运动》。

⑥C. K. Yang, *Chinese Communist Society: The Family and the Village* (Cambridge, Mass.: MIT Press, 1965).

⑦Isabel Crook & David Crook, *Revolution in a Chinese Village* (London: Routledge, 1959) and *The First Years of Yangyi Commune* (London: Routledge, 1966).

⑧Frank Su Kaiming, *Modern China: A Topical History* (Beijing: New World Press, 1985).

第八章　21 世纪新的梦想

①新生活出版社(New Life Publishers)出版了杰米在 SOSAD 写的名为"What can we be that our children can see?"专栏文章,1995 年 2 月发行了最后一版 SOSAD 时事通讯。

②Coleman Young & Lonnie Wheeler, *Hardstuff: The Autobiography of Coleman Young* (New York: Viking 1994), 8, 238.

③SOSAD newsletter, no. 13, June 17, 1988.

④James Boggs, "Going Where We Have Never Been: Creating New Communities for Our Future," presented at Bay Area NOAR meeting, Oakland, Calif., October 1986.

⑤詹姆斯·博格斯《重建底特律:代替博彩业的一种选择》,公开演说,1988 年 6 月 24 日,底特律。

⑥Title of an unpublished speech to the Urban Design and Social Change class, University of Michigan, November 3, 1988.

⑦整个“二战”期间,杰米都在克莱斯勒—杰弗逊工厂工作。科尔曼·杨在战争年代多数时间里都是在军队服役,不论是作为塔斯克基黑人空军飞行员,还是当投弹手的时候,他一步一步地同吉姆·克劳法律作斗争。

⑧这个国家最杰出的管理顾问,彼得·德鲁克,认为,“为了让这个城市剩下来的东西更文明,在城市里创建社区,将是下个世纪伟大的社会挑战。”“城市只是在较短的时期里相对安全,因为住在里面的人们在思想上仍然还在农村。家庭、村庄、教堂、社区,曾有过密切的联系。但在现代的城市中没有那样的社区。”摘自 1997 年 2 月 2 日《洛杉矶时代》的一次采访。

⑨在“打破恐惧的循环”五分钟的录像中讲述了 WE-PROS 的故事。

⑩我在 1990 年 2 月 21 日给联盟做的演讲收录在演讲选集的小册子里。几个月后,为庆祝我 70 岁生日,出版了这本小册子。The Witness as “A Vocation for Churches,” December 1996. 其中重印了一份两页的摘录。

⑪ *Anthropologica* 25, no. 2 (1993).

⑫“Each Generation Must Discover Its Mission,” *The Commitment*, August 1994.

⑬历史上著名的第一普救派教堂已经成为城市文化中心中不断壮大的草根文化运动的核心。它现在主持了七个小组:黑人群众艺术、妇女文化中心、电影咖啡馆、底特律夏天、底特律妇女咖啡馆、厚节韵律剧团、诗社。这些小组称他们自己为“红门集体”,因为正是通过那个红色后门,几代的艺术家和革命运动家们进入了教堂剧院。教堂的牧师是拉里·哈奇森神父,他和弗兰克·乔伊斯积极参与了 20 世纪 70 年代反抗种族主义小组。到现在为止,他依然是位社会运动家。

⑭例如, Kenneth Burke, *The Philosophy of Literary Form: Studies in Symbolic Action* (Berkeley and Los Angeles: University of California Press, 1973), 106n.

⑮以下这段节选摘自一本通告 10 月 23 日纪念会的小册子。完整的诗印刷在纪念会上发的小册子中。

“你耸了耸肩，

工人伸出了手臂，

眼睛睁得大大的，

说，

‘我们都将死去——这是天注定的

我们对此无能为力。

这一点是无法战胜的——

让我们花点时间去做/说

一些事情来改变这一切。’

你，亲爱的詹姆斯，你和格蕾斯，代表着

生命的高尚

英勇、快乐的领导者

追求‘美好的’偶然

孕育着作出令人振奋且必要的选择。

你显然为我们——奥西和我开启了思想和理论之门

强调了

巩固了我们所做的以及

想做的，在艺术领域里，我们剩下的几分钟里，

你教会了我们思考的方法，

教会了我们看待生活以及生活中所有挑战的方式。

如果没有你，这

将可能已经与我们擦肩而过。

所以，我大声哭泣，想

拔掉头发，当我

想到你试图悄然而去，

悄悄地，

我们惊叹于从眼前这个伟大的身体中
我们可以源源不断地得到有关未来的思想和指示，
往昔岁月让我的心，
紧紧地抱着你，汗水、泪水，在你微笑之前，用手指轻触嘴唇，
静静地阖上门。

看着你躺在那里
我的心将随你而去
大声喊着：
‘爱，爱，爱，我们真的很爱你’，
这是目前我们所知道的。

如果你不忙的话，
来看看我吧。
如果你能。

第九章　关于我自己

①The *Saying of Confucius*, trans. James R. Ware (New York: Mentor, 1955), 25.

②"Youth Identity Values for Healthy Detroit," SOSAD newsletter, Winter 1995.

③美国建筑基金会拍摄的纪录片讲述了一个故事：来自各行各业的人们是怎样靠他们共同创造的理想团结起来。这将使得查塔努加转变成我们国家中最有活力的城市之一。

④Paul Goodman, *Growing Up Absurd: Problems of Youth in the Organized System*(New York: Random House, 1960).

⑤*New York Times*, May 23, 1995.

⑥Bunyan Bryant, "Rehearsing the Future," *In Context*, No. 40.

⑦*The Future: Images for the 21st Century*, ed. Bunyan Bryant (Ann Arbor: University of Michigan Office of the Vice Provost for Minority Affairs and the Environmental Equity Institute, 1993), 44ff; *In Context*, No. 40; *The Commitment*, Detroit Summer Newsletter, March 1995.

⑧例如,让讲习班的那些十四五岁的"底特律夏天"的志愿者们列出全球经济的优势和劣势时,他们列不出一条优势。在《论社区重建》中,加尔·阿尔佩罗维茨对我们当前所处的僵局做了非常深刻的分析,其中引用了马丁·布伯和汉娜·阿伦特的观点。许多年来,我一直思考这两位伟大哲学家的哲学思想。1996年出版的《底特律夏天读者》收录了这篇文章。

⑨观看研习班播放的"新全球经济:从下至上的观察",能够让人轻松了解到全球经济是怎样破坏社区、恶化环境的,并且还学会了怎样为反抗跨国公司出谋划策。影片是有明尼阿波利斯美国资源中心编制的。参与者在各个小组中都担任着不同的角色(本地联合会、市政厅、公司董事会、绿色小组、活动家宗教联合会、在提举阿拉组装工厂的工人等),模拟了对三种形势作出回应:公司宣布它将关闭本地工厂,迁址到墨西哥;反移民法;世界贸易组织拒绝支持美国对进口带有泰素-9残留物产品的禁令。参加并观察了几个不同的小组之后,给我留下的印象就是,联合会在斗争中将弱势群体联合了起来,而绿色小组和宗教小组领导了斗争并为其提供普遍人权的新原则。

⑩*Revolution and Evolution in the Twentieth Century* (New York: Monthly Review Press, 1974), 22. 在60年代,拉丁美洲革命家阿道夫·基利告诉我们说,他深信,"不论发生什么,他们——反动分子们——都将失败)。我永远不会忘记这句话。

⑪Ferry, "Farewell to Integration," *The Center Magazine*, March 1968.

⑫《百万人宣言》:"我,(说出你的名字),宣誓,我……从今日起,我将努力爱我的兄弟,就像爱我自己一样。我……从今日起,将努力从精神上、道德上、思想上、社会上、政治上以及经济上自我完善,为了我自己、

我的家人、我的人民……我……宣誓，我将努力创业、建造房屋、建造医院、建造工厂，开始国际贸易，为了我自己、我的家人、我的人民……我……从今日起，我将永远不举起手，用刀或枪，去打、砍、射击，任何一个家人或所有人类，除非是自卫。我……从今日起，我将永远不会虐待我的妻子，不打她或不尊重她，因为她是我孩子的母亲，我未来的创造者。我……从今日起，我将永远不会虐待孩子，男孩或女孩，来满足性欲。但，我会让他们在和平的环境下成为强壮的男人和女人，为我们人类的未来。我……将永远不再使用以“B”（带有侮辱的词汇）开头的字眼去说任何一位女性，尤其是我的黑人姐妹们。我……从今日起，我将不会毒害我的身体，让毒品或任何有破坏性的东西来破坏我的健康。我……从今日起，我将支持黑人报纸、黑人电台、黑人电视。我将支持黑人艺术家去净化他们的行为，对他们自己、他们的人民以及人类的家庭表示尊重。我……将做这一切，所以帮助我吧，上帝！”

⑬*Afro-American Gazette*, October 1995.

⑭60 年前，W. E. B. 杜·波伊斯号召黑人教堂成为街坊合作经济的核心，“这将意味着会出现一种新型牧师，这将意味着尽可能地彻底消除当前教堂组织所信奉的神学以及超自然主义……然而，黑人教堂，甚至是白人教堂都将面临着残酷的选择：它要么成为伟大的社会机构，拥有一个建立在重组经济之上的道德典范；要么成为社会的一个无望、夸大其词的累赘，成为反动和迷信的避难所。”W. E. B. Du Bois, Against Racism: Unpublished *Essays*, *Papers*, *Addresses*, 1887-1961, ed. Herbert Aptheker (Amherst: University of Massachusetts, 1985).

1997 年春天，哈特福德市纪念浸礼会教堂，底特律最大也是最有名望的教堂之一，没有跟周边居民商量，和凯马特（K-Mart，美国零售业巨头）做了一笔交易，在底特律西北部教堂所有的土地上建一间折扣商店。交易遭到多数居民的反对，因为这不仅给当地交通带来巨大压力，同时还会毁掉本地的商业。本堂牧师，查理斯·亚当斯神父，利用宗教权威化解了这次的反对活动。在市政厅讨论这次交易时，只有一位成员,梅尔·拉维茨,投了反对票。

我认识的唯一一个对社区发展有整体构想的黑人传教士是查理斯·威利斯神父,他在"底特律人环境公正"组织工作。作为"百万人游行示威"的成员,他深信,我们社区拥有物质资源、劳动力资源以及足够的知识分子,我们可以利用这些财富为年轻人创造就业机会以及培训基本技能的机会。他让人们要特别注意那些警察打着清理社区的幌子挪走的废弃汽车。为什么我们就不能回收这些汽车的零部件,这样在创造就业机会的同时教会年轻人一些汽车机械技能呢? 1946 年,威利斯神父从密西西比来到底特律。他那种权益政策让我想到了杰米和多萝西·加纳。

⑮Grace Lee Boggs, "People and Communities over Profits and Corporations," *The Exchange*, April 1996. 在理查德·格罗斯曼和沃德·莫尔休斯编著的《关于公司、法律、民主的方案》中,提出结束公司暴政的策略,即撤销违背公众信任的公司的国家特许令。在平的悼念会上,格罗斯曼谈到,在他编写结束公司规章的方案过程中,平给予他极大的鼓励和帮助。

⑯Grace Lee "Cuba: Love and Self-Reliance," *Monthly Review*, December 1996.

⑰*Democracy and Development in Africa* by Claude Ake (Washington, D. C.: Brooking Institute, 1996)。本书一语中的地分析了那些从殖民者手中获得国家政权的非洲掌权者们身上的缺陷,"除了个别例外,非洲的掌权者们更感兴趣的是政治生存而不是发展,他们的生存状态通常对发展不利。农业没有得到应有的重视,农业政策和发展在掌权者们与农民之间的斗争中逐渐消逝。掌权者们想得到农民的剩余产品,而农民们却抵制这种剥夺"(96)。

⑱有好几本书提到了这次运动:Pierre Pradervand, *Listening to Africa: Developing Africa from the Grassroots* (New York: Praeger, 1989); Paul Ekins, *A New World Order: Grassroots Movements for Global Change* (London and New York: Routledge, 1992); and Paul Harrison, *The Greeting of Africa* (New York: Penguin, 1987) & *The Third World Tomorrow* (New

York: Pilgrim Press, 1983)。1987年,普兰德旺德用了四个半月的时间访问了5个国家111个村庄(塞内加尔、马里、布基纳法索、津巴布韦和肯尼亚),"有几乎上百万的农民已开始将未来掌握在他们的手中,并重新恢复了过去因殖民统治以及快速现代化的独立后时期而受到破坏的自给自足经济"。普兰德旺德总结到,"我们现在应该意识到非洲的物质匮乏让我们看不到它那令人惊叹的人性及文化财富,正如我们近年来的物质财富让我们看不到自己在精神、人性、道德匮乏可能带来的隐患"(213)。《绿色非洲》列举了许多例子来说明非洲人民采取措施、重获他们的土地和植被。在《第三世界的明天》中,哈里森描述了在第三世界出现的生产、健康保健、教育的几种新方法,因为西方发展模式已经导致了严重的不平衡发展以及贫困问题。

⑲Andreas Fuglesang & Dale Chandler, *Participation as Process: What We Can Learn from Grameen Bank Bangladesh* (Norway: Norwegian Agency for Development Cooperation, 1986).

⑳*Synapse*, No. 31, 1995.

主要人名中英文对照

前言

C. L. R. James C. L. R. 詹姆斯
Rev. Albert B. Cleage 阿尔伯特·B. 克拉格神父
Rev. C. L. Franklin C. L. 富兰克林神父
Coleman Young 科尔曼·杨
Malcolm X 马尔科姆·X
Martin Luther King 马丁·路德·金

序言

Bertrand Russell 伯特兰·罗素
Kwame Nkrumah 克瓦米·恩克鲁玛
James Boggs (Jimmy) 詹姆斯·博格斯(杰米)
Lyman Paine 莱曼·潘恩
Freddy Paine 弗莱缔·潘恩
W. H. (Ping) Ferry W. H. (平)范瑞或平·范瑞
Carol Ferry 卡罗尔·范瑞
Vincent Harding 文森特·哈丁
Rosemaryt Harding 罗斯玛丽·哈丁
Jim Jackson 吉姆·杰克逊
Ossie Davis 奥西·戴维斯
Ruby Dee 鲁比·迪
Kathleen Gough Aberle 凯瑟琳·高·艾伯利
Chung – Lu (Louise) Tsen 路易斯·曾(曾仲鲁)
Clementine Barfield 克莱蒙逖·巴菲尔德
Dorothy Garner 多萝西·加纳
John Gruchala 约翰·格鲁查拉
Gerald Hairston 杰拉尔德·海尔斯顿
Sharon(Shea) Howell 沙朗(谢)豪威尔
Norma Mayfield 罗玛·梅菲尔德
Donele Wilkins 多尼尔·威尔金斯
Nkenge Zola 恩肯其·左拉
Michelle Brown 米歇尔·布朗
Itty Chan 艾逖·陈
Rick Feldman 里克·费尔德曼
Alice Jennings 爱丽丝·珍妮斯
Gwun Krik 格温·柯克
Xavier Nicholad 泽维尔·尼古拉斯
Martin Glaberman 马丁·格莱博曼

第一章

Charles Curtis 查尔斯·柯蒂斯
Matt Glaser 马特·格莱瑟
Gug Raymond 盖·雷蒙德
Fiorello Henry La Guardia 菲奥雷洛·亨利·拉瓜迪亚

第二章

Lee Chin (Chin Dong Goon) 利·陈(陈东龚)
Louise Chin 路易斯·陈
Charles Lindberg 查尔斯·林德伯格
Frances Hodgson Burnett 弗朗西斯·霍奇森·伯内特
Eleanor Rooseverlt 埃莉诺·罗斯福
Jose Ortega y Gasset 何塞·奥尔特加–加塞特
G. S. Morris G. S. 莫里斯
Charles Morris 查尔斯·莫里斯
Francis Bacon 弗朗西斯·培根
Rene Descartes 勒内·笛卡尔
John Locke 约翰·洛克
Alfred North Whitehead 阿尔弗莱德·诺斯·怀海特

Immanuel Kant 伊曼努尔·康德
Georg W. F. Hegel 格奥尔格·W. F. 黑格尔
Karl Marx 卡尔·马克思
George Herbert Mead 乔治·赫伯特·米德
John Dewey 约翰·杜威
William James 威廉·詹姆斯
Charles Sanders Peirce 查尔斯·桑德斯·皮尔斯
Arthur H. Vandenberg 亚瑟·H. 范登堡
Groucho Max 格鲁乔·马克思
Carl Sandburg 卡尔·桑德伯格
A. Phillip Randolph 阿·菲利普·伦道夫
Sidney Hillman 西德尼·希尔曼
Max Shachtman 马克斯·沙赫特曼
A. J. Muste A. J. 穆斯特
Martin Abern 马丁·艾伯恩
Cannon James 詹姆斯·坎隆

第三章

Paul Robeson 保罗·罗伯逊
George Padmore 乔治·帕德默
Jomo Kenyatta 乔莫·肯雅塔
Frederic Warburg 弗里德里克·沃伯格
Constance Webb 康斯坦斯·韦伯
Robert Treat Paine 罗伯特·崔特·潘恩
Louis Armstrong 路易斯·阿姆斯特朗
Raya Dunayevskaya (Freddie Forest) 瑞娅·杜娜叶夫斯卡娅(弗雷迪·福里斯特)
Ria Stone 雷·斯通
Richard Wright 理查德·赖特
James G. Mcdona 詹姆斯·G. 麦克唐纳
Wendell Willki 温德尔·威尔基
Willie Gorman 威利·戈尔曼
Marcus Garvey 马库斯·加维
Henry Pelham 亨利·佩勒姆
David Coolidge 大卫·库里奇
Paul Romano 保罗·罗马洛
Elijah Muhammad 伊莱贾·穆罕默德
Selma Weinstein 塞尔玛·维因斯坦
P. Chaulieu P. 乔里尤
Jimmy Carter 吉米·卡特
Eric(Bill) Williams 埃里克(比尔)·威廉姆斯
Toussaint Louverture 杜桑·卢维杜尔
W. E. B. Du Bois W. E. B. 杜·波伊斯

第四章

Edgar Snow 埃德加·斯诺
Walter Reuther 沃尔特·鲁瑟
Willie Lewis 威利·刘易斯
Henry Richardson 亨利·理查德森
Ellen Richardson 艾伦·理查德森
Max Stanford 马克思·斯坦福
Johnny Zupan 约翰尼·祖潘
Si Owens(Charles Denby)赛·欧文斯(查尔斯·邓拜)
Herbert Marcuse 赫伯特·马尔库塞
David Ricard 大卫·李嘉图
Filomena Daddario 菲罗米娜·达达里奥
Conrad Mallet 康拉德·马莱特
Robert Hutchins 罗伯特·哈钦斯

第五章

Richard Henry 理查德·亨利
Milton Henry 米尔顿·亨利
Edward Vaughn 爱德华·沃恩
John Lewis 约翰·刘易斯
William Worthy 威廉·沃斯
Conrad Lynn 康拉德·林恩
Gloria Richardson 格罗莉雅·理查德森
Robert Williams 罗伯特·威廉姆斯
Chuck Johnson 查克·约翰逊
Patricia Robinson 帕特丽夏·鲁宾逊

Jim Hocker 吉姆・霍克
Beverly Williamson 比佛利・威廉姆森
Preston Wilcox 普雷斯顿・威尔考克斯

第六章

Frederick Douglass 弗雷德里克・道格拉斯
Errol Garner 埃罗尔・加纳
Leonand Bernstein 伦纳德・伯恩斯坦
Oscar Peterson 奥斯卡・彼得森
Amilcar Cabral 阿米尔卡・卡布拉尔
Mabel 梅布尔
James Mcfadden 詹姆斯・麦克范顿
Ron Karenga 罗恩・卡伦加
William Strickland 威廉・斯特里克兰
Bob Moses 鲍勃・摩西
Michael Schwerner 迈克尔・施沃纳
Julius Nyerere 朱利叶斯・尼雷尔
Bill Sutherland 比尔・萨瑟兰
Michael Paine 迈克尔・潘恩
Jim Ellis 吉姆・埃利斯
Errol Henderson 艾罗尔・亨德森

第七章

Sax Rohmer 萨克斯・儒默
Maud Russell 莫德・罗素
Ann Herbert 安・赫伯特
Israel Epstein 伊斯雷尔・爱泼斯坦
David Crook 戴维・柯鲁克
Isabel Crook 伊莎白・柯鲁克
Frank Su Kaiming 弗兰克・苏开明

第八章

Marilyn Schmidt 玛瑞林・施密特
Tom Lumpkin 汤姆・兰普金
Ron Allen 罗恩・艾伦
Vera Rucker 维拉・拉克
Gloria House(aneb kgositsile)葛罗利亚・修斯(阿奈・格斯塞尔)
Melody Rucker 麦罗缔・拉克
Tracey Hollins 特雷西・ 霍林斯

第九章

Bunyan Bryant 班扬・布莱恩特
Patrick Buchanan 帕特里克・布坎南
Ilaseo Lewis 伊拉斯奥・刘易斯
Fidel Castro 菲德尔・卡斯特罗
Maya Angelou 玛雅・安吉罗
Dietrich Fischer 迪特里希・菲舍尔
Peter F. Drucker 彼得・德鲁克
Gar Alperovitz 加尔・阿尔佩罗维茨

图书在版编目(CIP)数据

为改变而生活:格蕾斯·利·博格斯自传/(美)博格斯(Boggs,G. L.)著;向穆译.—北京:中国电影出版社,2013.8

ISBN 978-7-106-03692-8

Ⅰ.①为… Ⅱ.①博…②向… Ⅲ.①博格斯,G. L.—自传 Ⅳ.①K837.125.1

中国版本图书馆CIP数据核字(2013)第166890号

原版书名:Living for Change:An Autobiography,by Grace Lee Boggs

图字:01-2013-0863

为改变而生活:格蕾斯·利·博格斯自传

格蕾斯·利·博格斯 著 向 穆 译

出版发行 中国电影出版社(北京北三环东路22号)邮编100013
电话:64296664(总编室) 64216278(发行部)
64296742(读者服务部) Email:cfpygb@126.com

经　　销 新华书店

印　　刷 中国电影出版社印刷厂

版　　次 2013年10月第1版 2013年10月北京第1次印刷

规　　格 开本/880×1230毫米 1/32
印张/12 字数/280千字

书　　号 ISBN 978-7-106-03692-8/K·0159

定　　价 35.00元